Ralf Gréus

MIT DEM WOHNMOBIL IN DIE PROVENCE

Die Anleitung für einen Erlebnisurlaub

DER WOHNMOBIL-VERLAG
D-98634 Mittelsdorf/Rhön

Die Deutsche Bibliothek - CIP-Einheitsaufnahme

Gréus, Ralf
Mit dem Wohnmobil in die Provence: die Anleitung für einen Erlebnisurlaub / Ralf Gréus. - 2. Auflage - Mittelsdorf/Rhön: WOMO, der Wohnmobil-Verlag. - 1998
(Womo-Reihe : Bd. 12)
ISBN 3-928840-12-6
NE: GT

2.Auflage 1998

Titelbild:
Roussillon/Vaucluse (Tour 4)

Druck:
Georg Kohl GmbH, 74336 Brackenheim
Karten:
alle vom Autor
Fotos:
Seite 211 (unten) von Reinhard Korn; alle anderen vom Autor
Vertrieb:
GeoCenter, 70565 Stuttgart
Herausgeber:
WOMO-Verlag, 98634 Mittelsdorf/Rhön
Fon: 0049-(0)36946-20691
Fax: 0049-(0)36946-20692
eMail: verlag@womo.de
Internet: http://www.womo.de

ISBN 3-928840-12-6

Einladung

Freuen Sie sich auf

- zauberhafte Landschaften
- geschichtsträchtigen Boden und antike Bauwerke
- Badeplätze an Stauseen und sogar am Meer
- Rotwein, Käse und Pastis
- Menschen, denen das Essen wichtiger ist als das Auto
- Restaurants und Cafés
- das Land im Licht, in dem die Kunst des Pétanque bisweilen mehr zählt als die Bildung
- die Sonne, den Wind und manchmal auch auf den Regen
- Wanderungen mit phantastischen Fernblicken
- gemütliche, nicht überfüllte Campingplätze
- die schönsten „freien“ Übernachtungsplätze ?

Dann folgen Sie uns kreuz und quer durch eine der faszinierendsten Kulturlandschaften Südeuropas, auch wenn wir nicht selten die ausgetretenen Wege verlassen.

Inhaltsverzeichnis

Zeichenerklärung für die Karten

Übernachtungsplatz	Ruine
Campingplatz	Sehenswürdigkeit
Parkplatz	Kirche, Kloster
Badestelle	Kapelle
Trinkwasserstelle	Rundsicht, Gipfel
Wanderweg, Pfad	Aussicht
Schloß	

GEBRAUCHSANWEISUNG

Die Provence ist seit Jahrzehnten ein klassisches Urlaubsziel der Mitteleuropäer. Wie kaum woanders in so greifbarer Entfernung kann man hier den Bildungs- mit dem Erholungsurlaub verbinden. Dazu gibt es unter südlicher Sonne ideale Bedingungen für die Campingreise jedweder Couleur. Entsprechend umfangreich ist auch die Reiseliteratur, deren Vielfalt in den letzten Jahren nochmals kräftig zugenommen hat. Um so erfreulicher ist es, daß die im Jahre 1993 erstmals gedruckte Ausgabe unseres WOMO-Führers so positiv aufgenommen wurde, daß sie trotz stattlicher Auflage inzwischen verkauft ist, und daß die von uns publizierten Tips, insbesondere die Stellplätze, dennoch nicht platt gewalzt wurden. Wir konnten also mit ruhigem Gewissen zulegen: Zuerst haben wir den Gebieten westlich der Rhône in Band 22 der WOMO-Reihe, *Mit dem Wohnmobil ins Languedoc und Roussillon*, ein Eigenleben gegönnt, um uns nun, ein Jahr später, wieder der Provence zuzuwenden. Dabei haben wir einige neue Landstriche aufgenommen und die alten Ziele gründlich überarbeitet. Dafür mußten wir in diesem Buch bezüglich der Touristenhochburgen westlich der Rhône fast vollständig abspecken. Wenn der Umfang des Buches dennoch nicht abgenommen hat, belegt dies, daß Sie nun die Provence noch intensiver kennenlernen können. Trotzdem ist es sinnvoll, daß Sie beide Bücher haben, auch wenn sich in den allgemeinen Bereichen einiges wiederholt.

Das Grundprinzip ist geblieben. Ich werde Ihnen von unseren eigenen Fahrten erzählen, und Sie werden demnach einen Reiseführer lesen, in dem das Subjektive mindestens soviel Raum einnimmt wie die üblichen Ortsbeschreibungen. Neben rein praktischen Ratschlägen möchte ich Ihnen in allererster Linie eine Gebrauchsanweisung in die Hand geben, mit welcher sich Ihr Urlaub nicht nur im Abklappern von Sehenswürdigkeiten oder dem faulen Herumliegen am Strand erschöpft.

Unsere Urlaube verliefen in den Oster-, Pfingst- und Sommerferien in etwa auf den Routen, in die ich die einzelnen Reisebeschreibungen aufgeteilt habe. Ich könnte mir vorstellen, daß so ähnlich auch Ihre Fahrten ausfallen. Sie werden schnell merken, daß ich gelegentlich etwas mogeln mußte, denn nicht immer haben wir die Touren so in einem Stück durchgezogen, wie ich diese literarisch aufbereitet habe. Und vor allem werden Sie merken, daß ich immer noch nicht die Provence vollständig bereist und beschrieben habe. Trotzdem tauchen fast alle bekannten Ziele in unserem Buch auf, daneben auch eine nicht kleine Zahl weniger berühmter, jedoch um so liebenswerter Orte. Wobei ich Sie davor warnen muß, daß ich die Meeresküste teilweise ausgeklammert habe, soweit dort der Massentourismus zu sehr die Oberhand gewonnen hat, und sich meine Tätigkeit in der Kritik von Campingplätzen und deren Umfeld erschöpfen müßte. Insgesamt liefere ich Ihnen von allem aber nur eine subjektive Auswahl

Dabei kommen natürlich die Bau- und Kunstdenkmäler nicht zu kurz, wobei Sie aber bitte daran denken, daß ich einen Wohnmobilführer geschrieben habe und nicht mit den Kunstreiseliteraten wetteifern möchte. Die angegebenen Öffnungszeiten und noch mehr die Preise haben allerdings ein sehr kurzes Verfallsdatum.

Die kulinarische Zufriedenheit spielt gerade im Urlaub eine große Rolle, und bei vielen von Ihnen hat sicher das sprichwörtlich hohe Niveau der französischen Küche bei der Auswahl des Reiseziels mitgespielt. Ich nenne Ihnen daher gute Restaurants, und zwar vorwiegend solche, die wir auch selbst erprobt haben; schlichte und noblere, billige und teure. Selbstverständlich informieren wir Sie über das Preisgefüge und zumeist auch über die (mitunter von Jahr zu Jahr wechselnden) Ruhetage.

Wandern wird immer beliebter, auch in der Provence, die mit idealen Revieren aufwartet. Folglich nehmen wir Sie mit auf ein paar Rundwanderungen unterschiedlicher Länge.

Aber deswegen haben Sie diesen Reiseführer nicht gekauft. Sie planen eine Provence-Reise mit dem Wohnmobil und erwarten nun von uns Vorschläge für Übernachtungsplätze. Sie sind es leid auf tristen Campingplätzen zu schlafen oder endlos auf der Stellplatzsuche herumzukurven. Letzteres haben wir für Sie erledigt und beschreiben Ihnen einsame Stellplätze, aber auch solche in der Nähe von Häusern, auf denen Sie ruhig schlafen können, selbst wenn Sie zu den ängstlicheren Naturen gehören. Wir helfen Ihnen beim Auffinden solcher Plätze, und manchmal haben wir diese auch fotografiert. Wir waren auch für die Kritik unserer Leser empfänglich und weisen nun meistens darauf hin, wenn die Plätze für elefantöse WOMOs nicht in Frage kommen (wobei es sehr schwierig ist, sich nur in der Vorstellung in ein Wohnmobil größerer Dimensionen zu versetzen - Maßangaben sind daher nicht mehr als eine grobe Schätzung).

Jeder unserer Touren stellen wir eine Übersicht voran, in der wir Ihnen Besichtigungsvorschläge machen, eine oder mehrere Gaststätten empfehlen, in der wir Ihnen Übernachtungsplätze nennen und Sie oft auch auf Wander- und Ausflugsrouten hinweisen. Die den Touren vorangestellten Angaben sind dann im folgenden Text näher beschrieben. Damit Sie sich bei der Lektüre des Buches orientieren können, sind alle Orte, insbesondere die Übernachtungsplätze auf einer zu den Routen gehörenden Landkarte dargestellt. Diese Skizzen ersetzen natürlich keine Straßenkarte, wenngleich wir uns um möglichst maßstabsgetreue Abbildungen bemüht haben.

Damit Sie gezielt einen Übernachtungs- oder Campingplatz suchen können, haben wir nachfolgend eine Übersichtskarte abgedruckt, auf der die Ziffern einen Stellplatz - zumindest auf einem schönen Zeltplatz - anzeigen und den Nummern der späteren Touren entsprechen.

Wir gehen davon aus, daß viele von Ihnen in Abständen Campingplätze aufsuchen. Vor allem im Sommer, wenn Sie nicht nur herumreisen, sondern für ein paar Tage zur Ruhe kommen möchten. Ich schreibe keinen Campingplatz-Führer, ich nenne Ihnen aber in den Tourenübersichten, im Text und auf den Karten solche Plätze, die für Wohnmobile geeignet sind, und zwar deutlich mehr als in unserer 1. Auflage. Meine Empfehlungen orientieren sich allerdings weniger am sanitären Drumherum als an den atmosphärischen, insbesondere lagebedingten Reizen. In ganz Südfrankreich wird das „freie" Übernachten immer stärker reglementiert, so daß schon deshalb Campingplätze tiefer in unser wohnmobilistisches Bewußtsein eindringen müssen.

Unsere Karten enthalten auch einige Wasserzapfstellen, die nicht auf Campingplätzen liegen. Wenn im Text der einzelnen Routen das Auffinden dieser Wasserhähne, Quellen oder Brunnen nicht beschrieben ist, liegen diese an der Straße, so daß man sie beim aufmerksamen Vorbeifahren erkennen kann. Damit die wenigen Stellplätze möglichst erhalten bleiben, haben wir ein besonderes Augenmerk auf öffentliche Toiletten gerichtet, wenn diese in der Nähe von Übernachtungsplätzen liegen.

Bei den einzelnen Reisebeschreibungen würde sich vieles wiederholen, was man genauso gut zusammenfassen kann. Wir haben daher den Touren einen weiteren, sozusagen allgemeinen Teil hinzugefügt. Wenn Sie also mit diesem Büchlein verreisen wollen, lesen Sie bitte zunächst die allgemeinen Tips im hinteren Abschnitt des Buches vollständig, und folgen Sie erst dann den einzelnen Touren. Diese bauen nämlich auf dem allgemeinen Teil auf.

Nach meinen früheren Büchern habe ich die Erfahrung gemacht, daß viele Stellplätze auf Jahre unverändert bleiben, daß andererseits aber nichts so kurzlebig sein kann wie ein „freier“ Übernachtungsplatz. Bei einigen ändern sich die Bedingungen sehr schnell, mitunter von einer Saison auf die andere (bei den Restaurants ist es mit Abstrichen ähnlich). Die Kunstreiseführer-Autoren haben es da einfacher. Diese sind demnach nicht so auf die Mithilfe ihrer Leser angewiesen. Ich freue mich also nicht nur, wenn Sie mir von Ihren Erfahrungen berichten, **ich fordere Sie sogar dazu auf!** Die Bücher sind mein Hobby, weshalb ich nicht das ganze Jahr auf Achse sein kann. Helfen Sie mir bitte bei der Aktualisierung! Vielleicht finden Sie auch Orte, die ich gar nicht kenne oder nicht für erwähnenswert gehalten habe. Leider läßt die Leserpost in letzter Zeit nach. Gehen Sie bitte nie davon aus, daß mir Ihr Tip schon von anderen übermittelt worden ist. Ich bedanke mich auch mit einem Antwortschreiben. Meine Adresse:

Dr. Ralf Gréus
Bahnhofanlage 18
68723 Schwetzingen

In diesem Zusammenhang muß ich noch auf die Selbstverständlichkeit hinweisen, daß weder der Verlag noch ich als Autor dafür einstehen können, daß das Übernachten auf den von uns erwähnten Plätzen behördlich erlaubt ist. Alle Angaben in diesem Reiseführer sind ohne Gewähr.

Am Ende der Gebrauchsanweisung muß ich noch vor den schädlichen Nebenwirkungen bei der Anwendung dieses Buches warnen: Übervölkern Sie bitte die empfohlenen Stellplätze nicht. Bücher dieser Art können nämlich bei Überdosierung zum raschen Exitus des Stellplatzes führen. Schließlich möchte ich selbst an die beschriebenen Orte zurückkehren können, ohne mich vor den Einheimischen verstecken zu müssen.

Ich wünsche Ihnen nun viel Freude in der Provence und daß Sie mit dem Wohnmobil wenigstens ein wenig von der Freiheit erleben, die Sie sich erhoffen.

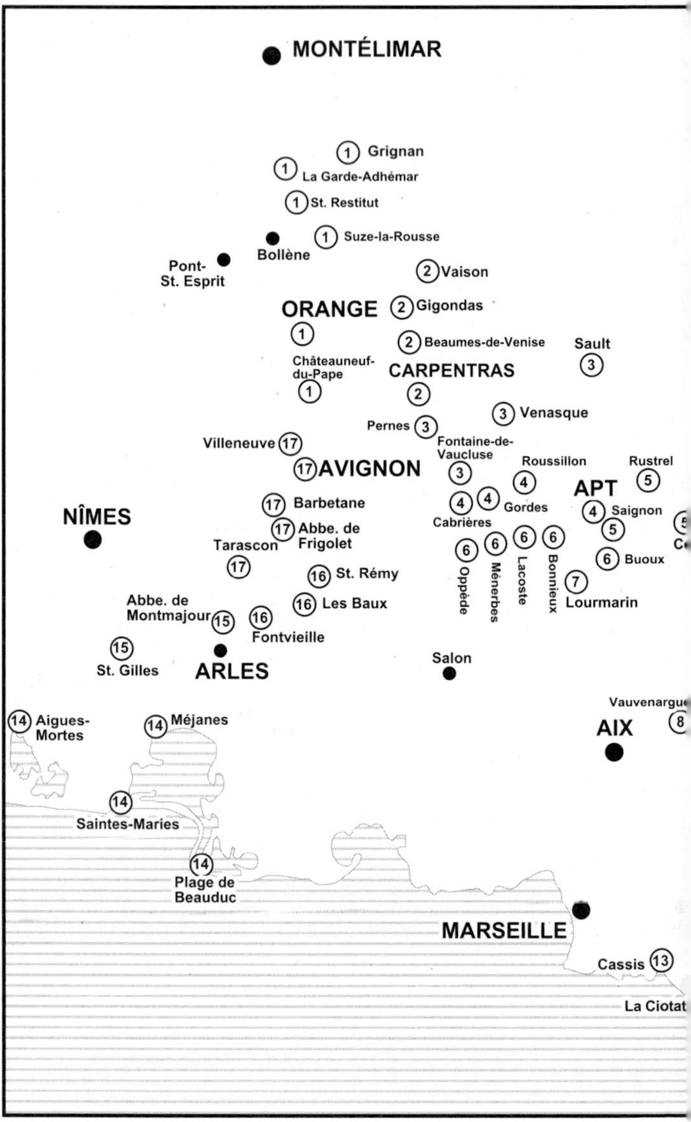
MONTÉLIMAR
1 Grignan
1 La Garde-Adhémar
1 St. Restitut
1 Suze-la-Rousse
Bollène
Pont-St. Esprit
2 Vaison
ORANGE
2 Gigondas
1
2 Beaumes-de-Venise
Sault
3
Châteauneuf-du-Pape
1
CARPENTRAS
2
3 Venasque
Pernes 3
Fontaine-de-Vaucluse
3
Villeneuve 17
17 AVIGNON
Roussillon
4
Rustrel
5
APT
4 Gordes
4
Cabrières
4 Saignon
5
NÎMES
17 Barbetane
17 Abbe. de Frigolet
Tarascon
17
6 Oppède
6 Ménerbes
6 Lacoste
6 Bonnieux
6 Buoux
16 St. Rémy
7 Lourmarin
Abbe. de Montmajour 15
16 Les Baux
16 Fontvieille
15
St. Gilles
ARLES
Salon
Vauvenargue
8
14 Aigues-Mortes
14 Méjanes
AIX
14
Saintes-Maries
14
Plage de Beauduc
MARSEILLE
Cassis 13
La Ciotat

ÜBERNACHTUNGSPLÄTZE, CAMPINGPLÄTZE UND TOUREN

(Die Ziffern betreffen die Touren ab Seite 18)

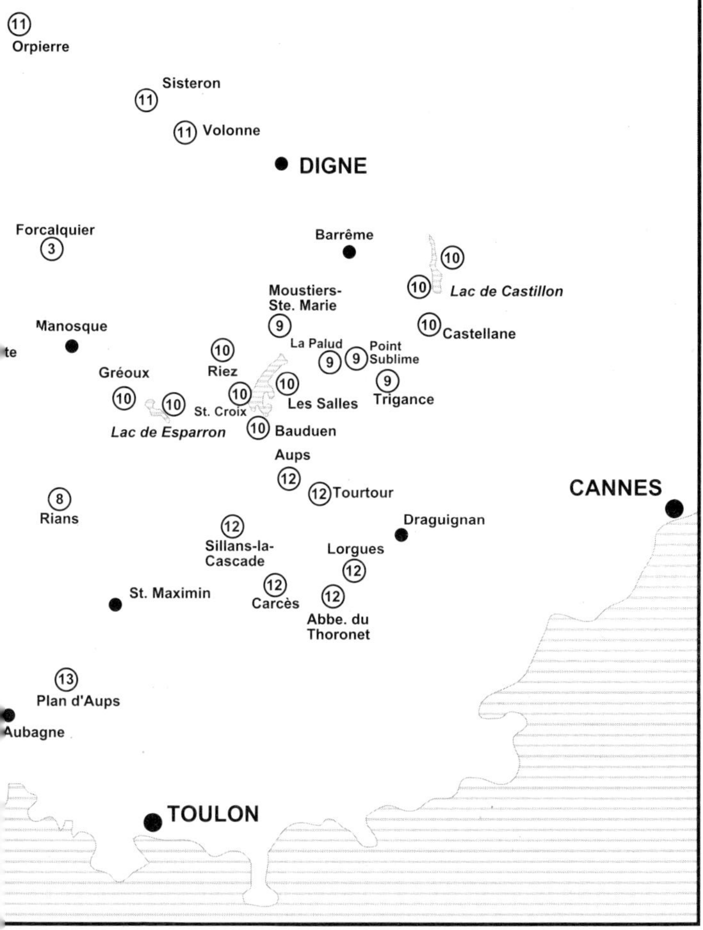

Anreise

Man darf wohl unterstellen, daß Sie auch ohne meine Hilfe in die Provence finden. Ich helfe Ihnen trotzdem ein wenig: Im Grunde gibt es nur drei Hauptwege, die Saône-Rhônetal Strekke, die Route-Napoléon und die Küstenstraße von Italien über Monaco und Nizza.

Es kommt natürlich darauf an, welcher südfranzösische Ort als erstes angesteuert werden soll, und wo Sie zu Hause sind. Da viele unserer Ziele im größeren Umkreis von Avignon liegen, und da die wenigsten von Ihnen aus Südostdeutschland anreisen werden, ist die **Saône-Rhônetal-Strecke** im Normalfall der eindeutig schnellste Anreiseweg - solange Sie von Staus verschont bleiben. Wir wohnen in Nordbaden, und ich habe schon viele Alternativen getestet. Keine Strecke ist schneller - und teurer. Der klassische Routenverlauf: Auf der französischen A 36 über Mulhouse und Besançon zur A 6 bei Beaune, einem der Hauptverkehrsknotenpunkte Frankreichs, wo drei Autobahnen zusammentreffen.

Alle, die in Nordbaden oder weiter oben wohnen, werden sich fragen, wie sie am besten zu der französischen A 36 bei Mulhouse gelangen. Bei wem fruchten schon die jährlichen Appelle der Automobilclubs, den Urlaub sonntags oder montags zu beginnen?. Ehrlich gesagt: Auf diesem Ohr sind auch wir taub, zu sehr fiebern wir jedesmal der Reise entgegen. Nicht ungern fahre ich sogar (freitags-) nachmittags los, um dann nach drei oder vier Stunden den ersten Urlaubsabend zu genießen. Die Ferien beginnen dann nicht gleich zu Anfang mit einer ganztägigen Reise. Nun möchte ich allerdings von diesen drei Anreisestunden nicht deren zwei im Stau bei Karlsruhe stehen. Ich meide daher seit Jahren bei fast allen Fahrten in den Süden die A 5, Frankfurt-Basel. Ein paar Kilometer westlich zur deutschen Autobahn verläuft im Elsaß eine Straße, die inzwischen ebenfalls durchgehend vierspurig ausgebaut ist. Wir fahren über Speyer (wer mehr von Westen kommt, wählt die Autobahn über Landau), Germersheim, Straßburg und Colmar. Außer etwas Zähflüssigkeit südlich von Straßburg gibt es hier sogar am Freitagabend bei Ferienbeginn keine Staus. Inzwischen wird die A 35 um Colmar herumgeführt, dann ist es das Beste, Sie benutzen diese weiter, um später bei Mulhouse auf die A 36 zu stoßen. Für die schönere Strecke allerdings verlassen Sie die Autobahn bei Colmar, um dann über Guebwiller auf der N 83, die ebenfalls vierspurig ist, zur A 36 zu fahren, die Sie dann bei Burnhaupt erreichen.

Im **Elsaß** genießen wir meistens die erste Nacht und oft auch noch einen ganzen Tag, ehe wir von dort sonntags morgens nach Südfrankreich weiterfahren. Das Elsaß glänzt mit idealen Wohnmobilbedingungen - wir unterbrechen für die Werbung -, von denen ich Ihnen in Band 6 der WOMO-Reihe, *Mit dem Wohnmobil ins Elsaß,* berichte. Haben Sie diese Alternative erst einmal kennengelernt, werden auch Sie nicht mehr bei Bruchsal, Rastatt oder Baden-Baden im Autobahnstau dahinkriechen und vielleicht Ihren nächsten Urlaub sogar ganz im Elsaß verbringen.

Im Südelsaß stoßen Sie auf die A 36, die häufig gähnend leer ist. Man hat hier noch Zeit zum Luft holen. Denn ab Beaune wird die nun fast schnurgerade in südlicher Richtung verlaufende Autobahn (A 6, die *Autoroute du Soleil*) ziemlich voll, wobei der Verkehr nach Süden hin immer mehr zunimmt. Das Nadelöhr Lyon ist entschärft, seit es eine großräumige Autobahnumgehung gibt, auf der Sie einfach dem Wegweiser Marseille folgen. Bei Orange oder Avignon, vielleicht auch schon nördlich davon, werden Sie Ihr erstes Provence-Ziel ansteuern und überrascht sein, wie schnell Sie angekommen sind.

Bei zügiger Fahrweise schaffen Sie es von Karlsruhe nach Avignon in weniger als 11 Stunden.

Das geht allerdings ins Geld, denn Ihr WOMO ist auf französischen **Autobahnen** ein Laster und ungerechterweise deutlich teurer als ein Wohnwagengespann. Die Preise will ich Ihnen erst gar nicht nennen, sie steigen ohnehin ständig. Rund 200 Francs müssen Sie für die einfache Strecke schon einplanen.

Die können Sie sparen, wenn Sie den Weg nach Süden auf den **Nationalstraßen** suchen, welche stärker als in Deutschland auf den Fernverkehr eingerichtet sind, wo Sie aber doch recht häufig immer wieder kilometerlang hinter Lastzügen auf eine Überholmöglichkeit lauern müssen. Sie brauchen bis Avignon mindestens drei Stunden länger. Für diese Strecke, auf der Sie ab Besançon die **N 83** über Lons und Bourg nach Lyon wählen, habe ich Ihnen in Band 22, *Mit dem Wohnmobil ins Languedoc und Roussillon*, einen schönen Übernachtungstip gegeben. Damit Sie auch ohne weitere Geldausgabe für dieses Buch in dem von mir hochgeschätzten französischen Jura nicht weit von der Autobahn ein Schlafplätzchen finden, hier eine Zugabe: Verlassen Sie die A 36 bei **Baume-les-Dames** und folgen Sie unten in dieser Kleinstadt nach links dem Wegweiser zum **Stellplatz** für *Camping-Cars*

(Richtung Pont-les-Moulins). Nach einer Brücke biegen Sie rechts ab, um in der Nähe einiger Hausboote stimmungsvoll an einem Kanal zu nächtigen. Oder Sie fahren noch 5 km weiter, nach Pont-les-Moulins, wo Sie in einem lieblichen Wiesental einen netten **Campingplatz** antreffen (Bademöglichkeiten - auch vorher seitlich der Straße) und in der ***Auberge des Moulins*** (*im Sommerhalbjahr kein Ruhetag*) einen guten Koch, dessen Produkte nicht überteuert sind; und dessen Frau uns zur Nacht auf dem hauseigenen Parkplatz eingeladen hat.

Gerne übernachten wir auch in **Beaune**, auf dem Campingplatz, weil der nur 8 Fußminuten von der schönsten Innenstadt des Burgund entfernt liegt (relativ früh kommen, da abends oft belegt!). Dort bekommen wir auch schon mal Lust auf die Landstraße (zuerst die D 973) über Volnay („freier" Stellplatz vor der Kirche mit weitem Blick), Meursault (sehr schöner Campingplatz) und durch die Weinfelder bis Macon.

So Sie zu den Liebhabern der Landstraße gehören, werden Sie ohnehin die einzige echte Alternative zur Rhônetal-Strecke bevorzugen, die **Route-Napoléon**, oder deren westliche Schwester. Sie wählen damit den landschaftlich schönsten Anreiseweg: Auf der Autobahn zunächst durch die Schweiz über Basel (oder Zürich), Bern und Genf (Genève), und dann in Frankreich über Annecy nach Grenoble. Südlich dieser ehemaligen Stadt olympischer Winterspiele endet dann die Autobahn. Am Beginn zweier Landstraßenalternativen, der östlichen Route-Napoléon und der westlicheren Route d'Hiver. In Sisteron treffen die beiden fast gleich langen Strekken wieder zusammen, von denen ich nicht sagen könnte, daß die eine empfehlenswerter wäre als die andere. Ich nehme immer die westliche.

In Sisteron ist man dann schon in der Provence, außerdem beginnt dort die Autobahn nach Aix-en-Provence. Die Route-Napoléon führt weiter über Digne, Castellane - sehr kurvenreich - ans Meer bei Nice (Nizza). Wer als erstes Urlaubsziel den östlichen Teil der Provence, zum Beispiel den Verdon, ansteuert, wird sich meist für diesen Weg entscheiden, die Schweizer Autobahnvignette (ca. 40,— DM) ist aber hier unverzichtbar. Ich kam auf der Landstraße zwischen Grenoble und Sisteron immer recht zügig voran. Wegen des kurzen französischen Autobahnstücks ist dieser Weg auch eindeutig der billigste. Dennoch braucht man wegen der etwas verwinkelten Routenführung in der Schweiz und dem langen Landstraßenstück in Frankreich mehr Zeit als man vorher schätzt (Karlsruhe - Verdon rund 13 Stunden).

Zur **Küstenstraße** von Italien schreibe ich hier nichts, da ich wegen der schlechten wohnmobilistischen Bedingungen den östlichsten Teil der Provence am Meer in meinem Buch ausklammere. Eine echte Alternative ist dieser Weg auch ohnehin nicht.

Die **Kraftstoffpreise** kann man bei der Routenauswahl vernachlässigen, so groß sind die Preisunterschiede in Deutschland, der Schweiz und Frankreich nicht mehr, allerdings sind auch in Frankreich die Autobahntankstellen am teuersten.

Und nun sind Sie hoffentlich voller Tatendrang. Den brauchen Sie nämlich, wenn Sie uns auf einigen der 17 Touren folgen möchten.

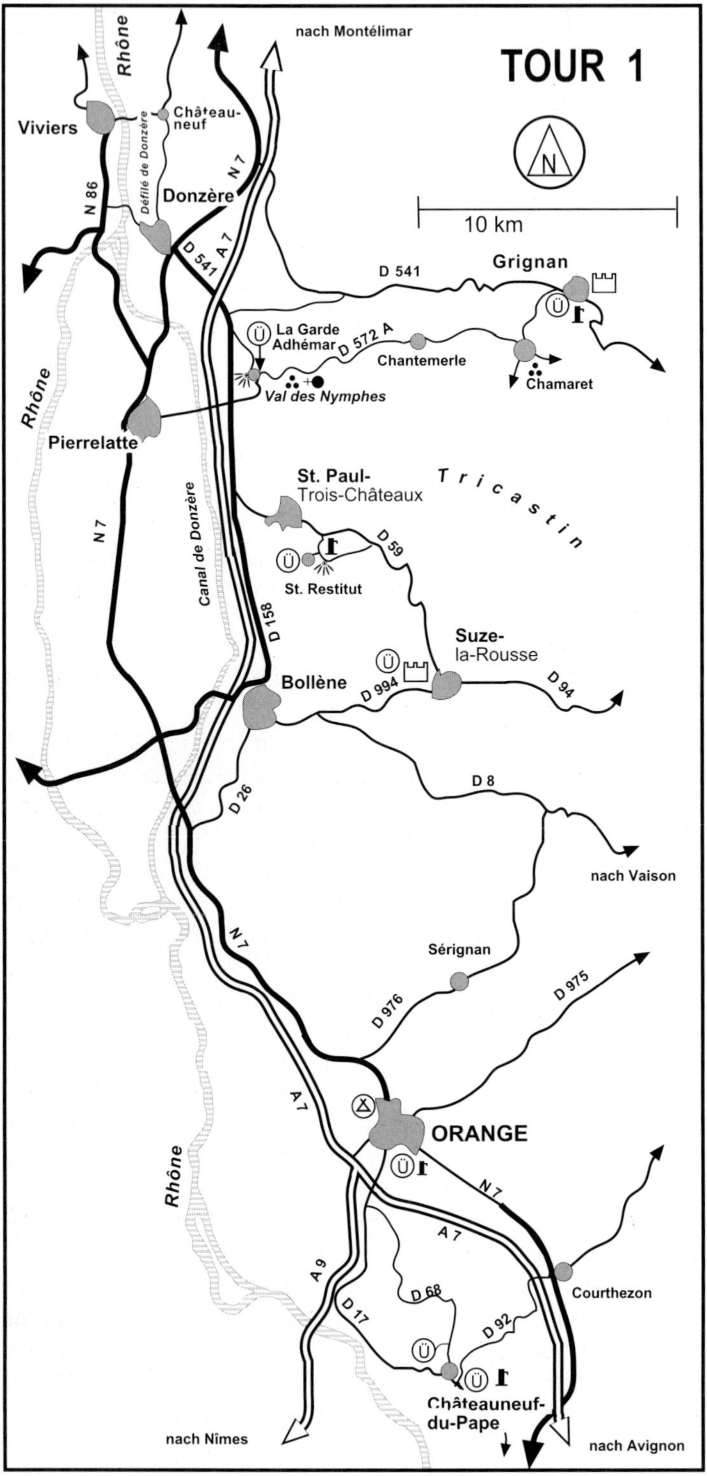
TOUR 1
nach Montélimar
N
10 km
Rhône
Viviers
Château-neuf
Défilé de Donzère
Donzère
N 86
N 7
A 7
D 541
Grignan
D 541
La Garde Adhémar
D 572 A
Chantemerle
Chamaret
Val des Nymphes
Rhône
Pierrelatte
St. Paul-Trois-Châteaux
Tricastin
D 59
St. Restitut
N 7
Canal de Donzère
D 158
Suze-la-Rousse
Bollène
D 994
D 94
D 8
D 26
nach Vaison
N 7
Sérignan
D 976
D 975
A 7
ORANGE
Rhône
N 7
A 7
A 9
Courthezon
D 68
D 17
D 92
Châteauneuf-du-Pape
nach Nîmes
nach Avignon

DIE TOUREN

Tour 1: Tore zum Süden

Défilé de Donzère - Grignan - La Garde-Adhémar
St. Paul-Trois-Châteaux - Suze-la-Rousse - Orange
Châteauneuf-du-Pape

Übernachten:	in Grignan; in La Garde-Adhémar; in St. Restitut; beim Château von Suze-la-Rousse; auf dem Hügel St. Eutrope in Orange; zwei Möglichkeiten in Châteauneuf-du-Pape
Besichtigen:	Défilé de Donzère; Schloß von Grignan; La Garde-Adhémar; Kirche von St. Paul-Trois-Châteaux; Schloß und Weinuniversität von Suze-la-Rousse; in Orange: röm. Stadtgründungstor, röm. Theater, Museum, Altstadt
Essen:	Restaurants *L' Eau à la Bouche* in Grignan; *La Garbure* in Châteauneuf-du-Pape; *Porte des Princes* in Courthezon

Die Fahrt in die Provence ist nicht mehr das, was sie einmal war. Denn die Straßenbauer haben uns einen Stau genommen, das Gefühl, sich die Ferien im „Land des Lichts" erkämpft zu haben, das unvermeidliche Stop and go in **Lyon**. Es war schon viel Wahres dran, wenn man überall las, Lyon sei das „Tor zum Süden". Unaufhaltsam zwängte sich eine nie endende Autoschlange fast mitten durch die Stadt. Wer einem stinkenden Tunnel entkommen war, atmete südlich davon erst einmal tief durch und war froh, Frankreichs drittgrößter Stadt den Rücken gekehrt zu haben. Aber irgendwie kribbelte es stets, wenn wir die Rhône erreicht hatten und neben ihrem meist grauen Wasser dem Zug nach Süden folgen durften. Noch fehlten blühenden Gärten oder Zypressenreihen, und auf südfranzösisches *Laissez-faire* deutete allenfalls die ständige Rechtsüberholerei PS-starker Einheimischer. In Lyon erlebte man schon einen Hauch von Süden, das Klima wendete sich dort meist zum Warmen.

Zugegeben, Südfrankreich beginnt hier noch nicht, Aber eine Ahnung vom Süden hat mich hier dennoch stets beschlichen. Bei jeder Fahrt in den Süden nehme ich nördlich von Lyon auf dieser Hauptroute den Fuß vom Gas. Soll ich einmal wieder mitten durch die Stadt? Und in Erinnerungen schwelgen? An meinen allerersten Urlaub ohne Eltern, im Sommer 1968. Ich war 17, mit einer Jugendgruppe unterwegs, und der Busfahrer mußte in Lyon eine Ruhepause einlegen, während der ich den

Hauch des Südens und den unverwechselbaren Geruch einer französischen Stadt einatmete. Ab diesem Moment lag für mich das Paradies der Erde in Südfrankreich und in der Provence, dem damaligen Reiseziel. Wie oft habe ich, als ich dann später, als ich den Führerschein besaß, davon geträumt, mit meiner *Zündapp-Bella*, einem uralten Motorroller, in das Midi zu reisen? Von Weißbrot, Käse und Rotwein zu leben, mit meiner ersten Spiegelreflexkamera, einem russischen Modell, römische Altertümer zu fotografieren und bei den Boules-Spielern zu kiebitzen. Mein Roller gab jedoch infolge eines Kurbelwellenschadens den Geist auf, noch ehe ich einen Mitfahrer gefunden hatte. Und ein Jahr später mußte ich den Zündverteiler meines Käfers zweimal zerlegen, bevor ich mir am Strand von Saintes-Maries einen kräftigen Sonnenbrand einfing. Zu diesem Zeitpunkt waren die „alten Ruinen" längst out, und als ich nach zwei Wochen im Zelt am Strand von Saintes-Maries mein Auto zehnmal freigegraben hatte, konnte ich keinen Sand mehr sehen. Danach war dann auch Südfrankreich zu nahe, die damals noch bruchstückhafte Autobahn war nur noch lästiger Zweck, um nach Spanien und Marokko zu gelangen. Ich reiste später nach Griechenland oder in die Türkei, und wenn mir jemand berichtete, er werde seinen Urlaub in Südfrankreich verbringen, tat er mir fast leid. Aber alte Liebe rostet bekanntlich nicht, was der „geneigte Leser" schon an der Existenz dieses Büchleins sieht.

Auch dieses Mal kreisen die Gedanken wieder in der Vergangenheit, um den heißen Sommer des Jahres 1968 (nur die Leser an der Schwelle zum Großelterndasein werden mich verstehen!) so intensiv, daß ich mich, wie auch auf den letzten Fahrten, vom Autobahntempo weiter einlullen lassen möchte, daß ich es gerne annehme, wenn heutzutage die Autobahn einen großen Bogen um Lyon macht und erst ein gutes Stück weiter im Süden auf die Rhône trifft. Während ich mich insgeheim frage, ob ich nun im Wohnmobil, mit Klappstühlen und einem großen Wasservorrat, wirklich glücklicher bin als mit Hundehüttenzelt und Luftmatraze im Sand von Saintes-Maries, und während ich über die Zeiten sinniere, in denen meine beiden Töchter (die in dem Buch noch öfters vorkommen) noch gerne im WOMO mitgefahren sind, bin ich bei Valence angekommen, wo ich die Autobahn verlasse. Bis hierhin reichte einst die römische Provincia, so daß sich diese Stadt, historisch gesehen, mit Recht als „Tor zur Provence" bezeichnen darf.

Unverkennbar sind wir nun im Süden Frankreichs, denn Obstplantagen und dazugehörige Großmärkte säumen unseren Landstraßenweg, auf dem wir überraschend zügig vorankommen. **Montélimar** weist sich auf dem Ortsschild als *Porte* *de Provence* (*Tor der Provence*) aus, zudem als Stadt des Nougats, dessen weiße, süßliche mit Mandeln durchsetzte Masse wenig mit der uns bekannten Schokolade gemeinsam hat und uns nicht hinter dem Lenkrad hervorlocken kann. Wir wollen uns nicht gleich am Anfang des Urlaubs aus unseren Zähnen die Plomben ausbeißen.

Nach wenigen Kilometern erreichen wir dann die geologische Öffnung zum Midi, den ***Défilé de Donzère***. Die Rhône, zweitlängster und zugleich wasserreichster Fluß Frankreichs, hat sich hier durch einen gebirgigen Engpaß gearbeitet. Ein paar Kilometer weiter im Norden hat man den parallel zur Rhône gegrabenen Kanal in den 30er Jahren unseres Jahrhunderts mit einem gewaltigen Wasserkraftwerk gestaut, wodurch der Fluß nicht nur schiffbar wurde, sondern auch zur Energiegewinnung beitragen konnte. Ein Tropfen auf dem heißen Stein, wie man an mehreren gigantischen Atomkraftwerken sehen kann.

Um den *Engpaß von Donzère* zu betrachten, sollten Sie in dem kleinen Städtchen Châteauneuf-du-Rhône auf der D 73 in Richtung Viviers abbiegen, 3 km auf der N 86 nach Süden fahren, um danach wieder den Fluß auf einer Hängebrücke zu überqueren. Ihr WOMO darf dazu aber nicht höher als 3 m sein, sonst bleibt es an einer Bahnunterführung stecken. Bis zu dieser kann man aber auch von Donzère aus fahren, um die letzten 300 m zu Fuß zur Brücke zu bewältigen.

Bei Bollène zweigt in westlicher Richtung die Straße zur Ardèche-Schlucht ab, wohin wir erst in den Sommermonaten abbiegen werden (siehe meine Tour 16 in Band 22 der WOMO-Reihe, *Mit dem Wohnmobil ins Languedoc*). Jetzt, in der Vorsaison, lockt uns mehr der **Tricastin**, ein lieblicher und von Touristen sorgsam gemiedener Landstrich östlich der Rhône. Schon wenige Kilometer südlich von Donzère verlassen wir die Hauptstraße:

Über die D 541 biegen wir nach Osten ab, zum Städtchen **Grignan**, wo wir unsere erste südfranzösische Nacht verbringen werden. Auf den letzten Kilometern können wir das Ziel nicht mehr verfehlen, denn Grignan ist vor allem ein imposantes Schloß, das sich hoch über die kleine, verwinkelte Stadt erhebt. Dabei war der Felsklotz, auf den es gebaut ist, sogar zu schmal, weshalb die ausladende Schloßterrasse der Kirche aufs Dach gesetzt werden mußte. So konnten die Erbauer vermutlich in voller Absicht ihre Macht über die religiöse Welt demonstrieren. Die heutige Anlage wurde so ähnlich im 16. Jahrhundert errichtet, dann aber in der französischen Revolution zerstört und im 18. Jahrhundert notdürftig repariert. Das heutige Château (Schloß) ist das Ergebnis eines originalge-

Schloß von Grignan

treuen Wiederaufbaus, aus der Zeit kurz vor dem 1. Weltkrieg. Berühmt ist nicht nur das Bauwerk, das zu den schönsten seiner Art in Südfrankreich zählt, sondern auch eine Dame, die hierher über 1.000 Briefe adressiert hat. Es war die Marquise de Sévigné (1626 - 1696), eine Witwe, die am Hofe von Versailles mit dieser Unzahl an Episteln vermutlich Hunderte von Briefboten beschäftigt hat. Denn ihre Tochter war mit dem Grafen von Adhémar-Grignan verheiratet und wurde von der Mama über den Alltag des höfischen Lebens im Schloß von Versailles, besonders über die dortigen Intrigen, auf dem Laufenden gehalten. Die Tochter hat die Briefe gut aufbewahrt, so daß derzeit noch eine stattliche Sammlung vorhanden ist, die zudem durch die Korrespondenz der Mutter mit anderen Persönlichkeiten ihrer Zeit angereichert worden ist. Die Briefekollektion ist heute ein unschätzbares Zeugnis des aristokratischen Lebens im Frankreich des 17. Jahrhunderts (*einstündige Führungen; Juli, Aug. tägl. 9,3o - 11,3o und 14 - 18 Uhr, sonst dienstags geschl. und bis 17,3o Uhr; 25 F*).

Vor dem ersten kulturellen Erlebnis unseres Pfingsturlaubs dürfen wir uns aber zunächst, am Fuße des Schlosses, eine ruhige Nacht in angenehmer Umgebung gönnen, denn die **Stellplatzmöglichkeiten** von Grignan sind ideal: Wenn Sie von Westen auf der D 541 kommen, fahren Sie auf den Ort zu, um bei den ersten Häusern nach rechts zum Friedhof abzubiegen. In dessen Nähe finden Sie entlang einer Mauer und auf einem kleinen Platz hervorragende Stellflächen, die auch den Vorteil naher Häuser bieten. Wasser entdecken Sie im Friedhof, vorne rechts; und einen weiteren Wasserhahn, an den Sie sogar einen Schlauch schrauben können, finden Sie unter den Platanen, ein paar Meter in Richtung Schloß. Dort können Sie unterhalb eines runden Brunnens, der aussieht wie ein kleines Tempelchen, ebenfalls frei nächtigen (mit öffentlicher Toilette). Wenn ich es richtig in Erinnerung habe, wird dort allerdings an Dienstagen ein Markt aufgebaut. Die idealen Stellplatzbedingungen werden nicht nur von der Kulisse des erhabenen Schlosses stimmungsvoll umrahmt, sondern auch von der Arbeit eines ehrgeizigen Stadtgärtners, der nämlich ganz Grignan und dabei auch unsere nähere Stellplatzumwelt mit prächtigen Rosenstöcken geschmückt hat. Die stehen jetzt, Anfang Juni, in voller Blüte, und es ist kaum übertrieben, wenn ich Ihnen allein deswegen, zumindest in dieser Jahreszeit, die Fahrt nach Grignan wärmstens empfehle.

Auch für den **Hunger** nach anstrengender Fahrt ist gesorgt. Die Pizzeria an der in den Ort führenden Hauptstraße macht einen ordentlichen Eindruck. Wir kennen sie aber nur von außen, denn am ersten Abend in Südfrankreich soll es schon die französische Küche sein. Nach einigem Suchen werden wir in einer schmalen Gasse der verwinkelten Altstadt, der Rue Saint-Louis, mit dem **L' Eau à la Bouche** fündig, wo man uns in einem kleinen Gastraum zwar keine hohe Küchenkunst auftischt, aber ein solides Essen, typisch französisch und zu mittleren Preisen (*montags und dienstags mittags geschl., Tel. 04 75 46 57 37*).

Zufrieden lauschen wir vor dem WOMO bei unserem Schlaftrunk den Zikaden, die uns auch akustisch signalisieren, daß wir in Südfrankreich angekommen sind. Ich wette mit Ihnen, daß Sie in späteren Urlauben nach Grignan zurückkehren!

Sie werden dann für die Weiterfahrt auch das schmale Sträßchen nach Süden wählen, vorbei am Dorf **Chamaret** mit seinem bizarren Kirchturm, wo Sie wieder nach Westen abbiegen, um über Chantemerle das ehemalige Quellheiligtum **Val-des-Nymphes** zu suchen. Zuerst fahren Sie vermutlich daran vorbei, denn die kleine Kapelle, die kürzlich ein neues Dach bekommen hat, liegt zwar direkt seitlich der Straße, aber doch versteckt im Grünen. Sonntags wird die Entdeckungsreise jedoch erleichtert, dann ist die schattige Anlage mit einer in Stein gefaßten Quelle ein beliebter Picknickplatz, an dem die Einheimischen im kühlen Schatten dösen. Das Auto muß dann ein paar Meter abseits bleiben, am besten etwas oberhalb auf einer großen Wiesenfläche zwischen zahlreichen Büschen.

Diese Buschwiese ist so ruhig und verschwiegen, daß wir Tisch und Klappstühle auspacken. Auf diese Weise füllt ein kurzer Zwischenstop am Ende einen halben Urlaubstag. Es gelingt mir dort sogar, mit unerwarteter Gelassenheit unseren

Kühlschrank zu reparieren, dessen Konstruktion darunter leidet, daß immer wieder Schmutzpartikel die Düse vor dem Brenner so verstopfen, daß nur noch ein mickriges Flämmchen bleibt und von Kühlung keine Rede mehr sein kann. Nach getaner Arbeit rauscht die Flamme wieder in voller Stärke, und wir können uns neuen Unternehmungen zuwenden. Die enden aber schon wieder nach zwei Kilometern, in **La Garde-Adhémar**. Das Nest auf der Höhe über der Rhône kennt jeder, der auf der Rhône-Autobahn gefahren ist. Ein großes Schild weist von dort nach oben zu dieser dörflichen Sehenswürdigkeit, die wir nicht derartig pittoresk erwartet haben. So darf sie sich inzwischen mit einer Auszeichnung schmücken, nach der jeder französische Bürgermeister giert: *Un des plus beaux Villages de France (eines der schönsten Dörfer in Frankreich*). Die Schönheit leidet allerdings etwas darunter, daß die meisten Häuser zum Zweitwohnsitz entartet sind, weshalb Sie fast nur noch Touristen begegnen. Die um die Mitte des 12. Jahrhunderts entstandene romanische Kirche ist allerdings noch im Urzustand und wird von Kunstkennern hoch gehandelt. Tritt man von dort ein paar Meter nach vorne an die Balustrade, hat man eine weite, bei klarem Wetter phantastische Sicht ins Rhône-Tal - und ist zugleich unangenehm berührt. Denn der Blick bleibt an den klotzigen Türmen der Atomkraftwerke von Pierrelatte und Tricastin hängen. In deren Nachbarschaft ist die Industrie zu Hause, in der ein Viertel des Weltbedarfs an angereichertem Uran produziert wird (oder wurde; ich glaube, die Wiederaufbereitungsanlage ist stillgelegt).

La Garde-Adhémar

Neben diesem zwiespältigen Erlebnis kann La Garde-Adhémar mit mehreren Restaurants, die wir noch nicht getestet haben (ein gutes Preis- / Leistungsverhältnis wird dem *Logis de l'Escalin* nachgesagt), und einem schönen **Stellplatz** aufwarten, von dem der Blick ebenfalls weit in die Ebene reicht. Sie können die für Wohnmobile aller Größen geeignete Stelle nicht verfehlen, sie liegt seitlich der nördlichen Zufahrtsstraße, oberhalb des Ortes; so nahe an diesem, daß niemand Angst haben muß. Hier kochen wir selbst. Und der Weißwein ist dank meiner Geduld am Nachmittag (und einem nicht zu karg bestückten Werkzeugkasten) schon wieder gut gekühlt.

im Tricastin

Die beschaulichen Ortschaften liegen hier, im Tricastin, dicht beieinander, denn nach **St. Paul-Trois-Châteaux** sind es am nächsten Tag nur 5 km. Kelten, Griechen und Römer haben dort schon gesiedelt, sie waren im Gegensatz zu neuzeitlichen Feinschmeckern hier aber noch nicht auf der Suche nach preiswerten Trüffeln. Selbst ein paar Kunstgenießer verschlägt es ab und zu vor die romanische Kirche des kleinen Ortes, wo sie dann in Ihren Reiseführern die passenden Worte nachlesen: „Die dreischiffige Basilika mit ihrer meisterhaften Steinmetzarbeit gebietet auch dem eiligen Reisenden diesen kleinen Umweg". Damit ist sogar ein Anliegen meines Buches getroffen: Sind doch die bekannten baulichen Sehenswürdigkeiten der Provence - es gibt wahrlich nicht wenige - schon sattsam breitgetreten, literarisch wie auch buchstäblich. Die Kirche von St. Paul-Trois-Châteaux fällt dabei aus dem Rahmen, man erlebt sie unverfälscht - frei von Postkartenständern und Reisebussen.

Das gilt auch 3 km weiter für das Bergdorf **St. Restitut**, das mit zwei hervorragenden **Stellplätzen** für alle Größen aufwartet: Nach dem Ortsschild des nördlichen Dorfeingangs finden Sie rechts an der Straße eine Toilette mit Wasser, gegenüber einen geräumigen Parkplatz und, rechts bergauf, bei der *Mairie* einen weiteren, noch schöner gelegenen. Fährt man weiter südwärts, kommt man in der Nähe des *Belvédère* an Steinbrüchen vorbei, mit in den Stein gehauenen, riesigen Weinkellern. Tausende von Flaschen werden dort staunenden Touristen gezeigt, aber nicht geöffnet. Über diese alkoholische Attraktion berichte ich allerdings nur vom Hörensagen!

Und da wir nun schon mal vom geraden Weg nach Süden abgewichen sind, drängt sich ein weiterer Abstecher auf. Einmal, weil man unweigerlich Geschmack am Tricastin bekommen hat, und zum anderen, weil er zur *Université du vin* (*Weinuniversität*) führt. Im 10 km südostwärts gelegenen **Château** von **Suze-la-Rousse** ist in einem markanten, auf einem Fels erbauten Schloß (*Besichtigung nur mit ¾ stündigen Führungen; 9,30 - 11.30 und 14 - 17,30 Uhr; außer im Juli und August dienstags geschlossen; Besichtigung des Schloßparks bis 20 Uhr; 15 F*) seit dem Jahre 1978 die erste Weinhochschule der Welt zu Hause. Auch wer nicht gerade das Diplom als Weinkundler erwerben möchte, kann hier mit Hilfe von Simultanübersetzungen für Ausländer ein Wochenendseminar besuchen und dabei sogar im WOMO vor dem Schloßtor **übernachten**. Fahren Sie von der D 944, westlich des Ortes, dem Wegweiser zum Château hinterher, er geleitet Sie zu einem Parkplatz unter Bäumen, wo es heimelige Nischen im Buschwerk gibt. Das richtige für romantische und unerschrockene Schloßbesucher, denn im Mai trällern hier die Nachtigallen, aber der Platz liegt einsam.

Wir halten uns zwar für geeignet, wir fahren aber trotzdem weiter nach Orange. Sinnvoll wäre es auch, von hier Vaison-la-Romaine (2. Tour) anzusteuern, zumal die Strecke dorthin landschaftlich besonders abwechslungsreich ist.

In **Orange** stehen wir bald vor dem einzigen echten „Tor zur Provence“, dem „**Arc de Triomphe**“. Der heißt zwar heute so, aber ein „Triumphbogen“ ist er trotzdem nicht. Nur ein sogenanntes „Stadtgründungstor“. Ein Faux-Pas wäre es, würde ich mich nicht meinen Reiseliteraturkollegen anschließen und es jedem Banausen mit auf den Weg geben: Triumphbögen gab es bei den Römern nur in Rom, Stadtgründungstore hingegen überall, so auch in St. Rémy und Orange. Welchen Sinn aber hatte solch ein Portal? Es diente Propagandazwecken und tat, in Stein gemeißelt, von der Macht römischer Truppen und, mit Verlaub, auch von deren Triumphen kund. Ehrlich gesagt, wer

Orange - Arc de Triomphe

versonnen auf dem abgetretenen Rasenstück vor diesem Bauwerk mit den Gedanken bei Asterix und Obelix phantasiert, sich gar inmitten eines römischen Triumphzugs fühlt und das unablässige Tosen des vorbeirauschenden Verkehrs für Beifallsstürme hält, hat - so ist jedenfalls meine Meinung - mehr von solchen Stätten, als der welcher einen Triumphbogen von einem Stadtgründungstor unterscheiden kann.

Und sehenswert ist der Stadtgründungstriumphtorbogen allemal! Insbesondere auf den gut erhaltenen Ost- und Nordseiten (die Westseite wurde 1949 teilweise restauriert) sind ausgesprochen plastisch die Stärke und Macht römischer Krieger dargestellt, denen die nackten und in Ketten gelegten Gallier nichts entgegenzusetzen haben. Sie besitzen auch nicht die modernen Waffen, die Ihnen zu Abschreckungszwekken vorgeführt werden. Die Wissenschaft nimmt an, daß das Tor nach der Niederwerfung des Gallieraufstandes im Jahre 21 n. Chr. auf- oder wiederaufgebaut worden ist, und daß die Skulpturen über eben diese Revolte berichten. Der eigenen in

Orange kasernierten Garnison als Vorbild und zugleich den gallischen Barbaren als Warnung. Denn damals kam jeder an dem Monument vorbei, der von Lugdunum (Lyon) nach Arausio (Orange) fuhr. So ähnlich wie heute, denn der Verkehr auf der N 7 strömt ohne Unterlaß um das Tor herum.

Erstaunlicherweise ist der **Parkplatz** seitlich des Tores, das immerhin als eine der bekanntesten und zugleich interessantesten antiken Sehenswürdigkeiten Südfrankreichs gilt, so gut wie frei. Hier lassen wir unser Wohnmobil auch während der weiteren Stadtbesichtigung stehen. Sicherheitshalber frage ich eine Passantin nach dem Fußweg. Sie kann es kaum fassen, daß wir unser Auto so weit außerhalb der Altstadt parken möchten und rät dringend davon ab. Ich nehme mir diesen Rat nicht zu Herzen und unterstelle, daß die alten Römer schon so klug waren, ihr Propagandator den Stadtbewohnern und nicht den Bauern vor die Tür zu setzen. Die Wegstrecke in die Stadt ist dann auch kaum der Rede wert, und in der Innenstadt sind für größere Wohnmobile legale Parkplätze nur schwer zu finden (am erfolgreichsten sucht man auf dem baumbestandenen Platz bei der Touristeninformation). Wer nicht ausführlich durch die Gassen schlendert, verpaßt eine der schönen Seiten dieser Stadt. Der man unrecht tun würde, erwähnte man sie nur der antiken Bauwerke wegen. Der **Wochenmarkt**, der donnerstags in den Gassen aufgebaut wird, gilt sogar als einer der interessantesten der Provence.

Wenngleich ich einräumen muß, daß die römischen Bauten unbestreitbar die Attraktion der Stadt (27.000 Einwohner) sind, das **antike Theater** noch mehr als der „Arc de Triomphe". Wir flanieren durch die Altstadtgassen und stehen plötzlich vor einer riesigen Mauer, der Rückseite der Theaterstirnwand. Ludwig XIV. soll sie als „schönste Mauer in meinem Königreich" gepriesen haben. Nicht weniger eindrucksvoll ist die Vorder-, also Innenseite, die in römischer Zeit mit Marmor, Säulen und Statuen geschmückt war. Außerdem war am oberen Ende der Bühnenwand zur Optimierung der Akustik ein Holzdach montiert. Jene ist aber auch so keinesfalls schlecht, wie man heute noch bei der Besichtigung feststellen kann; oder während der Festspiele, die schon seit dem letzten Jahrhundert zelebriert werden, und bei denen schon so berühmte Künstler wie Caruso gefeiert wurden. Das Bauwerk, das einst 10.000 Besuchern Platz bot, ist das besterhaltene römische Theater in Europa und wird nur noch vom Theatergebäude im türkischen Aspendos übertroffen. Die Statue in der Mitte der Bühnenwand zeigt Kaiser Augustus, während dessen Regierungszeit das Schauspielhaus erbaut worden ist. Raten Sie mal, wie hoch die - stark restaurierte - Skulptur ist: 3,55 m!

Theater von Orange

Das Theater kann man täglich zwischen 9 und 18,3o Uhr, von Oktober bis März von 9 bis 12 und von 13,3o bis 17 Uhr gegen eine Eintrittskarte (30 Francs), die auch im gegenüberliegenden Museum und in den Gymnasion-Ausgrabungen gilt, besichtigen. Im **Museum** ist das berühmte römische Marmorkataster ausgestellt. Teile der 850 Quadratkilometer von Arausio des Jahres 77 n. Chr. sind dort in Stein geritzt und katalogisiert: Grundstücksgröße, Eigentümer und sogar der Wert (*im Winter von 12 - 14 Uhr und möglicherweise dienstags geschl.*).

Es wäre ein großer Fehler, die Theateranlage zu verlassen und sich gleich wieder ins Auto oder ins nächste Straßencafé zu setzen. Den Ausblick von der **Colline St. Eutrope**, dem Hügel, an den das Theater gelehnt ist, darf man sich keinesfalls entgehen lassen. Von hier oben schaut man auf das Theater und die Gassen der Stadt, der Blick reicht sogar bis zum Mont Ventoux. Den Weg zum Hügel findet man zu Fuß, wenn man außerhalb des Theaters an der Bühnenwand links (also östlich) bei nächster Gelegenheit die Stufen bergauf nimmt.

Oder man benutzt das Auto und biegt westlich des Theaters auf die steile Zufahrtsstraße (mit Wegweiser zur Colline St. Eutrope) ein. Das empfiehlt sich besonders für eine **Übernachtung**, denn auf den Parkplätzen oben auf dem Hügel stehen Sie am Rand von Wiesen und neben einem lauschig verwahrlosten Park. Es gibt Wasser, eine heruntergekommene Toilette und ein paar Häuser; trotzdem nächtigt man hier einsam. Fahren Sie oben auf dem Hügel bei der Weggabelung nicht links zur *Piscine* (*Schwimmbad*), sondern geradeaus bis zum Ende des Weges am Park. Die schmale Straße braucht Sie übrigens nicht zu erschrecken, es gibt keinen Gegenverkehr.

Achten Sie aber bei der Runterfahrt auf den gefährlichen seitlichen Absatz am Ende des Sträßchens.

Wir verbringen auf der Colline St.-Eutrope einen entspannten Nachmittag. Dabei betrachten wir uns auch die Reste des römischen Kapitols und des festungsartigen Schlosses, das hier die Herren von Nassau-Oranien im Jahre 1622 errichten ließen. Wilhelm I. von Nassau, der erste Statthalter Hollands und Vorfahr der holländischen Königsfamilie, gründete näm-

Stellplatz auf der Colline St. Eutrope

lich in der Stadt ein Fürstentum. Arausio hieß zu diesem Zeitpunkt längst Orange, was ja ein und derselbe Wortstamm ist und mit der Südfrucht nichts zu tun hat, auch wenn die Stadt diese heute im Wappen trägt. So kam es, daß sich die holländischen Könige auch heute noch Oranier nennen.

Noch schöner gelegen ist der **Übernachtungsplatz**, den wir 10 km weiter südlich, bei **Châteauneuf-du-Pape** finden. Auf einer Anhöhe am Nordrand des weltbekannten Weindorfes (2.000 Einwohner) ragt die Turmruine eines Schlosses steil in den provenzalischen Abendhimmel. Der Bau diente den Päpsten während der Zeit des Exils in Avignon als Sommerresidenz, wo die irdischen Gottesvertreter damals auch den Rotwein der Gegend schätzen gelernt haben, der den kleinen Ort weltberühmt gemacht hat. Wir finden seitlich der Burgruine einen ganz besonders schönen und geräumigen Übernachtungsplatz, der außer einer Toilette alle Vorzüge eines ordentlichen Stellplatzes aufweist: großflächig, eben, wegen der nicht allzu weit entfernten Häuser einigermaßen sicher, aber trotzdem in freier Natur. Das Beste aber ist die Lage, denn von einer kleinen Anhöhe hat man einen weiten

Stellplatz bei Châteauneuf-du-Pape

Blick, vorbei an der stimmungsvollen Ruine über endlose Weinfelder ins Tal der Rhône, hinter dem gerade die Sonne untergeht. Genauso haben wir ihn uns vorgestellt, den Abend in der Provence. Fahren Sie in Châteauneuf auf der D 68 nach Norden in Richtung Orange und dann, bei erster Gelegenheit, links dem Wegweiser '*Château*' (*Schloß*) hinterher.

Blick vom Stellplatz ins Rhônetal

Auch für die ängstlicheren Gemüter ist in Châteauneuf gesorgt: Im unteren Teil des am Hang liegenden Dorfes gibt es seitlich der Durchgangsstraße einen weiteren großen Markt- und Parkplatz, der von Häusern umstanden ist. Sie müssen nur den Wegweisern '*Salle polyvalente, Piscine*' oder dem Klacken der Boules-Kugeln folgen, denn dem beliebten Spiel mit den

Eisenkugeln frönt man auch auf diesem Platz, der unmittelbar hinter dem Schwimmbad (*Piscine*) liegt. Freitags morgens wird im Sommer den Markthändlern die Berufsausübung zumeist ein wenig erschwert. Müssen sie nämlich dann ihre Stände um dort stehende WOMOs herumbauen, deren vom Lärm geweckte Besatzung dann ebenso überrascht wie verschlafen nach dem Zündschlüssel kramt (der bei der „freien“ Übernachtung eigentlich immer griffbereit sein sollte). Wir haben auf beiden Plätzen schon mehrfach genächtigt (und auch schon in aller Herrgottsfrühe auf schön drapierte Tomaten und Pfirsiche geklotzt). Eine Nacht war besonders erlebnisreich. Schauen Sie mal nach den Dachbalken des Kassenhäuschens am Schwimmbad! Die sind sichtbar angekohlt. Und das kam so:

Der Mistral, ein kräftiger Nordwind, rüttelte schon am Nachmittag so brutal an unserem WOMO, daß wir vom hochgelegenen Platz bei der Schloßruine nach unten, in ruhigere Gefilde, ans Schwimmbad, geflohen sind. Nach einem erfreulichen Abendessen (siehe unten) haben wir uns auf der Boules-Bahn noch ein Flutlichtspiel gegönnt (der Lichtschalter befindet sich am Lampenmast) ehe wir uns, von den umstehenden Häusern (vermeintlich) gut behütet, aufs Ohr gelegt haben. Aber dann wurde ich mitten in der Nacht geweckt. Drei sichtlich betrunkene Männer torkelten laut palavernd die Dorfstraße herunter. Was macht der betrunkene Nachtschwärmer mit einem schlafenden WOMO? Er rüttelt daran, er klopft - und er freut sich. Tut er nicht! Er klettert statt dessen über den Freibadzaun, um sich jenseits desselben ein wenig zu erfrischen.

Es planschte und prustete. Das schien mir plausibel, und ich schlief beruhigt wieder ein. Die Ruhe war jedoch nicht von langer Dauer, denn bald vernahm ich das Klirren zerbrochenen Glases und ein ständiges Hantieren mit irgendwelchen Gerätschaften. Dann wurde ich durch den jähen Knall einer Explosion aus dem Halbschlaf gerissen. Fensterscheiben zerbarsten, und plötzlich loderten aus dem Gebäude des Schwimmbads Flammen. Die Nacht war leuchtend rot, das ganze Haus schien zu brennen - und unser Auto stand keine 30 m entfernt.

Was tut der verantwortungsbewußte Wohnmobilist in solcher Situation?

Er greift zum Bordfeuerlöscher und kämpft gegen die Flammen? Er unterstützt die örtlichen Gendarmen und schreitet zur Festnahme? Er weckt die Kinder, weil die schon immer mal ein brennendes Haus sehen wollten? Oder er setzt sich im Schlafanzug ans Steuer und sucht möglichst schnell das Weite!

Nichts wie weg hieß die Devise, wir fuhren bis zum Nachbarort, nach Courthezon (siehe unten), wo wir gleich einen kleinen Parkplatz fanden. Der lag dann genau gegenüber der Feuerwehrausfahrt, wo gerade schlaftrunkene Männer mit Blaulicht und viel Tatütata zum Löscheinsatz aufbrachen. Lange lag ich danach noch wach, ich fühlte mich fast wie der Brandstifter und habe mich nicht mal getraut, am nächsten Tag nach dem Schaden zu sehen. Erst ein Jahr später konnte ich mich beim Anblick der schwärzlichen Balken davon überzeugen, daß ich nicht geträumt habe.

Von der schönen Anhöhe und der Ruine abgesehen ist Châteauneuf-du-Pape uninteressanter als man es erwartet. Das gilt vor allem für den Weinkauf, obwohl der hier produzierte Rotwein weltberühmt ist. Wer sich nicht gut auskennt, kauft wegen des klangvollen Namens leicht einen mittelmäßigen Wein überteuert ein. Ich kann kaum glauben, daß ausgerechnet hier im Jahre 1923 die *Appellation-Contrôlée;* also die *geschützte Herkunftsbezeichnung* und damit das in Frankreich wegweisende Weinprüfsystem, geschaffen wurde. Wenn Sie unbedingt einen *Châteauneuf-du-Pape* trinken wollen, besorgen Sie ihn lieber im Restaurant oder zu Hause beim Weinhändler. Der oder ein Wirt lassen sich nämlich nicht so leicht einen schlechten Tropfen andrehen wie der unbedarfte Tourist. Ist dieser besonders blauäugig, kauft er im Winzermuseum *Cave du Père Anselme* eine merkwürdig verformte und auf alt getrimmte, also interessant gemachte - und deswegen besonders überteuerte - Flasche (an dieser Stelle ein kleiner Geheimtip: meine besten *Châteauneufs* waren weiß).

Aber ein gutes Restaurant kann ich Ihnen vorschlagen, falls das ***La Garbure***, das Sie mitten im Ort leicht finden, überhaupt eine Zukunft hat. Beidemal war der kleine Gastraum nur schwach besetzt, als uns ein einfallsreiches Menu zu äußerst reellen Preisen liebevoll serviert wurde. Und der von der Wirtin empfohlene (rote) *Châteauneuf-du-Pape* war derart gut, daß ich meine despektierlichen Bemerkungen über diese Weinlage fast bereue (*Tel. 04 90 83 75 08*).

Bei anderer Gelegenheit testen wir in **Courthezon**, 7 km nordöstlich von Châteauneuf, das sehr schlichte **Restaurant *Porte des Princes*** (*Tel. 04 90 70 70 26; im Februar und montags geschlossen*). Wer keine überzogenen Erwartungen hat und preiswerte, typisch französische Restaurants liebt, wird sich hier wohl fühlen. Denn der Küchenchef versucht sich nicht an Kreationen, die er bei seinen besternten Kollegen abgekupfert hat und doch nicht beherrscht, sondern beschränkt auf das, was schon seit Jahren bei den Gästen ankommt. Er ist allerdings nicht mehr der Jüngste, weshalb auch dieses Lokal vielleicht schon gar nicht mehr existiert. Das kleine Städtchen lohnt sich aber allemal, besonders die romanische Kirche mit einem Fundament aus dem 8. Jahrhundert.

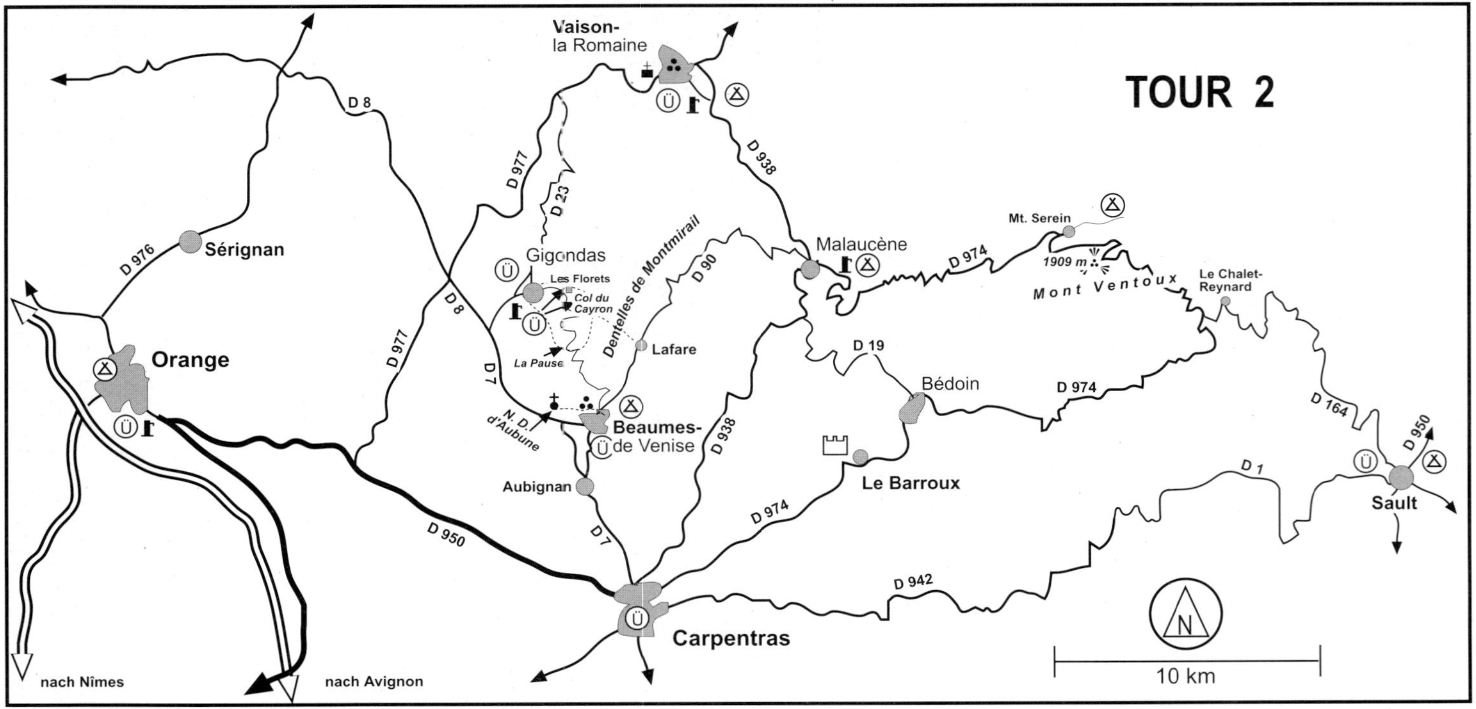

TOUR 2
Vaison-
la Romaine
D 938
Malaucène
Mt. Serein
D 974
1909 m
Mont Ventoux
Le Chalet-
Reynard
D 164
D 950
Sault
D 1
D 942
10 km
N
D 8
D 976
Sérignan
Orange
D 977
D 23
Gigondas
Les Florets
Col du
Cayron
Dentelles de Montmirail
D 90
Lafare
La Pause
D 7
N. D.
d'Aubune
Beaumes-
de Venise
D 938
D 19
Bédoin
Le Barroux
Aubignan
D 950
D 974
Carpentras
nach Nîmes
nach Avignon

Tour 2: Auf das Dach der Provence

Dentelles de Montmirail - Beaumes-de-Venise - Gigondas
Carpentras - Vaison-la-Romaine - Mont Ventoux

Übernachten	Marktplatz von Beaumes-de-Venise; Campingplatz in Beaumes-d.V.; mehrere Möglichkeiten in oder bei Gigondas; Parkplatz in Vaison-la-Romaine; Campingplatz am Mont Ventoux
Besichtigen:	Dentelles de Montmirail; Kapelle Notre Dame d'Aubune; Gigondas; Markt und Altstadt von Carpentras; Ausgrabungen, Oberstadt und Kathedrale von Vaison-la-Romaine; Mont Ventoux
Wandern:	von Beaumes-de-Venise zur Kapelle Notre Dame d'Aubune; von Gigondas um die Dentelles Sarrasines
Essen:	Auberge *St.Roch* in Beaumes-de-Venise; Restaurant *Les Florets* bei Gigondas; Restaurant *L' Oustalet* in Gigondas; Restaurant *Le Bâteleur* oder Pizzeria *Du Vieux Vaison* in Vaison

Schon auf unserer zweiten Tour muß ich literarisch etwas mogeln: Die Fahrt zum **Mont Ventoux** fällt nämlich zunächst dem Wetter zum Opfer, genauso wie in den folgenden zwei Provence-Urlauben. Zugegeben, wir haben auch große Ansprüche und wollen den höchsten Berg der Provence uneingeschränkt genießen. Dazu bedarf es vor allem guter Sichtverhältnisse, denn auf den Ventoux fährt man **nur** der Aussicht wegen. Im Sommer ist es aber, jedenfalls wenn man nicht zu den Frühaufstehern gehört, bei gutem Wetter fast immer dunstig, und in den Übergangsjahreszeiten verschwinden die obersten der 1.912 Meter oftmals gerade dann in dicken Wolken, wenn man am Fuße des Gebirges angekommen ist. Verschieben Sie also bei klarem Wetter niemals den Gipfelsturm auf morgen, sonst kommt garantiert wettermäßig etwas dazwischen, und Sie werden den Ventoux auch weiterhin nur von unten kennen.

Von dort ist uns der „Fudschijama der Provence“ schon lange geläufig, sein hoher Kegel mit der weißen Kuppe ist auch wirklich nicht zu übersehen. Ob man in der Nähe von Orange steht, in Avignon, auf dem Plateau de Vaucluse oder dem Kamm des Lubéron, man sieht von überall den heiligen Berg, den Berg des Windes, dem die Römer den Namen *ventosus* (der Windige) gaben. Und jetzt, Anfang April, besteht seine weiße Haube wirklich noch aus Schnee. Im Sommer sieht jenem der Kalkstein zum Verwechseln ähnlich, der Schnee bleibt aber häufig bis in den Mai hinein. Ob in diesem Jahr das Tauwetter ganze Arbeit geleistet hat, wollen wir erst gar nicht ergründen, denn schon am Vormittag umhüllen dikke Wolken aus der Blumenkohlfamilie das weiße Haupt. Erst beim vierten Anlauf, am Ende dieser zweiten Tour, spielt das Wetter mit.

Bis dahin trösten wir uns mit nicht weniger eindrucksvollen Zielen am Fuße des Ventoux. Und am Ende unserer Tour werden wir wissen, daß diese Ziele lohnender sind als der sie - nur topographisch - überragende Berg.

Unter allen Gebirgszügen der Provence gefallen mir die **Dentelles de Montmirail** am besten. Das kleine Gebirge zwischen Gigondas und Malaucène, auf halbem Weg zwischen Orange und dem Mont Ventoux, gleicht stellenweise den italienischen Dolomiten. Nur bewegt man sich in den *Dentelles* (*Klöppelspitzen*) lediglich auf einer Höhe zwischen 500 und 734 m. Hier kann man also schon zu eindrucksvollen Spaziergängen und Wanderungen aufbrechen, wenn anderswo noch Tiefschnee liegt. Die Bergsteiger unter unseren Lesern wissen ohnehin Bescheid, kennen sie nämlich die verschiedenen Schwierigkeitsgrade der zackigen Kalkfelsen in den Dentelles Sarrasines. Auch wir werden uns hier beim Wandern sportlich betätigen.

Wir kommen auf der D 7 von Carpentras, wohin wir weiter unten noch einmal zurückkehren werden und wählen unterhalb einer gewaltigen Felswand das Dorf **Beaumes-de-Venise** als Ausgangspunkt. Jeder Weinkenner hat schon mal von dem natürlichen Süßwein gehört, der hier im Windschatten einer Felswand auf Terrassen reift. Aus kleinen, süßen Muskateller-Trauben wird ein Wein gekeltert, den man jung als Aperitif trinkt. Mein Fall ist er nicht, Sie können ihn aber in mehreren Probierstuben testen. Die vielen Höhlen im Fels haben dem Weindorf zu seinem Namen verholfen, denn *Baumes* bedeutet *Höhlen*. Wir kraxeln auf einem Pfad zur Ruine des mittelalterlichen Schlosses, von dem wir uns an einer schönen Aussicht erfreuen.

Unseren Fußweg verlängern wir gleich noch zur 1,5 km weiter westlich des Ortes und rechts der D7/D81 gelegenen **Kapelle Notre-Dame-d'Aubune**. Das Kirchlein aus dem 12. Jahrhundert (im 17. Jahrhundert restauriert und mit seitlichen Anbauten versehen) zieht uns vor allem wegen seiner schönen Lage auf einer Terrasse und wegen seines schlanken, hohen Glockenturms in seinen Bann. Eine andere Touristengruppe hat sich bereits das Kirchentor aufgeschlossen (den Schlüssel gibt es angeblich beim unterhalb der Kirche liegenden Haus), so daß wir auch die undefinierbaren, naiven Malereien im Inneren betrachten können. Mit größeren Wohnmobilen kann man nicht direkt bis zur Kapelle fahren. Parken Sie in Beaumes-de-Venise oder an der D 7. Lassen Sie sich für den kleinen Ausflug Zeit, denn in Beaumes-de-Venise können Sie ordentlich am Rande des riesigen Parkplatzes im Ortszentrum **übernachten**. Von weitem werden Sie sogar von den Gendarmen bewacht, und eine öffentliche Toilette gibt es auch. Nur in der Nacht auf Dienstag muß man weichen, dann wird hier der Markt aufgebaut. Am Wochenende sollte man sich wegen einer Diskothek auch möglichst weit nach rechts (Westen) stellen.

Wir bevorzugen diesmal den inzwischen erweiterten **Campingplatz**. Der ist nämlich in Beaumes-de-Venise besonders angenehm und preiswert: Wir stehen dort am rauschenden Bach vor einem üppigen Ginsterstrauch. Zu Fuß braucht man ins Dorf keine fünf Minuten.

Gehen Sie am Bach entlang, dann treffen Sie nahe der ***Auberge St. Roch*** auf die Straße. Sie werden den Weg - jede Wette - erst in der Nacht zurückstolpern, denn das **Gasthaus** ist allein schon die Fahrt nach Beaumes-de-Venise wert: Lecker, preislich im Rahmen und ohne großes Getue. Probieren Sie unbedingt den würzigen *Saumon au pistou* (Lachsstücke mit Basilikum-/Knoblauchsoße) und zum Dessert das köstliche *nougat glacier* (*Tel. 04 90 62 94 29; montags zu*).

am Col du Cayron

Auch den nächsten Tag verplanen wir kulinarisch. Wir fahren nämlich zum mittäglichen Picknick ins Herzstück der Dentelles, auf eine riesigen Felsbrocken beim **Col du Cayron**. So heißt die Stelle, die man ansteuern muß, wenn man einen schönen Eindruck von dem zackigen Gebirge gewinnen möchte. Wir folgen dazu in Gigondas dem Wegweiser ***Les Florets***. Der Asphaltbelag hört beim Hotel auf (das wir noch nicht getestet haben, dessen relativ preiswerte Küche aber sehr gelobt wird und wo man bei gutem Wetter unter Bäumen essen kann - *Tel. 04 90 65 85 01; mittwochs zu*), so daß wir auf einem zunehmend schlechter werdenden, unbefestigten Weg bergauf holpern. Aber schon nach 600 m ist die Paß-"Höhe" erreicht. Hätte man mich mit verbundenen Augen hier hochgeführt, ich wähnte mich auf wenigstens 1500 m. In Wirklichkeit sind es oben gerade mal 400 m. Unser Picknickfelsen liegt vor einem kleinen, einsamen Parkplatz. Leider ist hier 'Camping interdit', was nicht von jedem WOMO befolgt wird, zumal wohl auch nur das Zelten verboten ist. Aber weiter unten am Ende der Teerstraße darf man, auch relativ einsam, **nächtigen**; man kann sich ja zunächst auf dem schöner gelegenen Parkplatz oben auf dem Paß aufhalten und erst bei Einbruch der Nacht herunterfahren. Prächtiger kann die Umgebung nämlich nicht sein! Die Zacken der gegenüberliegenden Dentelles Sarrasines sind die bizarrsten des Gebirgszuges. Zwischen ihnen hängen jetzt, um die Mittagszeit, unzählige Kletterer, deren Rufe bis zu unserem Vesperstein zu hören sind.

Stellplatz am Col du Cayron

Ein schönes, weniger exponiertes, sehr einsames **Übernachtungsplätzchen** findet man auch, wenn man beim Erreichen der Paßhöhe nach rechts, weiter leicht bergauf fährt. Nach mehreren hundert Metern macht der Fahrweg eine

Blick auf Gigondas

deutliche Linkskurve, vor der rechts unter Bäumen ein weiterer Parkplatz angelegt ist. Am Wochenende ist hier oben tagsüber allerdings viel los, wie wir bei einer **Wanderung** ein Jahr später feststellen:

Unser Wohnmobil parken wir dazu in Gigondas, wo wir am oberen Ende des kleinen Marktplatzes starten. Vor der Brücke führt uns dort eine rot-gelbe Markierung auf einen Fahrweg hinauf in die Weinberge, wo wir bei einer weiten Aussicht auf den kleinen Ort noch einmal Kraft für den weiteren Anstieg tanken. Ein Wegweiser geleitet uns bald zur Anhöhe mit dem klangvollen Namen 'La Pause' (dort finden Sie auch den oben erwähnten einsamen Übernachtungsplatz unter Bäumen). Dort treffen wir auf die geschotterte Straße, auf der man zum Col du Cayron weiterlaufen könnte. Wir folgen ihr aber nur ein kurzes Stück nach links, denn nach wenigen hundert Metern zweigt rechts ein Pfad ab, der hoch zu den Kalkzacken der Dentelles Sarrasines führt (erst grün, später blau markiert). Oben bleiben wir immer am Fuß der Felsen, auf deren Nordseite ein Pfad durchs Unterholz getreten ist. Stellenweise muß man schon ein wenig klettern, und feste Schuhe sind unabdingbar. Ab und zu zweigen auch andere Wege ab, herunter zum Col du Cayron oder zwischen den Dentelles hindurch auf deren Südseite. Wir lassen uns davon nicht beirren, denn unser Weg dürfte erst am Ende des Höhenzuges - immer noch nördlich des Kammes - wieder hinunter auf das Fahrsträßchen führen. Aber

Theorie und Wirklichkeit liegen weit auseinander, und wir irren durch Weinberge zu Tal. Dort hat man nun mehrere Alternativen; Die kürzeste: Man kehrt hier schon zum Col du Cayron um. Wir stiefeln statt dessen auf der kleinen Straße nach rechts Richtung Lafare. Auf halber Strecke dorthin und nach einem kurzen Abstieg kommt man an einer Brücke vorbei. Rechts davon hören wir das Rauschen von Wasserfällen, die kleine ***Badegumpen*** *bilden; der rechte Ort für eine Mittagsrast. Eine Stärkung ist auch nötig, denn nun ist Klettern angesagt: Bei der Brücke geht es nämlich steil bergauf (man findet den Einstieg kaum; gehen Sie etwa in Verlängerung der Brücke geradeaus den Hang hoch, unten liegt unter Umständen ein großer Felsbrocken, es gibt dort auch eine schwer zu erkennende weiße Markierung). Später stößt man dann wieder auf einen Fahrweg, der im Norden bei 'La Pause' wieder auf unseren Hinweg trifft. Wer weniger sportlich ambitioniert oder nicht schwindelfrei ist, wandert einfach nach Lafare, zu einem der ursprünglichen Dentelles-Dörfer, und von dort auf demselben Weg zurück zum Col du Cayron. Man kann auch von Lafare eine Südschleife zurück nach 'La Pause' ziehen, die Wanderung wird dann aber über 20 km lang. Unser Weg verbindet mehrere Alternativen: Wir klettern nämlich bei der erwähnten Brücke vor dem Wasserfall zunächst ein paar hundert Meter auf der weiß markierten Strekke, wir kehren dann aber um, da uns das Gelände zu unruhig wird. Über Lafare, den Col du Cayron und 'Les Florets' finden wir dann wieder zurück zu unserem Auto (Karte: Éditions Didier & Richard Nr. 27; die Strecken sind zwischen 10 und 22 km lang).*

Wanderung in den Dentelles

Das Weindorf **Gigondas** gehört zu den angenehmsten Orten der Gegend. Es macht Spaß, durch die steilen Gäßchen zu streifen und sich am Ende in einem bescheidenen Café zu erholen. Oder im **Restaurant *L'Oustalet*** am Dorfplatz, preisgünstig und ländlich (*Tel. 04 90 65 85 30, montags*

Kirche von Gigondas

abends und dienstags geschlossen). Wer nach dem Abendessen nicht mehr loskommt, kann hier auch mal eine **Nacht** verbringen: Auf dem kleinen Parkplatz seitlich unterhalb des Dorfplatzes hinter der Brücke; aber bitte nicht in Scharen! Am Dorfbrunnen kann man auch den Wassertank auffüllen und öffentliche Toiletten gibt es dort ebenfalls. Neuerdings wurde, wie mir Leser berichtet haben, ein geräumigerer, asphaltierter Parkplatz angelegt, den Sie vor der Ortseinfahrt geradeaus den Berg hinauf finden. Er soll mit einer schönen Aussicht auf das Dorf und mit Laternen überzeugen.

Gigondas ist bekannt für seinen kräftigen Rotwein, der zu den besten Südfrankreichs zählt. Ich habe verschiedene durchprobiert, sie waren auch besser als die meisten anderen Côtes-du-Rhônes. Aber eine echte Offenbarung, eine Adresse zum Auffüllen des heimischen Weinkellers, habe ich nicht gefunden.

Bevor wir nach Norden zur Ventoux-Tour starten, drängt sich ein Abstecher nach Süden auf. Vor allem freitags. Dann ist nämlich in **Carpentras** (26.000 Einwohner) **Markt**, einer der größten in der Provence. Wo kommen nur die notwendi-

Markt in Capentras

gen Kunden für diese vielen Stände her? Alleine die Kleiderbuden verteilen sich auf mehrere Gassenzüge. Und wer sich mal wieder mit Naturprodukten eindecken möchte, ist hier gerade richtig: Olivenöl, Vollwertbrot, Ziegenkäse von der Farm, biologisch angebautes Gemüse; dazu die ganze Palette sonstiger französischer Marktköstlichkeiten - und im Winter frische Trüffel.

Berühmt ist auch die **Synagoge** im Altstadtkern (am Platz vor dem Rathaus schwer zu finden), die älteste und ausgeschmückteste Frankreichs. Carpentras war übrigens der erste Aufenthaltsort des Papstes in Frankreich, bevor dieser nach Avignon umzog.

Am Markttag **parkt** man am besten auf dem Platz bei der *Porte d'Orange* (beschildert); in die Altstadt sind es von dort nur wenige Schritte. Hier können und dürfen sogar in der **Nacht** vor dem Markttag die größten WOMOs stehen, was aber etwas laut ist (am ruhigsten ist es hinten bei der Mehrzweckhalle).

Wir verbringen die Nacht in **Vaison-la-Romaine** (10.000 Einwohner). Im Gegensatz zu benachbarten Malaucène, einem an sich freundlichen Ort, in dessen Umkreis aber neben der Straße angebrachte Schilder auf ein allgemeines Campingverbot hinweisen, hatten die Stadtväter von Vaison ein wohnmobilistisches Einsehen. Zumal sich in Vaison seit September 1992 vieles verändert hat. Ein verheerendes Unwetter brach binnen kürzester Zeit über die Stadt herein und ließ das Flüßchen Ouvèze zu einem reißenden Strom anschwellen. Die reißenden Fluten haben vom nahen Campingplatz, auf dem wir noch wenige Wochen vorher selbst standen, Zelte und Wohnwagen weggeschwemmt, wobei viele Urlauber den Tod fanden. Sogar ganze Häuserzeilen stürzten zusammen, und insgesamt starben über 30 Menschen. Die Natur hat sich nach tagelangen Regenfällen so am Menschen gerächt, der die Wasser aufsaugenden Wälder abgeholzt, die Flüsse begradigt und ihre Ufer zubetoniert hat. Das Wasser floß zu schnell ab, mit ihm gewaltige Schlammlawinen, die vor der Stadt wieder aufgestaut wurden, wo man das Bett des Ouvèze umgelenkt und von seiner natürlichen Breite auf die Hälfte von 10 Metern reduziert hat. Den Campingplatz gibt es seit diesen Tagen nicht mehr (dafür andere, die wir nicht kennen), und auch die Stellplätze unten am Fluß, die ich einst empfahl, sind begreiflicherweise einem Antihochwasserprogramm zum Opfer gefallen.

Dafür hatte die Obrigkeit das schon erwähnte Einsehen, so daß wir nun auf dem riesengroßen **Parkplatz** bei den

Ausgrabungen **schlafen** dürfen (und nicht nur, wie früher, zwischen 20 und 7 Uhr). Aber ausgerechnet die Toiletten sind dort nachts immer noch abgesperrt.

Römische Brücke in Vaison

Sonst ist von Vaison fast nur Positives zu berichten. Trotz der vielen Touristen ist vor allem die **Oberstadt**, jenseits des Ouvèze, erstaunlich wenig verkitscht. Erst nach dem zweiten Weltkrieg wurden hier die Häuser wieder aufgebaut, hauptsächlich als Ferienwohnungen. Wir klettern hinauf zur Burgruine und kommen dabei durch die malerischsten Winkel. Auf dieser Seite des Flusses siedelten in vorrömischer Zeit die keltischen Vocontiner, die sich mit den römischen Besatzern jenseits des Gewässers arrangieren konnten. Im Mittelalter war dann nur noch der Felsen der Oberstadt bewohnt, ehe die Menschen im 18. Jahrhundert wieder nach unten in die Neustadt zogen. Die Oberstadt verfiel danach, bis die Touristen kamen. Und unten, jenseits der **römischen Brücke**, die das Hochwasser leicht beschädigt überstanden hat und heute noch benutzt wird, begann ein elsässischer Zigarrenfabrikant namens Burrhus, der sich für einen Nachfahr des römischen Burrus hielt, mit den **Ausgrabungen**. Er hatte es hier einfach, denn durch den nachantiken Umzug aufs andere Flußufer waren die römischen Gemäuer nur teilweise überbaut. So können wir heute durch zwei Ausgrabungsgebiete links und rechts des großen Parkplatzes streifen, das *Quartier de la Villasse* (westlich), in dem heute noch gebuddelt wird, und den *Quartier de Puymin* (östlich). Ich finde allerdings, daß es Interessanteres zu sehen gibt, als die dortigen römischen Mäuerchen, denen man ohne kundige Führung nicht mehr ansieht, wozu sie einst dienten. Aber das kleine Museum im Quartier von Puymin beherbergt einige schöne Mosaiken und Statuen, die noch eine Ahnung vom römischen Leben aufkommen lassen.

Oberhalb des Museums gelangt man auch zum **Theater**, das aber hauptsächlich nur noch eine Nachbildung der antiken Stätte ist. Auch hier begegnet man dem Phänomen fast aller antiker Theater: Der Blick von den oberen Zuschauerrängen in die Landschaft ist anregend und beruhigend zugleich (*das Ausgrabungsgelände ist im Winter dienstags vormittags geschlossen; ganzjährige Mittagspause; je nach Jahreszeit bis 18,45 Uhr geöffnet ; 35 F*).

Theater von Vaison-la-Romaine

Vaison-la-Romaine wartet aber mit noch einer weiteren baulichen Sehenswürdigkeit auf. Die **Kathedrale** Notre-Dame (11. Jahrhundert) steht auf römischen Fundamenten und hat einen beachtlichen Kreuzgang aus dem 12. Jahrhundert (*Mittagspause; 7 F*). In frühchristlicher Zeit und im Mittelalter hatte hier sogar einen Bischof seinen Sitz.

Auch kulinarisch kann Vaison überzeugen: Einmal im kleinen **Restaurant *Le Bâteleur*** vor der Römerbrücke mit gutem Preis-Leistungsverhältnis (*Tel: 04 90 36 28 04; Sonntagabend und Montag geschlossen*); bei schmalem Geldbeutel oder mit Kindern in der **Pizzeria *Du-Vieux-Vaison*** (*Tel. 04 90 36 19 45*) in der Oberstadt. Wir sitzen dort vor einem alten Stadttor im Freien und freuen uns an den leckeren Pizzas auf hauchdünnem Teig.

In Vaison brechen wir auch zur Fahrt auf den **Mont Ventoux** auf. Sie wissen ja, daß wir diese Fahrt wetterbedingt schon dreimal verschoben haben. Wir hätten noch weiter warten sollen. Denn auch diesmal sind die Sichtverhältnisse nicht ideal. Es herrscht zwar strahlendes Hochsommerwetter, aber bis wir gegen Mittag endlich die 30 km von Vaison bis zum Gipfel in Angriff genommen haben, hat schon wieder ein Dunstschleier die Provence eingenebelt. Und ich sage es noch einmal in aller Deutlichkeit: Ersparen Sie sich, der Umwelt und Ihrem Auto die Fahrt hier hoch, wenn die Luft nicht wirklich klar ist. Der Ventoux lohnt sich einzig wegen der Fernsicht. Die kann bei guten Bedingungen bis nach Korsika oder zu den Pyrenäen reichen. Außerdem sieht man ein breites Spektrum von Alpengipfeln und Provencelandschaften.

Dieser freie Rundblick trieb auch den italienischen Dichter Francesco Petrarca auf den Gipfel des Ventosus, des Windumtosten. Am 24. April 1336 erfüllte sich Petrarca einen lang gehegten Wunsch und bezwang mit seinem Bruder den fast Zweitausender. Das war zu dieser Zeit eine Sensation. Es gab nämlich weder Karten noch gepflegte Wege, und wer konnte, mied die unheimliche Bergregion schon wegen der vielfältigen Gefahren. Petrarca ist aber nicht nur geklettert, er hat den Trip auch literarisch festgehalten und gilt deshalb heutzutage als „Vater des Alpinismus“ und als Begründer der nachantiken Reiseschilderungen (es böte sich hier an, den Bogen von Petrarca zur WOMO-Reihe zu spannen, wir wollen das aber lieber nicht tun). Freilich war der Poet nicht der erste Gipfelstürmer, denn schon die Römer unterhielten hier oben ein Heiligtum, das man entdeckte, als die Wetterstation errichtet wurde. Und genaugenommen wurde eine Gottheit schon vor den Römern verehrt, es war der keltische Gott der Winde.

Im Laufe der Jahrtausende hat sich einiges getan am Ventoux: Wetterwarte, Fernsehsender und Militärstation sind unübersehbar. Genauso wie die Süßigkeits- und Andenkenbuden sowie die Skilifte. Sogar der Wald ist wieder da. Der Holzbedarf der Schiffswerfte in Toulon verschlang einst alle Bäume. Aber schon im 19. Jahrhundert begann eine planmäßige Wiederaufforstung. Sogar bis dato fremde Baumarten wurden angesiedelt - und Trüffeleichen zum Wohle der Feinschmecker in ganz Frankreich. Die naturale Wiederbelebung sieht zwar schon ganz gut aus, sie ist aber noch nicht vollends gelungen, wie das schlimme Hochwasser des Herbstes von 1992 beweist.

Gipfelregion des Mont Ventoux

Bei einer Höhe von 1.600 m, der natürlichen Baumgrenze, endet der Forst. Man fährt ab da durch eine weißliche Geröllhalde, die in der Sonne von Ferne Schneefeldern gleicht. Von nahem entdeckt man - außer der Sicht bei klaren Tagen - nichts Schönes. Es sei denn man wäre Botaniker. Dann könnte man in der Gipfelregion noch Flechte und Moose ausmachen (aber nicht ausgraben!), die sonst nur in Grönland oder im Polargebiet wachsen. Oder man ist Radfahrer. Genauer, ambitionierter Sportradler mit rennradmäßigem Zweiventiler. Dann ist die Qual über den Gipfel die Herausforderung unserer Zeit, der sportliche Höhepunkt des Urlaubs, der Beweis der Fitneß oder gar der Männlichkeit (die Frauen sind deutlich in der Unterzahl). Jedenfalls begegnen uns an einem glutheißen Tag im Juli weit mehr Radler als Autofahrer. Aber nicht jeder überlebt die Strapazen. Anläßlich der Tour de France des Jahres 1967 starb der englische Radprofi Tom Simpson kurz unterhalb des Gipfels und löste damit im Sport die erste große Doping-Diskussion aus. Radfahrer aus ganz Europa legen heute am Unglücksort südlich des Gipfels (beschildert) zum Andenken des Sportlers Ehrenbeweise nieder: Vom Fahrradreifen bis zum Handschuh. Rad- und Autorennen führen heute nur noch selten durch diese Region, die, jedenfalls im Sommer, touristisch eher ruhig zu nennen wäre. Im Winter, das heißt von Mitte November bis Mitte April ist die Straße über das steinerne Haupt zwischen den Skiorten Le Chalet-Reynard und Mont Serein ohnehin gesperrt. Dann herrscht hier oben auch schon mal Frost bis 30 Grad minus.

Auch im Sommer ist es mindestens 10 Grad kälter als im Tal, so daß man hier nicht so gerne ein Schlafplätzchen sucht, auch wenn der Wind nicht bläst, der allerdings fast immer dem Namen des Berges alle Ehre macht. Mir wäre es also zu kalt hier oben. Wer aber auch im Sommer ohne Dunst, also gleich nach Sonnenaufgang, die Fernsicht genießen möchte, kann auf dem **Campingplatz** von Mont Serein in schöner Berglage, aber 1.400 m Höhe sein Haupt betten (*geöffnet von Dezember bis April und vom 1.7. bis 31.8.*). Soweit wir feststellen konnten, wird die freie Übernachtung auf einem der Gipfelparkplätze auch geduldet. Gemütlich ist diese indessen nicht, von den Temperaturen ganz abgesehen. Dabei sehe ich auch für große Wohnmobile keine Probleme für die Bergfahrt, solange Sie bei der Talfahrt Ihre Bremsen schonen.

Und wenn man dann von oben lange genug in die Weite oder die Waschküche gestarrt hat, wenn die obligatorischen Fotos oder das Video im Kasten sind, fährt man - jedenfalls bei unserer Streckenführung - auf der Südroute wieder ins Tal und steht damit am Anfang unserer dritten Provence-Tour.

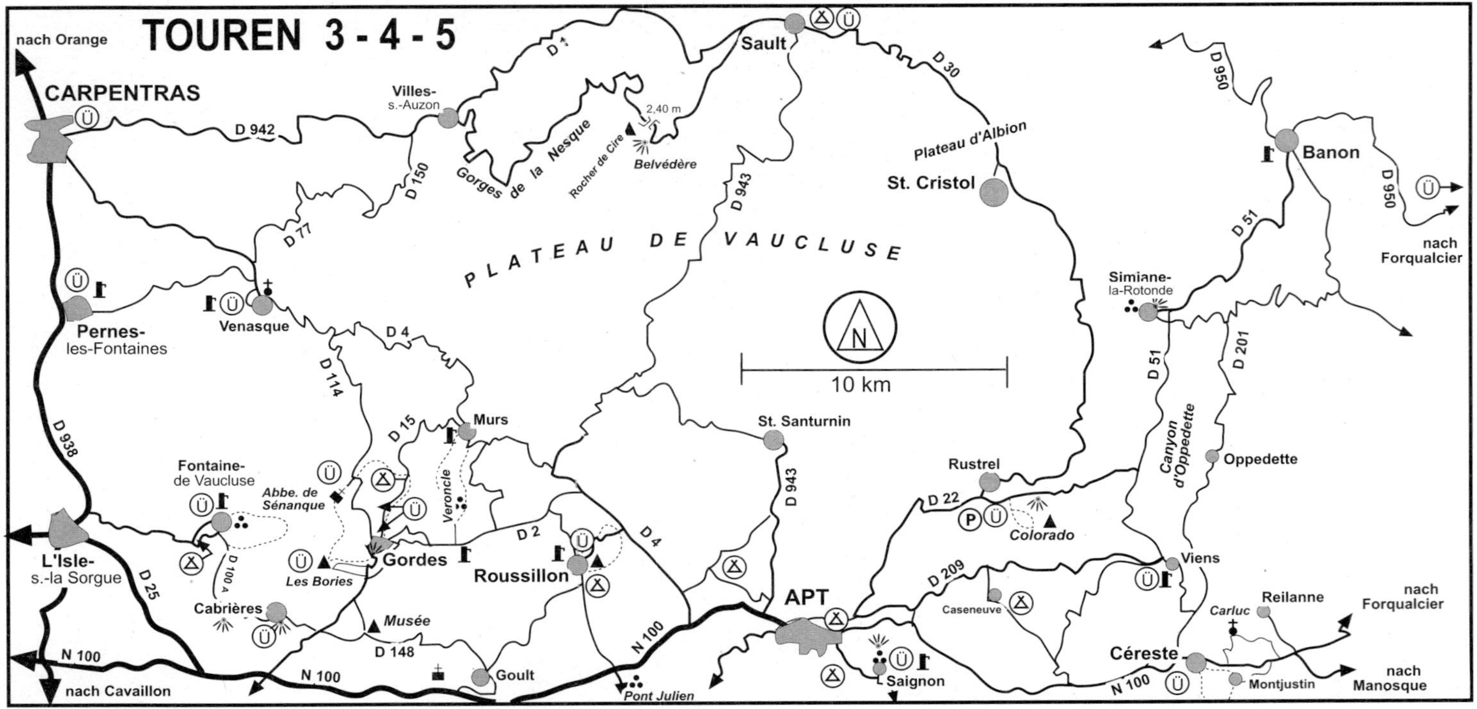
TOUREN 3 - 4 - 5
nach Orange
CARPENTRAS
D 942
Villes-
s.-Auzon
D 1
Sault
D 30
D 950
Banon
D 950
nach
Forqualcier
D 150
Gorges de la Nesque
Rocher de Cire
2,40 m
Belvédère
D 943
Plateau d'Albion
St. Cristol
D 51
D 77
PLATEAU DE VAUCLUSE
Simiane-
la-Rotonde
Pernes-
les-Fontaines
Venasque
D 4
N
10 km
D 51
D 201
D 114
D 15
Murs
St. Santurnin
Canyon d'Oppedette
Oppedette
D 938
Fontaine-
de Vaucluse
Abbe. de
Sénanque
Veroncle
D 943
Rustrel
D 22
Colorado
D 2
D 4
L'Isle-
s.-la Sorgue
D 100 A
Les Bories
Gordes
Roussillon
D 209
Viens
APT
Caseneuve
Carluc
Reilanne
nach
Forqualcier
D 25
Cabrières
Musée
D 148
N 100
N 100
N 100
Goult
Pont Julien
Saignon
Céreste
N 100
Montjustin
nach
Manosque
nach Cavaillon

Tour 3: Das Plateau de Vaucluse

Sault - Forcalquier - Venasque - Pernes-les-Fontaines
Fontaine-de-Vaucluse - L'Isle-sur-la-Sorgue

Übernachten:	auf den Parkplätzen am Rand von Venasque; in Pernes-les-Fontaines; mehrere Möglichkeiten in Fontaine-de-Vaucluse
Besichtigen:	Friedhof von Forcalquier; romanische Kirche von Venasque; das Städtchen Pernes-les-Fontaines; Fontaine-de-Vaucluse; die Stadt L'Isle-sur-la-Sorgue
Essen:	*Restaurant Signoret* in Sault; *Hostellerie du Château* oder *Hôtel du Parc* in Fontaine-de-Vaucluse
Wandern:	Spaziergang zur Sorguequelle oder zur Burg von Fontaine-de-Vaucluse; Wanderung rund um Fontaine-de-Vaucluse

Unser Wohnmobil wird zum Verkehrshindernis. Im zweiten Gang machen wir uns nämlich die Bremswirkung des Motors zu Nutze, als wir uns vom Mont Ventoux behutsam abwärts winden. Wir sind zu langsam für die meisten Radsportler, die uns in halsbrecherischer Talfahrt überholen. Erst als wir bei Chalet-Reynard nach links auf die D 164 abbiegen, wird es ruhiger. Bald tritt auch der Wald zurück und die ersten violetten Teppiche der Lavendelfelder breiten sich aus. Fast unmerklich ist die alpine Landschaft in eine Hochebene übergegangen, in das Plateau de Vaucluse.

Wir kurven nun durch ein karges, dünn besiedeltes Gebiet: Hier und da ein Gehöft, ein paar Schafe und viel Brachland mit aufgelassenen Feldern und wildem Lavendel. Dazwischen wieder sorgsam gezogene Reihen dieser blauen Pflanzen und natürlich Lavendeldestillerien. Ab und an sieht man auch einen Touristen, aber der ist in diesem Teil der Provence schon eher eine Seltenheit. Wenn man dann in **Sault** einfährt, wähnt man sich schon in einer Kleinstadt. Doch im Ort und in umliegenden Weilern wohnen zusammen gerade 1.200 Menschen. Das reicht aber schon, um ein kleines Zentrum zu schaffen: Für Lavendel, seinen Honig und dessen Verarbeitung zu (französischem) Nougat. Aber das und die wenigen Touristen können das Dorf kaum ernähren. So kommt man beim Gang durch die verwinkelten Gassen häufiger an leerstehenden Häusern vorbei als an bewohnten. Und nicht mal die Zweithausbesitzer haben flächendeckend zugeschlagen.

Wie gesagt, das Land ist unspektakulär und dennoch, jedenfalls zur Lavendelblüte ab Anfang Juli, unglaublich schön. Wem die Landschaft zu langweilig wird, gehe ins kleine **Museum** von Sault. Dort gibt es neben keltischen und gallorömischen Funden sogar eine ägyptische Mumie zu bestaunen. Oder man kommt mittwochs, wenn Markttag ist. Die meisten Fremden suchen aber nur den Lavendel, der hier in 800 m Höhe ideale Wachstumsbedingungen vorfindet. Auf die größten Lavendeläcker stößt man beim nordöstlich gelegenen Dorf Ferrassières (Näheres zum Lavendel bei der 10. Tour).

Manch einer sucht auch die französischen Atomraketen, die 7 km südlich seitlich des Weges nach St. Christol in unterirdischen Röhren für ihren unseligen Einsatz bereitgehalten wurden. Das ist zum Glück Geschichte, denn ab September 1996 hat Frankreich die landgestützten Atomwaffen abgeschafft.

Vielleicht sucht auch mal jemand ein **Übernachtungsplätzchen**. Es gibt hier zwei davon, und zwar seitlich der D 950, der Straße nach Forcalquier: Entweder am Ortsausgang von Sault, linkerhand vor dem Feuerwehrhaus, oder etwa 1,5 km weiter, in einem Picknick-Wäldchen seitlich der Straße beim Sportplatz. Gegenüber liegt dann auch der Campingplatz, den man sich sparen wird. Denn in Sault hält sich niemand länger auf. Vielleicht noch zu einem preiswerten Mahl im **Restaurant *Signoret*** (*Tel. 04 90 64 00 45*), wo wir noch nicht selbst waren, dessen einfache Kost aber einmütig gelobt wird.

Man kann von Sault weiter nach Osten gelangen, nach Forcalquier, und von dort zu unserer 9. und 10. Tour. Auf diese Weise wird man die provenzalische Lavendelstraße abfahren. Oder man wendet sich nach Süden und trifft bei Apt auf unsere 5. Provence-Tour. Sie dürfen uns auch von hier aus zurück nach Westen folgen. Wenn Sie es aber zeitlich einrichten können, gönnen Sie sich zur Zeit der Lavendelblüte noch einen Abstecher ostwärts bis Forcalquier.

Es ist nicht nur die blaue Duftpflanze, die diese Fahrt lohnend macht, sondern auch der Landschaftseindruck insgesamt. Und wenn man ehrlich ist, sind die Lavendelfelder auch weniger häufig, als manch blumige Reisebeschreibung verspricht. Sie kommen dann auch durch das Dorf **Banon**. Nicht um es zu besichtigen. Sie werden vielleicht einen Kaffee trinken und weiterfahren. Aber Sie werden an den *Banon de Banon* denken, jenen Ziegenfrischmilchkäse, der in Blätter verpackt auf den Markt kommt. Kenner halten den *Chèvre* für einen der besten, dessen Bezeichnung aber (noch) keinen Schutz erfährt, wenngleich er nur im Umkreis von Banon den Zusatz *de Banon* führen soll, der das traditionelle Herstellungsverfahren verspricht. Versuchen Sie ihn in unterschiedlichen Reifegraden. Sie können Ihn bestens am Dienstagmorgen kaufen, dann ist in Banon Markt.

Am Ende unseres Abstechers kommen wir nach **Forcalquier**, das von sich behauptet, einen der schönsten Friedhöfe der Welt zu besitzen. Wir folgen dem Wegweiser '*Cimetière*' (auf der Michelin-Karte eingezeichnet) und wandeln unter Arkaden, Taxushecken und zwischen merkwürdigen steinernen Häuschen. Schön ist auch das Städtchen selbst mit alten Gassen und Bauwerken. Den kleinen Stausee seitlich der D 950 können Sie allerdings vergessen, man darf dort nicht baden, und ein Übernachtungsplätzchen gibt es auch nicht. Wenn Sie mal ein touristisch unbelecktes, provenzalisches Dorf in schöner Hügellage kennenlernen möchten, spazieren Sie doch kurz durch **Dauphin**, seitlich der D 13 auf dem Weg nach Manosque. Oder, gegenüber, durch **St. Maime**, auf dessen Dorfplatz wir sogar die **Nacht verbringen** (für größere WOMOs ungeeignet). Sie können hier an die westlichen Teile der 5. oder 6. Tour anschließen.

Wahrscheinlich werden Sie aber in Sault nicht weiter nach Osten fahren, sondern die **Gorges de la Nesque** ansteuern. Die Fahrt auf der Aussichtsstraße oberhalb der Nesque-Schlucht empfehlen wir besonders denjenigen, die keine Zeit mehr für die bekanntere Verdon-Schlucht haben. Den schönsten Blick hat man am Belvédère gegenüber der 400 m hohen Wand des *Rocher de Cire*. Dort müssen dann auch die meisten von uns umkehren, der Straßentunnel läßt nur eine Höhe von 2,40 m zu!

Kirche von Venasque

Wer durchpaßt, biegt am westlichen Ende der Schluchtstrecke, 2 km oder 8 km westlich von Villes-s.-Auzon, auf schmaler Straße nach links in Richtung **Venasque** ab (die hohen WOMOs nehmen statt der Nesque-Schlucht die parallele, nördliche D 1). Hier begegnen wir wieder der Nesque, denn auf einem Bergrücken hoch über ihr liegt ein bezauberndes kleines Dorf, dem man heute beim besten Willen nicht mehr ansieht, daß hier einst ein Bischof residierte. Das war zwar schon in der Merowingerzeit, und seit die Wissenschaft sich einig ist, daß das berühmte sogenannte **Baptisterium** gar nicht aus dieser Zeit, dem 6. Jahrhundert, stammt, scheinen die Bildungshungrigen an diesem Ort vorbeizufahren. Während unserer Visite, immerhin in der Woche nach Pfingsten, können wir die ausländischen Autos mit einer Hand zählen. Was mich wirklich wundert, denn in Venasque wohnen der schönen Lage wegen besonders viele Fremde. Eigentlich ist es auch gar nicht so wichtig, ob die kleine Kapelle seitlich der schönen romanischen Kirche ein Taufhaus oder eine Grabstätte war. Der Verwendungszweck ist zwar zugegebenermaßen, namentlich für die Betroffenen, ein gänzlich ungleicher, der schlichte Raum beeindruckt uns dennoch sehr. Die Erbauer haben antike Säulen recycelt, wobei sie es nicht so genau nahmen (oder nicht besser wußten) und diese im 11. Jahrhundert - und nicht, wie manche behaupten, im 6. Jahrhundert - verkehrt herum aufgestellt haben. Die Vertiefung in der Mitte der Kapelle, die man lange Zeit für das Taufbecken gehalten hat, wurde, wie man nun weiß, erst nachträglich ausgehoben. Achtung: Die Kapelle ist mittwochs geschlossen, dann muß man mit den im Vorraum aufgehängten Bildern vorlieb nehmen (*im Sommerhalbjahr 10-12 und 15-19 Uhr; mittwochs und sonntags vormittags geschl.; 10 F*)

Parken Sie unbedingt außerhalb der Tordurchfahrt, das Dorf ist so klein, daß sich niemand auf dem kurzen Weg zur Kirche wunde Füße holt. Es gibt mehrere kleine Parkplätze, auf denen man ohne weiteres auch in großen Fahrzeugen **übernachten** kann, zumal auf der Fläche links unterhalb des Tores zum schönen Blick noch eine öffentliche Toilettenanlage hinzukommt. Sowie ein Restaurant (das angeblich von Deutschen betrieben wird und gut sein soll), das sich bei uns aber ebenso wenig wie die Stellplätze einem praktischen Test unterziehen mußte. Bringen Sie für eine Übernachtung Lebensmittel mit, denn größere Einkaufsmöglichkeiten gibt es nicht.

Unsere Tour führt uns nun nördlich, bzw. westlich um das Plateau de Vaucluse herum, genau so gut könnte man aber auch von Venasque quer über das Plateau oder zunächst durch eine Schlucht nach Apt weiterreisen. Vorbei an dem Dörfchen **Murs** (zu deutsch: Mauern), dessen Name an die letzte große Pestepidemie des Jahres 1720 erinnert. Quer durch das Plateau de Vaucluse hat man damals eine **Mauer** gezogen, von der Rhône bis nach Sisteron. Mit ihr sollte die Pest aufgehalten werden, weshalb sogar Wachsoldaten entlang des Walls patrouillierten. Murs war eine solche Wachstation. Die Mauer konnte nichts daran ändern, daß damals mehr als 100.000 Menschen in der Provence starben. Wer in dieser Gegend bei Wanderungen auf Mauerreste trifft, steht vielleicht vor diesem Zeugnis der Verzweiflung. Bei der 4. Tour führen wir Sie auf einer Wanderung nach Murs.

Wer von Venasque nach Murs fährt darf sich zuvor einen Abstecher nach **Pernes-les-Fontaines** nicht verkneifen. Wo findet man sonst schon mitten im Ort auf handgeschriebenem Schild eine freundliche Einladung zur **Übernachtung**: Unten am fast ausgetrockneten Bachlauf der Nesque haben die freundlichen Stadtväter das Holzschild an einem Baum nageln lassen. Uns sind die Parkbuchten etwas zu laut und zu sehr im Städtchen gelegen, das man sich aber unbedingt näher betrachten muß. Sofern man überhaupt dazu kommt. Denn unterhalb der schattigen Stellplätze, die man am besten bei einem kurzen Rundgang am südlichen Nesque-Ufer findet, liegt hier der Boules-Platz. Besonders beeindruckt bin ich vom zielsichersten Spieler der Runde, der sich aber nicht mehr bücken kann und deswegen die Eisenkugeln mit einem an einer Schnur hängenden Magneten aufhebt. Wenn Sie jetzt gerade auf dem schattigen Mäuerchen seitlich des Boules-Platzes von Pernes-les-Fontaines sitzen und einer Boules-Spielerin sowie fünf Boules-Spielern zuschauen, werden Sie nicht nur alle diejenigen Lügen strafen, die in unzähligen Abhandlungen behaupten, Boules sei eine reine Männersache. Sie werden sich auch über die Spielregeln Gedanken machen; dann sollten Sie im hinteren Teil dieses Buches unter dem entsprechenden Stichwort weiterlesen.

Aber nach Pernes-les-Fontaines fährt man natürlich nicht nur wegen der Offerte zur Übernachtung und schon gar nicht wegen der Boules-Spieler. Der Ort hat nämlich ein interessantes Stadtbild, dem man noch ansieht, daß Pernes ehemals Hauptstadt der dortigen Grafschaft Venaissin (benannt nach Venasque) war. Für den Namenszusatz *les Fontaines* gibt es auch gute Gründe, nämlich 33 Brunnen (*Fontaines*), die heute noch großenteils in Betrieb sind. Kein wasserspeiendes Maul gleicht dabei dem anderen. Aber auch kein Urlauber außer uns schlendert von Fontaine zu Fontaine. Ebenso wenig wie zum mittelalterlichen Wohnturm, der Tour Ferrande, der uns an San Gimignano in der Toskana erinnert. Wobei es bestimmt auch eine Rolle spielt, daß im dritten Stockwerk des Turmes, im Jahre 1275, Bilder *al fresko* auf die Wände gepinselt wurden. Pernes-les-Fontaines hat nichts Spektakuläres und ist doch eines der angenehmen provenzalischen Städtchen. Eine Besonderheit sieht man ihm gar nicht an: Der Ort ist bekannt für seine Backwaren und versorgt ganz Frankreich mit Hostien.

Vom Übernachtungsangebot am Rand der Nesque machen wir heute keinen Gebrauch. Unser WOMO steht an einem noch schöneren Flußufer in **Fontaine-de-Vaucluse**. Ich sehe schon manchen Leser die Nase rümpfen, denn Fontaine-de-Vaucluse gehört zu den umstrittenen Zielen der Provence. Was schon damit anfängt, daß es keinen passenden Oberbegriff für diesen Endpunkt sonntäglicher Ausflugsreisen gibt. Das unbeschreibbare Etwas ist keine Stadt, dazu ist es viel zu klein. Es ist auch kein Dorf, dafür fehlt die erforderliche Infrastruktur. Fontaine-de-Vaucluse ist im Grunde nichts anderes als eine Zusammenballung von drei kleinen Museen, einer Papiermühle, ein paar Mühlenruinen, von Parkplätzen sowie von Kneipen und Restaurants aller Provenienzen. Und von Postkarten- und Kitschläden, wie auch einer elend langen unterirdischen Passage, in der bis zum Überdruß aneinander gereiht ist, wofür man in der Provence sinnlos Geld rauswerfen kann.

Aber dann gibt es noch diesen unsagbar grünen, im Frühjahr und Frühsommer vor Wasser strotzenden **Fluß**, die bemoosten Wasserräder und die unglaublich schöne Lage in einem Talkessel. Auch wenn ich mich bei allen „alternativen" Lesern unbeliebt mache: Mir gefällt es hier, wenn auch nur für eine Nacht und vor allem zum richtigen Zeitpunkt.

Das Etwas, wir nennen es fortan Ort, zählt zu den beliebtesten Ausglugszielen in Südfrankreich. Grund dafür ist sicher nicht der Postkarten- und Kitschnepp, der ist vielmehr die Folge des täglichen Ansturms. Das Geheimnis des Erfolgs liegt in der schönen Naturlage, der verkehrsgünstigen Erreichbarkeit und dem kraftvollen, farbenfrohen und auch im Sommer erfrischenden Flußlauf. Und vor allem im Umstand, daß man die Hauptsehenswürdigkeit von der Ortsmitte aus in ziemlich genau 15 Minuten zu Fuß erreichen kann. Dort stökkeln dann sonntags nachmittags Französinnen allen Alters mit Männern und Kindern, und alle sind stolz, daß sie sich etwas bewegt haben, ohne sich anstrengen zu müssen, daß sie in guter Luft waren und auch noch „etwas“ gesehen haben. Und ich wette, nicht wenige glauben, der Spazierweg ende an der Quelle der Vaucluse (Fontaine de Vaucluse). Dabei heißt der Fluß, der am Ziel der Ertüchtigung aus einem Felstrichter quillt, **Sorgue**, und die Bezeichnung **Quelle** ist für das, was die Natur hier offenbart, eine gelinde Untertreibung: Im Frühjahr sprudeln aus dem Felsloch bis zu 200.000 Liter pro Sekunde (das sind in der Sekunde 2.500 Badewannen voll Wasser, in der Stunde 9 Millionen Badewannen; für die Badewannenanzahl eines ganzen Tages ist das Display meines Taschenrechners zu kurz).

Die gigantische Karstquelle ist die ergiebigste in Europa, und noch ist ihre Entstehung unerforscht. Der französische, 1997 verstorbene Tauchexperte Cousteau konnte bis auf eine

Lena, Anna und der Autor an der Sorgue-Quelle

Tiefe von 106 m vordringen, und mit Sonden kam man sogar bis auf 308 m, ohne jedoch ein Ende des Schachtes zu erreichen. Vermutlich sammelt sich in unterirdischen Wasseradern Regenwasser, das auf dem Plateau de Vaucluse versickert ist, vielleicht kommt auch noch Wasser der Nesque hinzu. Das Seltsame ist aber, daß wir nie auf den Gedanken einer solchen Wassereruption kämen, während wir an einem Nachmittag Anfang April mit den Händen im glasklaren, aber kalten Quellwasser spielen. Gemessen an der Menge, die hervorbricht, geht es im Quell-Loch nämlich eher beschaulich zu, was sich aber sehr schnell ändert, wenn das Wasser über den Quellrand zu Tal geströmt ist. Und im Sommer, wenn man den Ort ohnehin meiden sollte, ist der Quelltopf nicht einmal randvoll, im Gegensatz zum Fluß, der auch dann breit und satt dahin fließt, da dieser nämlich auch von anderen Quellen gespeist wird.

Stellplatz an der Sorgue

Ein Fluß, wie geschaffen, um an seinem Rand zu **nächtigen**. Dafür gibt es in Fontaine-de-Vaucluse großflächige, direkt am Ufer liegende **Parkplätze**, von denen der schönere südlich des Flusses auf halbem Weg zwischen Ortsinnerem und Campingplatz zu finden ist. Letzterer liegt übrigens auch direkt am Wasser, jedoch deutlich weiter vom Ort entfernt. Diesmal, ein paar Tage vor Ostern, sind die Parkplätze gähnend leer und werden nachts nur von ein paar WOMOs bevölkert. Da muß man nicht einmal die sonst obligatorische Parkgebühr von 10 Francs berappen. Wir waren auch schon in den Pfingstferien hier, die Parkplätze sind dann deutlich voller, und ab 10 Uhr morgens sind die nächsten 10 Francs fällig. An der Seite zum Fluß gibt es in der Mitte dieses

Parkplatzes auch einen Wasserhahn mit einem leider nur sehr schwächlichen Strahl (einen weiteren Hahn finden Sie links neben dem Petrarca-Museum, eine öffentliche Toilette gibt es in der Ortsmitte).

So stehe ich schon fast 15 Minuten, halte meinen Plastikschlauch in den Wassertank und schaue versonnen auf die vorbeiströmenden Fluten. Und plötzlich taucht er auf, ein Kerl so groß wie ein Hund, allemal größer als eine Katze. Possierlich greift er sich den Stengel einer Grünpflanze und schiebt diesen genüßlich zwischen die Nagezähne. „Kinder, ein Biber!“ Schnell stehen auch die Familien aus den Nachbarwohnmobilen neben mir und betrachten das muntere Nagen. Später haben wir den schwarzbraunen Burschen noch mehrfach wiederentdeckt, nur mit dem Biber habe ich mich wohl geirrt: Nach meinen häuslichen zoologischen Recherchen muß es sich um in Südfrankreich heimisch gewordene Sumpfbiber (Nutrias) gehandelt haben. Der Sumpfbiber erreicht fast die Größe des richtigen Bibers und unterscheidet sich von diesem äußerlich nur dadurch, daß die Nutria einen langen, runden und spitz zulaufenden Schwanz besitzt, während der Biber ein breites, flaches Teil hinter sich durchs Wasser zieht. Der Biberratte begegnet man heutzutage in Südfrankreich an vielen Stellen, beispielsweise in der Camargue, aber auch an diversen Flüssen der Provence, einer Umgebung, in der das Tier vor zwei oder drei Jahrzehnten noch nicht heimisch war. Damals lebte es fast nur in Südamerika, von wo es wegen seines Pelzes in europäische Zuchtanstalten verschleppt worden war. Dort haben dann im Laufe der Zeit einige Artgenossen den Weg in die Freiheit gefunden, wo sie sich stark vermehren konnten und offenbar ideale Lebensbedingungen vorgefunden haben - zur Freude der mit Videogerät und Fotoapparat bewaffneten Touristen, die nun genauestens die grünen Wasserpflanzen in der Mitte des Flusses aufs Korn nehmen.

Leider können wir diese bei unserem Abendessen nicht weiter anvisieren, wenngleich die ***Hostellerie du Château*** (*Tel. 04 90 20 31 54; vom 15. November bis 1. März, dienstags und mittwochs abends geschlossen*) auch direkt ans Wasser und sogar darüber hinaus gebaut ist. Der sehr schöne Blick reicht aber vom Speisesaal auf den innerörtlichen Teil des Flusses, wohin sich zu Touristenzeiten - und die sind fast ganzjährig - kaum eine Biberratte verirren dürfte. Schön gelegen ist das *Château* aber trotzdem; außerdem beherrscht man hier die Gesetze des Massentourismus perfekt: An Sonn- und Feiertagen in der Saison verlangt man für die Menüs Aufpreise! Trotzdem sind diese nicht unverschämt, für die unvergleichliche Lage geradezu maßvoll; und das Essen ist passabel (möglicherweise aber von Zeit zu Zeit etwas wechselhaft). Fast noch besser, aber auch eine Spur teuerer und gediegener tafelt man im ***Hôtel du Parc*** (*Tel. 04 90 20 31 57; mittwochs geschlossen*), wo man jedoch vom Speisesaal aus nicht einen so schönen Blick hat. Aber im Hochsommer wird draußen gedeckt, dann sitzt man optimal am Fluß.

An Sonn- und Feiertagen würde ich im Sommer freiwillig keinen Fuß nach Fontaine-de-Vaucluse setzen, überhaupt empfehle ich, den Ort in dieser Jahreszeit zu meiden. Dann herrscht Volksfeststimmung mit *son et lumière*, einer französischen Institution, die mit Hilfe bunter Beleuchtungseffekte und blecherner Lautsprechermusik Sehenswertes verkitscht und verschandelt. Dann freuen sich aber die Kassierer der drei **Museen**, des Museums der Widerstandsbewegung, des Petrarca-Museums und einer Art Höhlenmuseum. Dann ist auch die große Zeit an den Verkaufstischen der **Papiermühle**. In ihr muß der noch junge Fluß schon kurz hinter der Quelle auf traditionelle Weise bei der Herstellung von Büttenpapier helfen, was vor allem ein Geschäft für diejenigen ist, die in einer großen Halle allerlei Papiererzeugnisse losschlagen. Zugegebenermaßen ist das Schöpfen von Papier nicht ganz uninteressant. Die anderen beiden Museen habe ich mir bislang verkniffen. Auch die Kultstätte des italienischen Dichters Petrarca, der sich im Jahre 1337 hier niedergelassen hat.

Ich verbringe meine Zeit da schon lieber beim wandern, oder wenigstens bei einem kurzen **Spaziergang** vom Ort hinauf auf die Burgruine. Besonders schön ist auch unsere **Wanderung**, bei der man wegen des großenteils steinigen Untergrundes festes Schuhwerk tragen sollte:

*Bei der Jugendherberge (*Auberge de Jeunesse - *man erreicht sie vom Ortsmittelpunkt über die Brücke in südwestlicher Richtung, vorbei an „unserem" Parkplatz, wenn man nach links zur D 100 A, Richtung Gordes, abbiegt und an der Friedhofsmauer entlang wandert) zweigt der rot-weiß markierte Wanderweg nach links in ein weites Hochtal ab.*

*Wer ein ruhiges, einsames **Übernachtungsplätzchen** sucht, wird hier fündig, wobei ich keine Gewähr dafür übernehme, daß die freie Übernachtung geduldet wird. Denn schon nach einigen hundert Metern des insgesamt etwa 5,5 km ansteigenden Weges stolpern wir über die verkohlten Strünke ehemaliger Bäume. Hier muß vor nicht allzu langer Zeit ein Waldbrand gewütet haben, was diverse wanderfrohe Zeitgenossen danach nicht davon abgehalten hat, in den knochentrockenen Resten verbliebener Buschgruppen neuerliche Lagerfeuerchen anzuzünden. Ständig stoßen wir auf die Reste solcher Freizeitfreuden, zu denen augenscheinlich auch leergegessene Ravioli-Dosen gehören. Wen wundert es, wenn auch Wohnmobilfahrer, die naturbewußt am Anfang des Tals übernachten, über denselben Kamm geschoren würden (von den untrüglichen Papier- und sonstigen Häufchen hinter diesen Restbuschgruppen soll an dieser Stelle nicht die Rede sein). Der Wald ist tot, und so schwitzen wir auf den eineinhalb Stunden bis hinauf zur Hochebene größtenteils in der prallen Sonne - weshalb sich diese Wanderung im Hochsommer nicht gerade empfiehlt. Auch bei gemäßigten Temperaturen, jetzt im Frühjahr, müssen wir uns vor dem zwar maßvollen, jedoch stetigen Anstieg an der Stelle erholen, wo der Weg in die Hochebene von Vaucluse übergeht. Ziemlich genau dort kommen wir*

Blick ins Rhônetal

an einer auffallenden Wegkreuzung vorbei, wo wir auch auf die Reste der alten ***Pestmauer*** *treffen (näheres zur Pestmauer siehe auf Seite 53). An dieser Kreuzung kann man alternativ zu unserer Route rechtwinklig nach Süden abbiegen und auf markiertem Weg eine Weile entlang der Pestmauer wandern, um dann später von Süden wieder bei der Jugendherberge anzukommen. Wir folgen statt dessen weiter dem entweder rot-weiß oder blau markierten Weg nach Norden, wobei ständig die weiße Kuppe des Ventoux vor uns aufragt.*
Bald wendet sich der Weg in westlicher Richtung nach links, und kurz darauf halten wir buchstäblich die Luft an: Vor uns breitet sich in leichtem Dunst das Rhônetal aus. Unser Blick reicht bis nach Carpentras, zu den unverwechselbaren Kühltürmen der Atomkraftwerke an der Rhône und im Süden bis zur Kette der Alpilles bei Les Baux. Dieser Blick vom Hang des Plateau de Vaucluse gehört zu den unvergeßlichen Erlebnissen meiner Provence-Wanderungen. Viel zu schnell müssen wir jedoch den breiten Fahrweg auf einem linksabbiegenden Pfad bergab verlassen. Denn schon bald ist von der schönen Aussicht nur noch wenig übrig, und wir ärgern uns, daß wir uns nicht ganz oben eine Mittagsrast gegönnt haben. Häufiger müssen wir nun nach der auf Felsbrocken gepinselten Markierung suchen, ehe wir in einem breiten Wiesental auf verlassene Gehöfte stoßen. Durch den Wald geht es von dort auf einem Pfad seitlich des Fahrweges zurück nach Fontaine-de-Vaucluse. Interessant sind auf dem letzten Stück einige Bories, worunter man hier Häuser versteht, die

ohne Mörtel aus Natursteinen aufgeschichtet wurden. Man sieht sie in dieser Gegend der Provence fast auf jeder Wanderung und besonders gut auf der nächsten Tour, in der Nähe von Gordes.
Es bleibt noch nachzutragen, daß die ganze Wanderung ziemlich genau 15 km lang ist (Karte: Éditions Didier & Richard, Nr.27).

Kaum jemand kann sich von der wasserreichen Sorgue trennen, weshalb wir dann auch die meisten WOMOs, die während der letzten Nacht neben uns standen, in **L'Isle-sur-la-Sorgue** wiedersehen. Die reizende Stadt (13.000 Einwohner) ist von mehreren Armen jenes Flusses durchzogen, und die aus frühindustriellen Zeiten übrig gebliebenen **Wasserräder**, die einst Papiermanufakturen, Mühlen und Webereien antrieben, sind noch größer und moosiger als in Fontaine-de-Vaucluse. Kenner kommen sonntags, dann sind vormittags unter Platanen an den Flußufern die Stände des Wochenmarktes aufgebaut, eines der schönsten in der Provence. Der (professionelle) Antiquitätenmarkt lockt sogar noch am Sonntagnachmittag die Kunden, die es aber auch nicht versäumen, sich in einem der vielen Cafés zu erholen, deren schönstes

Café in L'Isle-sur-la-Sorgue

auf zwei Seiten von der Sorgue umspült wird. An Ostern und Pfingsten finden mehrtägige Märkte statt, dann wird das Städtchen zum Mekka der Antiquitätensammler.

Lieben Sie die Bücher des Engländers Peter Mayle? Dann sollten Sie sich genauer die am Fluß gelegene Sparkasse betrachten, die in seinem Roman '*Hotel Pastis*' eine Schlüsselrolle spielt.

Tour 4: Durch das Tal von Apt

Gordes - Kloster Sénanque - Roussillon - Apt

Übernachten:	mehrere „freie“ Stellplätze in und bei Gordes; Campingplatz von Gordes; „frei“ beim Kloster Sénanque; bei Roussillon; Campingplätze in und bei Apt
Besichtigen:	das Dorf Gordes; Schloß von Gordes; Kirchenfenster-Museum und Ölmühle bei Gordes; Steinhüttendorf *Les Bories* bei Gordes; Kloster Sénanque; Mühlen von Véroncle; Dorf und Ockerfelsen von Roussillon; Römerbrücke Pont Julien; Wochenmarkt, Altstadt und Kathedrale von Apt
Essen:	im *Bistrot à Michel* in Cabrières d'Avignon; in der *Hostellerie Provençale* oder im Restaurant *Comptoir du Victuallier* in Gordes
Wandern:	von Gordes zum Kloster Sénanque und zu den Steinhütten *Les Bories*; zu den Mühlen von Véroncle nach Murs; rund um Roussillon
Karte:	Seite 48

Zugegeben, das Tal selbst scheint eher durchschnittlich und vorwiegend aus der N 100 zu bestehen. Damit würde man aber nur den ebenen Teil des Tales, den Talgrund, registrieren, der allein ein Tal noch nicht zu einem solchen machen würde. Denn zu jedem Tal gehören beidseitig Hänge, und diese verhelfen dem weiten Tal des Calavon zu einem der schönsten Teile der Provence. Aller touristischen Verfälschung zum Trotz: Meine provenzalische Lieblingsecke, in der ich, geographisch gesehen, aus einer Tour vier machen mußte. Denn genauso wie die Orte am Südhang des Plateau de Vaucluse gehören auch die Dörfer am Nordhang des Lubéron zum Tal von Apt. Alles zusammen ist aber weit mehr als eine einzige Tour, nicht einmal ein mehrwöchiger Urlaub reicht für dieses schöne Stück Frankreich; und dabei sind die Tage des Wanderns noch gar nicht mitgezählt.

Lassen Sie die Touristenscharen an den klassischen Orten der Provence hinter sich, in Orange, Avignon und Les Baux, und fahren Sie ein halbes Stündchen weiter nach Osten! Sie werden auch hier noch auf viel zu viele andere WOMOs treffen (leider trage ich gerade dazu bei), Sie werden aber bald meine Begeisterung teilen. Nur das Wetter muß schön sein. Verbringen Sie die Regentage in den Städten, wo es weiß Gott genug zu sehen gibt, und verderben Sie sich nicht bei grauem Himmel die Erinnerung an die wunderschönen Hänge des Tals von Apt.

Das Tal ist aber auch voll vom widersprüchlichen Kontrast zwischen natürlicher Schönheit und ebenso selbstverständlicher Vermarktung. Dabei hat diese hier etwas Anspruchsvolles an sich, den Touch von Künstlern, Ästheten und der Schickeria. Was im Klartext heißt, man muß genauer hinsehen, um Kitsch von Kunst zu trennen. Die Grenze ist fließender als anderswo, aber der Franc sitzt genauso locker. Schön sind sie trotzdem, die beiden Hochburgen derlei Hinterhalts: Gordes und Roussillon.

Noch in jedem Provence-Urlaub stand unser WOMO wenigstens für eine Nacht auf dem Parkplatz von Gordes, wir aßen zuvor ein sehr mittelmäßiges Menü in der *Hostellerie Provençale*, und ich muß mir eingestehen, daß ich Mal für Mal nicht nur der Macht der Gewohnheit folge, sondern vor allem einem Reiz, den ich unbeschreiblich nennen möchte, den ich aber doch gerade beschreibe.

Nach Gordes führen viele Wege, der schönste ist die sogenannte *Route touristique* von Fontaine-de-Vaucluse. Diese Strecke führt über das Dorf **Cabrières d'Avignon**, das dann auch schon für manchen ein schwer überwindbares Hindernis auf dem weiteren Weg nach Gordes ist. Auch ich bin hier schon hängen geblieben. Es gibt dort nämlich einen hervorragenden **Stellplatz** und ein ebenso gutes Restaurant. Erstgenannter ist leicht am Ortsrand, bei der Post, in Richtung Gordes zu finden. Besser als hier können Wohnmobile aller Größen kaum noch stehen, ortsnah, sicher und mit Superblick auf das westliche Ende des gegenüberliegenden Lubéron-Massivs. Und das ***Bistrot à Michel***, ein urgemütliches Lokal mit phantasievoller Küche zu noch erschwinglichen Preisen, darf schon vor unserem Reiseführer höchste literarische Referenzen vorweisen. So rühmt sich Peter Mayle, den ich nun häufiger erwähne (siehe auch beim Stichwort *Literatur*), hier anläßlich einer Pastis-Probe Leber und Gehirnzellen hochprozentig strapaziert zu haben. Wahrscheinlich war auch Deutschlands Küchenpapst Wolfram Siebeck kein Kind von Traurigkeit, als er in der kleinen Gaststube die Inspiration für einen seiner leicht snobistischen Restauranttests in einem früheren *Zeit-Magazin* fand. Auch uns hat es geschmeckt und, was mindestens so wichtig ist, gefallen (*Tel. 04 90 76 82 08; montags - nicht im Juli/August - und dienstags geschlossen*).

Sie befänden sich also in guter Gesellschaft, wenn Sie mit einem Tag Verspätung die letzten 7 Kilometer nach **Gordes**

Gordes

unter die Räder nähmen. Dort enden alle Wege kurz vor dem Ort an einer viel zu kleinen Ausbuchtung rechts der Straße, der Stätte des Fotoblicks, den keiner verpaßt. Und spätestens hier weiß man, warum Gordes sich in die Riege der schönsten Dörfer Frankreichs einreihen darf und dieses Attribut im Ortsschild zur Schau trägt: Der Blick zu den an den Hang geschachtelten Häusern, die auf die gewaltige Burg vor der Spitze des Bergs zulaufen, ist wirklich einmalig. Ich halte auch diesmal wieder an der kleinen Parkbucht an und fotografiere, wie beim ersten Mal, die in der Abendsonne rosa beleuchteten Mauern (mit Abstand die beste Zeit für das unvermeidliche Foto). Was schert es mich, daß ich diese Aufnahme von unzähligen Postkarten kenne, daß sie schon zehnfach in meinen Dia-Magazinen steckt. Vergessen sind in diesem Moment auch die alternativen Kollegen, die gerade bei Gordes besonders hoch ihren warnenden Reiseführer-Finger heben.

Und ich fahre auch dieses Jahr wieder am Platz vor dem Schloß nach links den Berg hinauf (Richtung Murs), ich folge dem Parkplatzschild und biege etwa 200 m vom Schloß entfernt nach links auf den **Parkplatz** ein. Ich löhne (am Tag) 10 Francs und wundere mich erneut, daß der Platz überraschend leer ist, denke daran, daß ich einen Reiseführer schreiben werde und daß der Parkplatz dann vielleicht bald voll ist. Ich überlege kurz, ob ich den Reiseführer lieber doch nicht schreiben soll und parke unser Wohnmobil auf dem Asphalt möglichst weitab der Straße oder sogar, im oberen Teil, am Rand einer Wiese unter Bäumen. Und kaum bin ich angekommen, steht in der ***Hostellerie Provençale*** (*Tel. 04 90 72 01 07*) ein Gläschen *vin rouge* vor mir. Bis zum Abendessen bleibe ich dann einfach sitzen und reserviere so unseren Platz. Denn zur Essenszeit wird es voll. Wer nicht rechtzeitig da ist, bekommt keinen Platz mehr in der Hostellerie, die zwischen den Mahlzeiten fast spelunkenhaft und ganz zu unrecht wenig einladend wirkt. Mir scheint, daß sie aber auch das einzige Lokal in Gordes ist, wo vergnügliches Leben herrscht, ganz im Gegensatz zu den zahlreichen Edelkneipen, die es sonst noch im Ort gibt. So bin ich dann auch bereit, die nicht berauschenden Küchenleistungen zu verschmerzen. Dafür kann ich von meinem Tisch aus den Köchen bei der Arbeit zusehen, und es scheint mir, daß diese bei allem Streß tatsächlich Spaß dabei haben. Ich saß schon in fast allen anderen Lokalen im Zentrum, manchmal bis zur Rechnung. Ich bin aber auch schon, wenn sich die geleckten Kellner anbiederten, wieder aufgestanden und danach reumütig in die Hostellerie zurückgeschlichen.

Ich gebe zu, das Essen im ***Comptoir du Victuallier*** (*dienstags abends und - außer im Juli/August - mittwochs geschlossen; Tel. 04 90 72 01 31*) ist zweifellos anspruchsvoller, und vielleicht bin ich auch schon nostalgisch blind, ich werde trotzdem bei nächster Gelegenheit wieder der alten Gewohnheit folgen - und alle meine Freunde auch.

in Gordes

Für die Zeit nach dem Abendessen und vor dem Frühstück gibt es in Gordes mehrere **Stellplatzmöglichkeiten**: Die bequemste - und deshalb als einzige von uns getestete - finden Sie auf dem oben erwähnten Parkplatz nördlich des Schlosses. Hier steht man sicher, ortsnah und total ruhig. Eine öffentliche Toilette finden Sie auf halbem Weg zum Schloß, also hinter der Rückseite desselben, gegenüber der Post. Auf dem Parkplatz hat man aber leider fast keine Sicht auf die Umgebung, was in Gordes besonders schade ist. Als Alternative empfiehlt sich daher für die Weitblicksüchtigen ein Stellplatz, den man ein paar hundert Meter weiter oben an derselben Straße nach Murs, links nach den letzten Häusern findet. Die geräumige, ebene Fläche war früher einmal eingezäunt und ist jetzt allgemein zugänglich. Mitunter stören dort noch einige Reste alten Baumaterials. Wer hingegen gerne in völliger Einsamkeit nächtigen möchte, sollte zum Parkplatz der '*Village des Bories*', südlich von Gordes, (beschildert) fahren und sich dort nach Belieben eine kuschelige Nische im Unterholz aussuchen (sehr einsam!). Aber Vorsicht, WOMOs mit mehr als 5,50 m Länge kommen beim Rückweg wegen einer schmalen Straße zwischen hohen Mauern in Teufels Küche und schreiben mir hinterher bitterböse Briefe!

Als ernst zu nehmende Alternative kommt in Gordes schließlich noch der gepflegte **Campingplatz**, *Camping des Sources*, in Frage, einer der schönsten in der Provence, mit von manchen Stellplätzen grandioser Fernsicht.: Sie finden ihn ebenfalls seitlich der Straße nach Murs, 1,8 km nördlich des Ortes, mit öffentlich zugänglichem und üppig dimensioniertem Schwimmbad. Im Sommer ist der von April bis November geöffnete Platz allerdings oft belegt. Wer telefonisch reservieren möchte, kann das unter der Nr. 04 90 72 12 48 tun. Wenn Sie in diesem Teil der Provence für ein paar Tage mal völlig zur Ruhe kommen wollen, gibt es kaum eine bessere Möglichkeit.

Und wenn Sie immer noch nicht den richtigen Schlafplatz gefunden haben, fahren Sie einfach zum **Kloster Sénanque**, 4 km nördlich von Gordes, und machen es sich auf dem dortigen Parkplatz gemütlich. Keine Angst, das Kloster ist noch bewohnt und bietet sogar Touristen Betten an, Sie stehen also weniger einsam als es scheint.

Daß dieses Kloster zu den geschätzten Sehenswürdigkeiten der Provence gehört, wissen Sie längst von den Postkarten, die an keinem Ansichtskartenständer fehlen: Es ist das Kloster mit den Lavendelbuschreihen davor. Wir werden bei unserer späterer Wanderung dort vorbeikommen. Diese war eigentlich für den nächsten Tag geplant, aber an dessen Morgen prasselt auf unser Aluminiumdach, was der provenzalische Himmel hergibt, und das ist im Frühjahr oftmals nicht wenig. Ein Regentag ist in Gordes aber kein Beinbruch. Leider ist die noch in vielen Reiseführern gerühmte Ausstellung des Malers Victor Vasarély aus dem **Schloß** verschwunden. Man liest widersprüchliche Dinge über die Machenschaften des ehemaligen Präsidenten der Vasarély-Stiftung, über verschwundene Bilder und viel Streit. Wo die tollen Bildwerke abgeblieben sind, weiß ich natürlich auch nicht. In Gordes sind sie seit dem Jahr 1996 jedenfalls nicht mehr. Trotzdem lohnt sich ein Besuch des aus dem 16. Jahrhundert stammenden Schlosses, wo nun wechselnde Ausstellungen präsentiert werden.

Fortan rückt das **Musée du Vitrail**, 3,5 km südlich von Gordes (gut beschildert), mehr in den Blickpunkt, wo wir unser WOMO auf dem Parkplatz zwischen mehrere Reisebusse quetschen, um uns Glasmalereien anzusehen. Wir sind nämlich im Kirchenfenster-Museum gelandet und finden es, da didaktisch gut gemacht, interessanter als vorher befürchtet. Mindestens genauso beeindruckend ist gleich neben dem Glasfenstermuseum die **antike Ölmühle**, der ***Moulin des Bouillons*** (das hat nichts mit Suppe zu tun, denn Les Bouillons ist der Name der kleinen Ansiedlung). Man hat die Jahresringe des gewaltigen Eichenstammes der Mühle untersucht und vermutet, daß er aus der Zeit von Augustus stammt (*Öffnungszeiten wie die des Musée du Vitrail von 10-12 und 14-18 Uhr; dienstags geschlossen; jeweils 15 F*).

Fast wären wir vor lauter Kunst und Kultur gar nicht durch die Gassen von Gordes gestreift. Angeblich leben hier noch rund 1.600 Bewohner, eine gewachsene Dorfstruktur gibt es jedoch nicht mehr. Der Ort wurde im zweiten Weltkrieg von deutschen Truppen stark zerstört und von seinen Bewohnern weitgehend verlassen. In den 50er und 60er Jahren entdeckten Künstler diesen Teil der Provence und ließen sich unter anderem auch in Gordes nieder; Victor Vasarély war nur einer von ihnen, vielleicht der bekannteste. So kam es dann, daß die verfallenen Natursteinhäuser nach und nach wieder hergerichtet worden sind oder immer noch restauriert werden. An vielen Stellen sieht man auch heute noch Heim- oder Handwerker beim Steine klopfen und Zement mischen. Insgesamt gesehen sind die Arbeiten wirklich hervorragend gelungen, es gibt am Hang von Gordes kaum Fremdkörper, wenn man einmal von den Swimmingpools und dem Umstand absieht, daß viele Häuser reine Zweit- oder Drittvillen reicher Franzosen oder Ausländer sind. Aber insoweit steht Gordes in diesem Teil der Welt nicht alleine da, denn schließlich teilt nicht jeder unseren Wunsch nach einer Zweitwohnung auf Rädern.

Am nächsten Morgen hat sich das Wetter gebessert, so daß wir zu unserer verschobenen **Wanderung** aufbrechen können. Wir haben wieder viel zu lange geschlafen - bzw. zu kurz, denn als wir kurz vor zwölf beim Kloster Sénanque ankommen, hat man die Pforte gerade zur Mittagspause verrammelt (Nähere siehe unten). Um das festzustellen, sind wir aber erst mal knapp zwei Stunden gewandert:

Der Weg beginnt in Gordes hinter dem Schloß, bei der Post, und führt, markiert mit blauem Balken, entweder auf oder parallel der D 15 nach Norden. Dieses Sträßchen kennen wir ja schon von unserer Stellplatzsuche, es ist die Route nach Murs, bzw. zum Campingplatz. An diesem wandern wir dann auch vorbei, ehe wir uns bald nach rechts ins Unterholz schlagen. Später kommt man an einem großen Lavendelfeld vorbei, hinter dem man nach links dem blauen Punkt folgt (man kann auch auf dem Weg mit dem blauen Balken weitergehen, der etwas weiter ist; auf der Wanderkarte sind beide Wege eingezeichnet; ich kenne den weiteren Weg nicht, kann mir aber kaum vorstellen, daß er schöner ist, als unsere Strecke). Nun kommt der schönste Teil der Wanderung, denn der Weg windet sich alsbald hart am Rande steil abfallender, schroffer Kalkfelsen und belohnt uns nach einiger Zeit mit einem prächtigen Blick von oben auf die alte Zisterzienserabtei von Sénanque. Bis wir dort angekommen sind, müssen wir erst noch ein kleines Wäldchen durch- und dann die von Gordes herkommende Straße überqueren, bevor wir auf dem rotweiß markierten Pfad bergab das Kloster erreichen.

Ich unterstelle nun einfach mal, daß Sie die Wanderung zeitlich besser geplant haben, oder daß ihr körperlicher Bewegungsdrang für nicht mehr reicht, als nur zu Fuß die 200 m vom Parkplatz bis zur Klostertür zu bewältigen. Vielleicht ist ein Funke französischer Lebensart auch schon auf Sie übergesprungen, und es gelingt Ihnen, ein mittägliches *pic-nique* auf zwei Stunden auszudehnen. Jedenfalls nehme ich jetzt an, daß das Kloster offen ist (wir sind übrigens nach halbstündiger Mittagsrast weitergewandert und haben die Besichtigung am nächsten Morgen nachgeholt). Eines ist jedoch sicher: Die **Abtei von Sénanque** (*10-12 und 14-18 Uhr; 18F*) darf man sich nicht entgehen lassen, auch wenn der ganz große Zauber mehr von ihrem Äußeren und ihrer Lage in einem abgeschiedenen, fast rauhen Tal ausgeht. Besonders gut harmoniert hier die strenge Architektur der Zisterzienser mit der kargen Landschaft, wobei als freundliche Abrundung im Sommer die blauen Reihen der Lavendelfelder hinzukommen. Störend sind eigentlich nur die vielen Touristenbusse. Dem Kloster sieht man die religiösen Grundgedanken des

Abtei von Sénanque

Zisterzienserordens deutlich an: Im 11. Jahrhundert gründete eine junge Mönchsgemeinschaft in der Nähe von Dijon einen Bruderschaft, die sich vom bombastischen Pomp der damals mächtigsten Glaubensgemeinschaft, der Kluniazenser von Cluny, lossagen wollte. Denn in Cluny stand längst nicht mehr Religiosität im Vordergrund, sondern kirchliche Pracht und Macht beherrschten die Szene. Vor allem eine Mönchsgruppe um Bernhard von Clairvaux besann sich wieder auf Askese, Zurückgezogenheit und echte Religiosität. Zisterzienser siedelten daher an schwer zugänglichen Orten, in entlegenen Tälern, Sümpfen oder tiefen Wäldern, meist weitab größerer Städte. Die Architektur war genauso schlicht und geradlinig, aber auch so streng, wie die Regeln des Ordens. Man hat auf jeden Prunk verzichtet; es gab nicht einmal Türme. Deren Funktion als Glockenträger wurde von einem Dachreiter übernommen. Sénanque ist für alle diese Merkmale ein typisches Beispiel, wobei hier die klaren Linien ohne jedes überflüssige Schmuckwerk besonders anziehend wirken. Betrachten Sie sich die Mauerquader, die so sorgfältig behauen wurden, daß sie praktisch nahtlos aneinander gefügt werden konnten.

Der größte Teil des Klostergebäudes stammt aus dem 12. und 13. Jahrhundert, während einige Anbauten neueren Datums sind. Das Kloster verlor gegen Ende des 14. Jahrhunderts an Bedeutung und wurde in der französischen Revolution aufgelöst. Mitte des letzten Jahrhunderts kehrten die Zisterzienser zurück, nachdem sie das Gebäude renoviert hatten. Sie verließen diesen stillen Ort im Jahre 1969 erneut, ehe sie im Herbst 1988 die Abtei wieder bezogen. Bis heute hat der Orden die Regeln weitgehend beibehalten, wonach die Zisterzienser nachts zweimal in der Kirche beten, weshalb in früherer Zeit der Schlafraum, das Dormitorium, unmittelbar mit der Kirche verbunden war.

Ein ganz weltlicher Tip am Rande: Angeblich werden tagsüber auf dem Parkplatz Autos ausgeraubt.

Es empfiehlt sich also nicht, hier den Wanderweg zu beginnen. Diesen kann man vom Kloster aus auf mehreren Möglichkeiten nach Gordes fortsetzen:

Die kürzeste und am leichtesten zu findende Alternative ist auf den ersten Metern identisch mit unserem Hinweg. Man geht nämlich neben der rot-weißen Markierung vom Kloster aus parallel zur Straße wieder bergauf und folgt etwa dort, wo wir auf dem Hinweg aus dem Wald getreten sind und wo die Straße nach Gordes einen Linksknick macht, rechts der Straße den rot-weißen Balken bis zum Ortskern von Gordes. Relativ leicht zu finden ist auch die zweitkürzeste Möglichkeit, sie beginnt ebenso wie die dritte Alternative hinter der Abtei und ist mit gelben Pfeilen markiert. Schon bald verzweigt sich der Weg, die kürzere Strecke geht links ab, dort bleibt man mehr oder weniger auf dem Grund der Sénancole-Schlucht, die ihrer vom Lateinischen abgeleiteten Herkunft alle Ehre macht (Sénancole kommt von sine aqua und heißt: ohne Wasser).

Wir wählen die weiteste, schönste und leider auch komplizierteste Alternative, wir folgen den erwähnten gelben Pfeilen und steigen an der genannten Gabelung erst mal rechts wieder bergan, zu einem verfallenen Gehöft mit dem Namen La Débroussède. Von dort an wird die Landschaft immer wilder, um so schwieriger wird leider auch die Orientierung. Auf keinen Fall darf man nun hinter dem Gehöft den Weg nach rechts wählen, man muß sich vielmehr nach links orientieren und dabei rechts halten (klingt komplizierter als es ist). Leider war bei unserer Tour weit und breit kein Wander-

zeichen zu entdecken, erst in einiger Entfernung ein grüner Punkt, dem wir aber nicht trauen - richtig ist der rechte (!) der beiden nach links führenden Pfade. Statt dessen stiefeln wir jedoch nach links und enden, wie der Weg, im stacheligen Dickicht am oberen Rand der Schlucht. Gordes ist zwar in Sichtweite, an ein Durchqueren der Schlucht ist hier jedoch nicht zu denken. So bleibt uns nichts anderes übrig, als den Rückweg zum alten Gemäuer anzutreten, um dort den oberen der beiden linken Wege zu wählen. Später, unten im Tal, treffen wir auch die blaue Markierung wieder, und zwar dort, wo wir ankommen würden, wenn wir hinter der Abtei auf Bachhöhe geblieben wären. Nach einem kurzen steilen Anstieg ist es nicht mehr weit zum Dorf Les Bories, *zu der bekannten Ansammlung spitzer Natursteinhütten. Achtung: Nach dem Anstieg muß man sich bei erster Gelegenheit rechts halten und spätestens bei der ersten Wegkreuzung in der Nähe eines Hauses nach rechts abbiegen. Da auch hier zum Zeitpunkt unserer Wanderung jede Markierung fehlt - oder so undeutlich angebracht ist, daß wir sie nicht entdecken - merken wir erst, als wir schon fast in Gordes sind, daß wir uns verfranzt haben. Auch jetzt hilft nur umkehren. Dagegen ist es nicht schwer, vom* Village des Bories *nach Gordes zu finden (am Parkplatz links halten), zur Not kann man am Straßenrand entlang gehen (Streckenlänge gut 15 km; Karte: Éditions Didier & Richard Nr. 27).*

Zur ***Village des Bories*** fahren oder laufen auch alle diejenigen, welche nicht wandern. Wenn man südlich von Gordes dem Wegweiser zu den *Bories* folgt, kommt man gleich linkerhand an einem geräumigen Parkplatz vorbei, auf dem zumeist schon mehrere Wohnmobile und Wohnwagen abgestellt sind. Halten Sie deren Besitzer nicht für blöd! Entgegen von mir in der früheren Auflage verbreiteter Behauptung (ich wurde deshalb in Briefen getadelt) ist der Weg für WOMOs über 2 m Breite und 5,50 m Länge ein Horror! Sie müssen daher knapp 2 km zu Fuß gehen!

Nachdem wir den stolzen Eintrittspreis von 25 Francs pro Person bezahlt haben (*geöffnet von 9 Uhr bis Sonnenuntergang*), sind wir doch etwas enttäuscht. Vielleicht waren aber auch nur unsere Erwartungen zu hoch, denn wir haben von der „größten Siedlung im neusteinzeitlichen Stil im Mittelmeerraum" gelesen, von einem „Denkmal architektonischer Frühgeschichte", von einer „bereits vor 4.000 Jahren angewandten Bauweise" und dadurch die Vorstellung entwickelt,

Village des Bories

wir würden hier uralte, steinzeitliche Hütten, die im Jahre 1969 freigelegt worden sind, antreffen. Davon kann jedoch nicht die Rede sein. Zwar stimmen alle die eben angeführten Aussagen - wenn man sie sorgfältig liest, die hiesigen Steinhütten entstammen jedoch, wie man nach Münzfunden urteilen konnte, dem 17. Jahrhundert. Die Siedlung war noch bis in unser Jahrhundert bewohnt, sie zerfiel aber, wucherte zu und wurde zum Teil auch verschüttet. Im Jahre 1969 hat man begonnen, die Dornen wegzuschneiden und die Gebäude zu restaurieren. Es geht um 31 zumeist spitz zulaufenden Hütten, die aus mörtellos aufeinander geschichteten, flachen Steinplatten errichtet sind. Hierbei kragt eine Steinschicht immer ein kleines Stück über die darunterliegende, wodurch das spitz zulaufende, sogenannte „falsche" Gewölbe ausgebildet wird. Derartige Kuppelbauten gibt es an vielen Orten der Welt, wie man auf einer Karte innerhalb des Freilichtmuseums nachlesen kann. Nur die Bezeichnung ist überall anders: In Süditalien nennt man sie Trulli, in Sardinien Nuraghen (eine, allerdings kuppellose, Nuraghe schmückt das Titelbild von Band 7 der *WOMO-Reihe*). Und in der Provence heißen die Häuschen Bories. Man kommt auf den meisten Wanderungen an mehr oder weniger gut erhaltenen Einzelhütten vorbei. Hier, im Freilichtmuseum, ist der Backofen in der Mitte des Dorfes beachtenswert. Weniger schön finde ich den verrosteten Hausrat, den man in einzelnen Bories drapiert hat - als Rechtfertigung für die hohen Eintrittsgebühren. Wer bei verschiedenen Wanderungen schon mal durch die niedrige Öffnung einigermaßen gut erhaltener Bories gekrochen ist, kann sich das

Geld sparen, auch wenn diese Dorfform mit einer so großen Anzahl von Hütten in Europa einmalig ist.

Da Sie sich inzwischen eingelaufen haben und gerade eine zarte Liebe zur Landschaft zwischen Plateau de Vaucluse und Lubéron keimt, schnell noch in knappen Worten eine zweite **Wanderung**, bzw. ein kurzer, interessanter **Ausflug** zu den **Mühlen von Véroncle**: Das Bächlein Véroncle war über in Stein geschlagene Wasserleitungen und Staudämme in kleine Mühlengebäude geleitet worden, wo es ein waagerechtes (!) Mühlrad antrieb, von dem eine Achse senkrecht nach oben führte. Auf dieser war im Obergeschoß der Mühle der Mühlstein, ebenfalls waagerecht, montiert. Während unseres Ausfluges können wir mehrere Ruinen dieser Mühlen bestaunen, die noch bis zur Mitte des 19. Jahrhunderts in Betrieb waren (es gibt auch eine Schautafel, auf der die Funktion dargestellt ist).

Biegen Sie etwa 2,5 km östlich von Gordes von der D 2 zu den Häusern von Les Grailles ab und parken Sie nach etwa 200 m bei der ersten Freifläche. Nun geht es zu Fuß im Prinzip immer geradeaus in die Schlucht zur ersten Mühle. Der Weg wird nun etwas schwieriger, weil man mehrmals das Wasser überqueren und eine kurze Eisenleiter erklettern muß (auch für Schwindelanfällige kein Problem). Am Ende der Schlucht sieht man noch die Reste des früheren Stausees, ehe man auf bequemem Fahrweg Murs erreicht (Näheres bei der 3. Tour). Wir verlassen das Dorf auf der D 4, Richtung 'Village des Vacances' und gehen durch den Wald zum Auto zurück (insgesamt 3 bis 4 Stunden; für die reine Mühlenbesichtigung höchstens 1,5 Stunden; Karte: Éditions Didier & Richard, Nr.27).

Wanderung nach Murs

So gerne ich in Gordes ankomme, so gerne fahre ich auch wieder ab. Mehr als zwei Nächte am Stück halte ich dort, außer auf dem Campingplatz, nicht aus. Das Schicki-Micki-Treiben geht dann doch etwas auf die Nerven. Und danach kommen wir sowieso vom Regen in die Traufe, sprich: nach **Roussillon** (siehe unser Titelbild). Dieses Dorf ist ziemlich genauso groß (1.300 Einwohner), es darf sich auch eines der schönsten Dörfer Frankreichs nennen, beherbergt etwas weniger Künstler (und Kneipen), es liegt aber insgesamt mit Gordes ziemlich auf einer Wellenlänge. Nur mit den Übernachtungsplätzen hapert es hier. Aber dafür hat Roussillon, außer einem auf einem Bergkegel gelegenen sehr schönen Ortskern, eine fast einmalige Attraktion zu bieten: Die **Ockerfelsen**. Genaugenommen sind diese aber zu einem großen Teil gar nicht ockerfarben, jedenfalls wenn man sich unter Ocker das vorstellt, was im zweiten Töpfchen von rechts der oberen Reihe unseres Wasserfarbkasten so bezeichnet wird (besser paßt da schon das 'gebr. Siena', das Töpfchen rechts daneben, zur gleichnamigen toskanischen Stadt). Denn die zackigen Felsen bei Roussillon leuchten eher rot, stellenweise aber auch knallgelb. Wer sich hier nicht mit einem weitgehend unbelichteten Farbfilm auf den Weg macht, sollte das Fotografieren lieber gleich aufgeben und sich am Postkartenstand eindecken. Außerdem braucht man Sonne, am besten Vormittagslicht. Ich übertreibe ein wenig: Entweder fahren Sie bei Sonnenschein nach Roussillon oder erst im nächsten Urlaub!

Sie werden die farbenprächtigen Felsen unschwer finden, größere Schwierigkeiten macht da schon die Parkplatzsuche. Diese ist mir in besonders unangenehmer Erinnerung, weil ich unversehens in eine enge Gasse gerate und prompt mit dem Alkoven an einer Hauswand vorbeischramme. Besondere Tips kann ich keine geben, Sie müssen suchen, bis Sie eine Parklücke finden. Denn der einzige größere Parkplatz rechts an der Zufahrt vor den Ockerfelsen war bei unseren Visiten mit dem berühmten Balken in 1,9 m Höhe verunstaltet, vermutlich weil sich der Platz wegen der Ortsnähe und dem wunderschönen Blick auf das Dorf hervorragend zur Übernachtung eignen würde. Zuletzt gab es für Wohnmobile im Ort selbst überhaupt keine Park- und natürlich auch keine Übernachtungsmöglichkeiten. Zum Parken mußte man bereits an der Zufahrtsstraße einen Kassierer beglücken. Auch das Okkergebiet kostet inzwischen Eintritt.

Der „Ocker" ist ein Gemisch aus Ton, Sand und vor allem Eisenoxid, welches für die Färbung verantwortlich ist. Das rotgelb-braune Gestein ist sehr weich, weshalb man es einer-

Ockerfelsen bei Roussillon

seits leicht abbauen kann, weshalb aber andererseits durch Erosionsprozesse in vergleichsweise kurzer Zeit bizarre Zacken und Kegel ausgewaschen werden. Gerade diese Gebilde machen das Ganze so interessant. Vom Ort aus führt ein kleiner Spazierweg mitten rein in die Ockerbrüche, in denen auf Schautafeln auch viel Wissenswertes vermittelt wird (folgen Sie von der Durchgangsstraße aus dem Schild '*Cimetière*' oder '*Falaises d'ocre*). Ein etwa 30-minütiger **Ocker-Rundgang** ist gut ausgeschildert.

Östlich von Roussillon gibt es noch eine **Ockerfabrik**, wo die Farbstoffe aus dem Gestein herausgelöst werden; und die man besichtigen kann (*'Usine Mathieu', im Juli/August tägl., sonst nur am Wochenende, Führungen um 11, 14, 15, 16 und 17 Uhr*). Das Produkt dient heutzutage im wesentlichen nur noch Künstlern, ökologisch orientierten Bauherren und der Kosmetikindustrie. Früher war das einmal anders. Angeblich haben hier schon die Römer Farbstoffe gewonnen. Ocker wurde auch bei den vorgeschichtlichen Höhlenmalereien verwendet. In nennenswertem Umfang hat man aber erst gegen Ende des 18. Jahrhunderts Ockersand abgebaut. In den Hochzeiten Roussillons, am Anfang unseres Jahrhunderts, waren mehr als 1.000 Menschen im Ockerbergbau tätig. Heutzutage werden wegen der synthetischen Farbherstellungsmöglichkeiten nur noch etwa 2.000 t Ocker im Jahr produziert, angesichts ökologisch orientierter Lebensweise mit steigender Tendenz. Ich möchte allerdings nicht wissen, wie viele Zentner der 2.000 Tonnen in kleine Plastikbeutelchen oder Reagenzgläser gefüllt werden, damit Touristen in den zahlreichen Andenkenläden bereitwillig die Portemonnaies öffnen. Es würde mich allerdings auch nicht wundern, wenn der Inhalt dieser Gefäße gar kein echter Ocker wäre, aber für eine solche Mutmaßung fehlt mir jede reale Information - was nicht heißen soll, daß sie fernliegend wäre. Diese ketzerische Idee ist vermutlich genauso wenig abwegig wie der Gedanke, daß Roussillons Häuser, die in allen erdenklichen Ockertönen leuchten, mit synthetischen Materialien bepinselt sind.

Wenn Sie selbst die Farbkraft des Ocker testen wollen, ziehen Sie ein paar frisch gewaschene, weiße Sommerhosen an, bevor Sie durch die Ockerbrüche streifen; oder Ihre Kinder dürfen nach der Ockerwanderung die Schuhe anbehalten, wenn sie anschließend auf den WOMO-Polstern turnen. Ihr Reisemobil-Vermieter wird dann mit Sicherheit die Kaution einbehalten. Haben Sie aber ältere Klamotten angezogen und vor der Weiterfahrt die Schuhe gut gesäubert, werden Sie vielleicht Spaß an weiteren Ockerbrüchen bekommen. Dann folgen Sie uns - auf der nächsten Tour - zum *'Colorado Provençal'* bei Rustrel oder auch auf der gleich unten beschriebenen Wanderung.

Wer in Roussillon **übernachten** möchte, hat keine optimalen Alternativen: Man kann auf dem Parkplatz der Ockerfabrik (*'Usine Mathieu'*, östl. des Ortes beschildert) einsam, aber ganz schön stehen. Oder auf einer Art Picknickplatz, rechts der Straße nach St. Saturnin. Unterhalb der Ockerfelsen sieht man im Bereich einer Kurve neben der Straße eine schattige Grillstelle, wo man etwas einsam die Nacht verbringen kann. Das haben wir aber ebenso wenig selbst getestet wie den allgemein gelobten **Campingplatz**, *Arc en Ciel,* der sich 2,5 km südlich des Ortes, Richtung Goult, im Wald versteckt und von außen einen etwas düsteren, aber nicht zu reglementierten Eindruck macht (*geöffnet vom 30. März bis Ende Oktober; Schwimmbecken; Tel. 04 90 05 67 17*). Meiner Meinung nach muß man nicht in Roussillon übernachten, wo es doch ausreichend andere Plätze in der Umgebung gibt.

Man muß hier auch nicht unbedingt **wandern**, wir tun es trotzdem:

*Wir beginnen unseren Halbtagesausflug (*4 Stunden*) dort, wo wahrscheinlich jeder seine Wanderung beginnt, nämlich bei den Ockerbrüchen und gehen zunächst dem rot-weißen Wanderzeichen hinterher. Auf dem ersten Stück ist unser Weg identisch mit dem beschilderten Ockerrundgang (seit der Eintritt kostet, kommt man vermutlich nicht mehr einfach aus dem Gelände heraus; kehren Sie dann um und laufen Sie in Roussillon entlang der Straße nach Osten, bis Sie das rot-weiße Wanderzeichen sehen). Nachdem wir die D 199 überquert, ein gutes Stück seitlich der D 104 weitergelaufen und dann an einer Kreuzung auf die D 4 gestoßen sind, verlassen wir den markierten Wanderweg, der auf der Asphaltstraße nach halbrechts weiterführt. Wir wählen statt dessen das etwas kleinere Sträßchen scharf rechts, das uns nun durch eine weite, übersichtliche Landschaft völlig schattenlos an einigen kleinen Weilern vorbeiführt. Der Weg ist nun lange Zeit asphaltiert und im Frühling ideal. Wir laufen durch ein regelrechtes Obstbaumblütenmeer, hinter dem sich die Silhouette des Lubéronmassives malerisch abhebt. Wer nur wenig Zeit hat, kann bei St. Jean rechts abbiegen und auf einem leidlich markierten Reiterweg durch den Wald nach Roussillon zurückwandern. Wir bleiben aber auf dem Fahrsträßchen und biegen bei einem Kreuzungsknotenpunkt nach rechts zum Dörfchen Les Huguets ab. Nach unserer Wanderkarte müßten wir dort wieder eine Markierung vorfinden; möglicherweise handelt es sich dabei um das orangefarbene Plastikband, das nun seitlich unserer Strecke hin und wieder an Bäume oder Strommasten gebunden ist. Jedenfalls darf man hinter Les Huguets, nachdem die Straße zunächst eine deutliche Rechtskurve gemacht hat, nicht nach links abbiegen, sondern muß geradeaus den Asphalt verlassen und auf einem Weg zwischen Feldern auf den Wald zulaufen. Auf den Äckern ist jetzt, Ende März, gerade die Karottenernte in vollem Gang. Tausende von Mohrrüben, die von einer Erntemaschine* *aus dem Boden gezogen wurden, leuchten überall auf den Feldern, und bei einigen Bauernhöfen kann man zusehen, wie die gelben Rüben maschinell gewaschen und in Holzkisten verpackt werden. Wir durchqueren oberhalb der Äcker einen Kiefernwald, der um so brandgeschädigter wirkt, je mehr wir uns wieder Roussillon nähern. Beim traurigen Anblick der verkohlten Stämme gelobe ich mir wieder, niemals in einem solchen Wald zu übernachten, was ohnehin verboten ist und wirklich gefährlich werden kann (Länge der Wanderung: 12 km; Karte: Éditions Didier & Richard Nr. 14).*

Am Ende kommen wir wieder bei einigen Ockerbrüchen vorbei und beim südlichen Ortsende von Roussillon an dem Haus, in welchem sich Samuel Beckett vor den deutschen Nazis versteckt hatte. Ich habe zwar nie herausbekommen, welches Haus es nun genau war und denke mir, daß ein Exil in Roussillon gar nicht so schlecht wäre. Der 1942 von Paris über Marseille hierher geflohene Dichter und Bühnenschriftsteller, der sich der Résistance angeschlossen hatte, muß es jedoch anders erlebt haben. Er war auf der Flucht und hielt sich im damals noch abgelegenen Dorf als Tagelöhner über Wasser. Er schwor sich, als er 1944 den Ort wieder verließ, niemals dorthin zurückzukehren. Trotzdem hält Roussillon in Beckett's „*Warten auf Godot*" Einzug in die Weltliteratur, wenn Wladimir sein Gegenüber Estragon daran erinnert, daß er mit ihm zusammen in Roussillon bei der Weinernte war und zur Gedächtnisstütze nachhilft: „*Da leuchtet doch alles so rot*". In den meisten deutschen Übersetzungen des Theaterstücks wurde aus 'Roussillon übrigens 'Dürkweiler' und das leuchtende Rot verliert jeden Sinn.

Zur Weiterfahrt nach Apt genehmigen wir uns einen kleinen Umweg über **Goult**, einem für die Gegend sehr typischen Dorf, in dem allerdings auch die zugezogenen Neubürger, darunter ein bekannter deutscher Töpfer, nicht fehlen. Nicht weit ist es von hier hinunter ins Tal zum Wallfahrtsort Notre-Dame-de-Lumières. Mysteriöse Lichterscheinungen soll es hier gegeben haben und Wunderheilungen, weshalb man im 17. Jahrhundert eine Wallfahrtskirche gebaut hat. Die Pilger sind heutzutage recht zahlreich und natürlich motorisiert, wie man an den ausgedehnten Parkplätzen sieht; ich finde das ganze Ensemble ziemlich langweilig.

Ganz im Gegensatz zum sogenannten **Pont Julien**, einer alten Römerbrücke, die man rechts der N 100 in Richtung Apt entdecken kann (beschildert). Genau 6,5 km hinter N.D.-de-Lumières zweigt ein kleines Sträßchen nach Bonnieux ab,

Pont Julien

dessen Verkehr noch heute über die drei steinernen Bögen der römischen Brücke rollt.

Der weitere Verlauf der N 100 bis **Apt** entspricht ziemlich genau dem der römischen Via Domitia. Nur wurden die antiken Reisenden am Eingang von Apta Julia, dem heutigen Apt, noch nicht von den Werbebuchstaben der Welt größten Fabrik für kandierte Früchte beeindruckt (kann besichtigt werden). Die Stadt Apt (11.600 Einwohner) gilt nämlich als Welthauptstadt dieser Fruchtverarbeitungsindustrie, was einen einfachen Grund hat: Es gab hier ursprünglich fast ausschließlich Olivengärten, bis im Winter von 1956 die meisten Bäume erfroren sind. Bekanntlich kann aber erst die nächste Generation einen frisch angepflanzten Ölbaum wieder beernten, wofür schon die späten 50er Jahre zu schnellebig waren. Also pflanzte man Aprikosen, Pfirsiche, Kirschen, Birnen und Äpfel. Die *fruits confits* waren eine konsequente Folge, Marmeladenfabriken eine andere. Wenn Sie irgendwo einen englischen Kuchen kaufen, ist dieser mit 98%-iger Sicherheit mit kandierten Früchten aus Apt bestückt; bei dieser prozentualen Größe liegt nämlich der dortige Anteil an der französischen Gesamtproduktion. Die schon zur Römerzeit mit 8.000 Einwohnern recht bedeutende Stadt floriert heutzutage aber nicht nur durch die Fruchtindustrie. Auch in der Nähe stationierte Soldaten, bringen Geld in die zahlreichen Läden. Die Angehörigen der ehemaligen *Force de frappe*, der inzwischen verschrotteten landgestützten Atomraketen, wohnen vor der Stadt in häßlichen Blocks, die unsere Erwartungen erst einmal deutlich dämpfen. Um so größer ist der Kontrast, nachdem wir am Rande der hübschen Altstadt geparkt haben.

Der Wochentag unserer Anreise wurde auch nicht zufällig festgelegt, nach Apt kommt man freitags abends oder samstags morgens. Heute ist Karfreitag und wir erhoffen uns morgen vor den beiden Osterfeiertagen einen besonders belebten **Wochenmarkt**. Denn der Samstagsmarkt von Apt wird einmütig in den höchsten Tönen gelobt. Mit gutem Grund! Unsere hohen Erwartungen werden noch übertroffen, denn unter einem strahlend blauen Himmel sind in den meisten Altstadtgassen Marktstände aufgebaut. Wenn man sich am Ende des Marktes wähnt, geht er erst richtig los. Und wo man allenfalls noch Parkplätze vermutet, stehen die Buden, in denen Rasenmäher, Werkzeuge und sogar Autoreifen feilge-

boten werden. Der Wochenmarkt gilt als einer der interessantesten in der ganzen Provence, auch weil er ein Treffpunkt der Alternativkultur des Lubéron geworden ist. Dort gibt es wahrlich genug Künstler, Pseudokünstler und Freaks aller Schattierungen. Wer sich schon lange mal wieder mit frischen Landprodukten, ökologischem Honig oder feinstem Olivenöl eindecken möchte, wer gerne in altem Trödel stöbert oder rotgesichtige Provenzalen fotografiert, fahre samstags nach Apt.

Nebenbei werfen wir auch noch einen Blick in die **Kathedrale** St.-Anne, deren Uhrturm einem Stadttor ähnelt (*9 - 12*

Wochenmarkt vor der Kathedrale von Apt

und 15,3o bis 18 Uhr; Führungen zum Kirchenschatz täglich außer sonntags um 11 und um 17 Uhr). Er stammt aus dem 16. Jahrhundert, während der älteste Teil, die untere Krypta, vermutlich noch von den Merowingern gebaut wurde. In einer Seitenkapelle werden die Reliquien der Heiligen Anna, der Mutter Marias, aufbewahrt. Wahrscheinlich fehlt dort ein kleiner Finger, der nämlich wurde im Jahre 1623 auf Wunsch von König Ludwig XIII. nach Paris transportiert, um Ludwigs Ehefrau Anna von Österreich, die wie die Schutzheilige hieß, zur Fruchtbarkeit zu verhelfen. Ob dieser Finger wieder nach Apt zurückkam und was die Königin genau mit ihm gemacht hat, ist nicht überliefert. So groß kann seine Wunderwirkung auch nicht gewesen sein, denn Anna gebar erst 15 Jahre später den Thronerben, keinen geringeren als den späteren „Sonnenkönig“, Ludwig XIV. - nach 24-jähriger Ehe. Die Königin stiftete bei ihrer Dankeswallfahrt, 22 Jahre nach der Niederkunft, eine Kapelle, die sogenannte Annen-Kapelle, und seitdem werden die Reliquien besonders von kinderlosen Frauen zur Zeit der Wallfahrt in der letzten Juli-Woche verehrt. Dann wird während 4 Tagen auch ein besonders riesiger Trödelmarkt in der Altstadt aufgebaut.

Wie gesagt, sinnvollerweise reist man schon freitags abends an und stellt sich die Übernachtungsplatzfrage: In Apt empfehle ich den **Campingplatz**: Nehmen Sie in der Übergangsjahreszeit den unten am Ufer des meist ausgetrockneten Flußbetts, nahe dem Schwimmbad (*Camping Municipl les Cèdres*; *ganzjährig geöffnet; im östlichen Teil von Apt, vom Stadtinneren auf der D 22 Richtung Banon/Rustrel und gleich nach der Bahnunterführung rechts hinunter zum Platz*). Die sanitären Einrichtungen sind äußerst bescheiden - ebenso wie die Übernachtungspreise., Es fehlt hier aber völlig die spießige Parzellen-Atmosphäre anderer Campingplätze, und kleine Hundehüttenzelte sind in der Mehrzahl. Auch jetzt, Ende März, sitzen deren Bewohner bis spät in den Abend in dicken Pullovern um die Gaskocher und klimpern auf den Gitarren. Man hört es fachsimpeln: über Radtouren, Wanderungen und Kletterfelsen. Außerdem sind es vom Zeltplatz nur 600 m in die Altstadt; Sie treffen also gute Bedingungen für eine Stadtübernachtung an.

Einen deutlich schöneren, leider aber 2 km von der Stadt entfernt gelegenen Campingplatz findet man rechts der D 48 in Richtung Saignon (*Le Lubéron*; *Tel. 04 90 74 23 93; geöffnet von April bis Oktober, im Sommer gut besucht*). Hier können Sie sich im Pool erfrischen und über das Regelwerk des an sich freundlichen Betreibers heulen (zum Beispiel keine Wäscheleinen!). Weitere Campingplätze gibt es bei Gargas, nordwestlich von Apt, rechts der D 101 sowie östlich der Stadt, an der D 35 bei Caseneuve.

„**Frei**“ haben wir in Apt noch nie gestanden. Dies scheint auf den Parkplätzen am Flußufer (aber nur bei wirklich sicherem Wetter - Hochwassergefahr!) möglich; zur Not auch auf dem großen Parkplatz östlich der Stadt. Die schönere Gelegenheit liegt aber 4 km bergauf - und am Anfang unserer 5. Tour.

Tour 5: Jenseits von Apt

Saignon - Rustrel - Simiane-la-Rotonde - Oppedette
Viens - Céreste

Übernachten:	in Saignon; beim Colorado Provençal, in Viens; in Céreste
Besichtigen:	die Dörfer Saignon, Simiane-la-Rotonde, Oppedette und Viens; den *Colorado Provençal* bei Rustrel; das Priorat Carluc
Essen:	in der Auberge *Aiguebelle* in Céreste
Wandern:	Spaziergang durch die Ockerfelsen von Rustrel; Spaziergang zum Canyon d'Oppedette; von Céreste zum Kamm des Lubéron
Karte:	Seite 48

Wie Sie der Überschrift entnommen haben, bewegen wir uns auf dieser Tour östlich von Apt. Wir bleiben in einem Teil Frankreichs, den der Kenner mit ***Lubéron*** umschreibt, womit er nicht nur den langgestreckten Rücken des gleichnamigen Höhenzuges meint, sondern ein weit größeres Terrain. So liegt Gordes im *Lubéron*, obgleich gut und gerne 20 km vom Fuß desselben entfernt. Und Apt ist das geschäftliche und kulturelle Zentrum des *Lubéron*, obwohl tief unten im Tal gelegen. Was nun genau zum nicht geologischen *Lubéron* gehört, und warum der *Lubéron*, also der *Lubéron*, der ja eigentlich gar nicht der Lubéron ist, *Lubéron* heißt, weiß vermutlich niemand. Sicher ist aber, daß der Gebrauch des genaugenommen nicht zutreffenden Begriffs stets eine liebevolle Umschreibung sein soll. Wer sich diesen Teil Frankreichs als Urlaubsziel ausgesucht hat, fährt nicht nur in die *Provence*, er fährt in den *Lubéron*, was gleichbedeutend ist mit einer Reise ins Paradies. Und das endet nicht in Apt.

Gleich östlich, 4 km den Hang des richtigen Lubéron hinauf, liegt das Dörfchen **Saignon**, das ich in jedem Urlaub ganz zaghaft ansteuere. Man wird uns doch wohl unseren schönen **Stellplatz** gelassen haben? Vor ein paar Jahren schwante mir nichts Gutes. Bauarbeiten waren im Gang, und ich war fast sicher, daß ich einen der schönen Übernachtungsplätze streichen muß. Es hätte mich auch nicht gewundert. Zu rücksichtslos haben Leser und Nichtleser von den Plätzchen Besitz ergriffen. Über 10 WOMOs zählte ich dort eines nachts. Aber bislang hat man weder den Schmied mit dem Bau eines viereckigen Tores beauftragt noch ein Verbotsschild angeschraubt. Es ist alles so schön geblieben wie es war. Es gibt hier Wasser, eine öffentliche Toilette und einen der schönsten Friedhöfe der Provence: Hoch über dem Tal von Apt, mit weitem Blick auf den Mont Ventoux. Noch prächtiger ist die Sicht vom vorderen Festungsfelssporn, wo ich mich gar nicht satt sehen kann, als die untergehende Sonne Tausende blühender Obstbäume in ein mildes Licht taucht.

Saignon

Der Gang zum Bäcker am nächsten Morgen frustet; es gibt nämlich im ganzen Dorf kein Brot. Da wir immer freitags in Saignon nächtigen, müssen wir stets hungrig den Markt von Apt ansteuern - und noch ehe wir unten in der Stadt angekommen sind, den erstbesten Parkplatz nehmen.

im Colorado Provençal

Nachdem wir in Apt zuletzt ausgedehnt das Markttreiben vom Straßencafé aus genossen haben, fahren wir weiter nach **Rustrel**. Ziel ist weniger das nur mäßig interessante Dorf, sondern der 2 km entfernte '***Colorado Provençal***', dessen Ockerbrüche jeden Vergleich mit denen von Roussillon (Tour 4) standhalten. Die bizarren Gebilde des Colorado sind in den farblichen Nuancen zwar weniger intensiv, jedoch noch vielfältiger. Vor allem aber ist das Gebiet der satten Farben hier viel größer, man könnte fast einen Tag lang darin wandern. Ein Stück muß man auf jeden Fall zu Fuß bewältigen, denn es wäre ein großes Versäumnis, gleich nach dem ersten in den Himmel ragenden Gebilde, dem Feenfelsen, umzukehren. Gehen Sie unbedingt weiter bis zur zweiten Ketten von Ockerbergen, wo das Gestein auch mal ganz weiß wird. Hier sieht man die Abdrücke von Schürfbaggern; Beweis dafür, daß hier auch noch - oder wieder - in unserer Zeit Farbstoff abgebaut wird (näheres siehe bei Roussillon - Tour 4). Provence-Kenner meinen, zum Colorado Provençal passe am besten ein grauer Himmel. Ich wünsche Ihnen trotzdem einen sonnigen Tag. Auf keinen Fall darf es regnen der Boden wird dann rutschig, und man versaut sich die Hose.

im Colorado Provençal

Den dazugehörigen **Parkplatz** kann man ohne weiteres für eine **Nacht** empfehlen; er ist schattig, aber eher einsam (Häuser in 150 m und 500 m Entfernung). Tagsüber sollte man aber keine Wertsachen im Auto lassen. Schilder und andere Reiseliteraten warnen nämlich vor Dieben.

Simiane-la-Rotonde

Da wir nun schon mal so weit nach Osten vorgedrungen sind, genehmigen wir uns auch die restlichen Sehenswürdigkeiten der Gegend: Wir kurven zunächst nach **Simiane-la-Rotonde**. Das Schönste dieses am Hang gelegenen Dorfes ist die Sicht auf dasselbe. Wenn man nämlich zwischen den sorgfältig restaurierten Häusern bummelt, sucht man verzweifelt deren Bewohner. Die weilen gerade in ihren Praxen, Kanzleien oder Büros - hunderte von Kilometern entfernt. Das Dorf ist geradezu Prototyp für das Schicksal der meisten Orte dieser Gegend. Sie sind von weitem wunderschön, von nahem erfreuen sie hauptsächlich die Makler, die Notare und die Zweithausbesitzer.

Erfreulich ist hingegen das **Restaurant *La Rotonde*** (*Tel. 04 92 75 95 44; von Mittwoch bis Samstag auch abends, sonst nur mittags geöffnet*). Das Ambiente ist urig, und die Küche ist rustikaler als man sie angesichts der wohlhabenden Klientel erwartet.

Lohnend ist noch der Blick von der Rotonde, einem fast runden Turm am oberen Ortsrand. Man schaut bis zu den jetzt im Frühjahr noch mit Schnee bedeckten Zacken der Alpen. Nur den Zweck des Bauwerkes kann niemand erklären: Festung, Kirche, Waffenkammer oder Wohnung? Oder alles einmal zu seiner Zeit? Heute gibt es dort ein kleines Museum, und außerhalb der Hochsaison ist die Rotonde dienstags geschlossen.

In Simiane-la-Rotonde kehren wir um. Über **Oppedette** kurven wir zurück nach Apt. Das kleine, wunderschön gelegene Dorf teilt das Los seiner Nachbarn, die Zahl der ständigen Bewohner ist auf unter 10 gesunken. Aber hier beginnt eine interessante Schlucht, der **Canyon d'Oppedette**. Schon bei einem einstündigen Spaziergang kann man das kleine Naturwunder erleben: Folgen Sie beim Waschhaus der rot-weißen Markierung und dem Schild '*Les Gorges*', gehen Sie rechts am Friedhof vorbei und nehmen Sie am Aussichtspunkt den Pfad, der Sie wieder hinunter zurückführt.

Ein paar Kilometer weiter, in **Viens**, halten wir erneut an. In dem ebenfalls recht malerisch gelegenen Dorf sieht man wenigstens noch ein paar Alte und, eine Besonderheit für diese Gegend, sogar Kinder. Wir blicken auf die Ausläufer der Gorges d'Oppedette sowie eine nette romanische Kirche, wir kaufen Honig in der Miellerie (von einem wandernden Imker, der chemiefreie Blüten sucht), und wir trinken im kleinen Café einen Pastis. Fast wären wir nicht mehr weitergekommen und hätten unter Bäumen am Rande des Dorfplatzes **genächtigt**. Das wäre bestimmt keine schlechte Idee gewesen.

in Viens

Statt dessen rappeln wir uns weder auf, zu unserem Etappenziel sind es nur noch 11 km. In **Céreste**, einem an sich unscheinbaren, aber urwüchsigen, großen Dorf, werden wir essen, schlafen und am nächsten Morgen zu einer schönen Wanderung aufbrechen.

Im **Restaurant *Aiguebelle*** (Tel. 04 92 79 00 91; kein Ruhetag) hat der sehr freundliche Wirt einen ruhigen Abend, außer uns muß er nur noch einen weiteren Tisch bedienen. Es ist ihm zu wünschen, daß unser Loblied ein wenig Schwung in seine gemütliche Bude bringt. Sein Essen entfacht bei uns zwar keine Begeisterungsstürme, es schmeckt einfach nur gut, zu annehmbaren Preisen. Aber der Patron ist ein Käsekenner par excellence. Das haben ihm sicher schon andere Gäste gesteckt, weshalb er nun auf seiner Speisekarte anbietet, was ich sonst noch nie in Frankreich gesehen habe, ein Käsemenü. Das kann ich mir zwar verkneifen, aber eine nicht zu knappe Auswahl von seiner unglaublich gut sortierten Käseplatte ist hier das absolute Muß. Nirgends in der Provence haben wir derart wohlschmeckende Käsestücke verspeist. Danach darf dann auch noch nicht Schluß sein, denn die Desserts sind ebenso hervorragend.

Die **Übernachtung** findet dann vielleicht gleich hinter dem Haus statt, auf einer Wiese an der Straße nach Vitrolles. Wir bevorzugen, weil noch ruhiger, den sehr geräumigen Parkplatz im westlichen Ortsteil beim Schwimmbad (*Piscine* - beschildert), das auf ihrer Michelin-Karte eingezeichnet ist und, wenn Sie von Westen nach Céreste kommen, am Anfang der westlichen (!) Straße nach Vitrolles liegt. Beide Plätze befinden sich in der Nähe von Häusern und sind für Wohnmobile aller Größen befahrbar.

*Die **Wanderung** am nächsten Morgen, bei der wir zum ersten Mal mit dem richtigen Lubéron Bekanntschaft machen, beginnt entweder in Céreste, an der (östlichen) Straße nach Vitrolles, was eigentlich die bessere Möglichkeit ist, da das WOMO im Ort unter Leuten steht. Oder man fährt auf dem Sträßchen nach Vitrolles noch ein kurzes Stück, bis sich dieses alsbald teilt. Während nach links der Weg nach Vitrolles weiter geht, kann man geradeaus fahren und nach etwa 400 m seitlich der Straße parken. Das gute Stück steht dann aber die nächsten 4 Stunden ziemlich einsam.*

Zu dieser Stelle müssen Sie also entweder laufen oder fahren, um dann hier, bei alleinstehenden Wochenendhäusern, auf blau markiertem Fahrweg bergauf zu steigen. Bei etwa 600 m Höhe stoßen Sie auf die D 31. Kurz danach folgt die Lubéron-Kammstraße, auf der Sie nach links, also nach Osten abbiegen. Wer will kann hier in der Nähe auf eine 782 m hohe Aussichtskanzel klettern, was uns zu mühsam ist. Folgen Sie nun einfach entlang der Kammstraße der Markierung und achten Sie darauf, daß der Wanderweg bald eine Spitzkehre abkürzt. Irgendwann stoßen Sie dann automatisch auf den rot-weiß markierten GR 97, der Sie wieder abwärts nach Montjustin führt. Von dort geht es wieder auf einem rot-weißen GR zurück nach Céreste, was so eindeutig markiert ist, daß sich niemand verlaufen kann.

Wanderung bei Montjustin

Auch die Wanderkarte läßt keine Zweifel aufkommen. Sie zeigt Ihnen überdies, wie Sie die höchstens vierstündige Wanderung um eine gute Stunde ausdehnen können, indem Sie nämlich oben, auf dem Berg, einen Abstecher nach Vitrolles unternehmen, um dort auf den GR 97 zu treffen.
Die Wanderung ist nicht übermäßig anstrengend, da nicht die höchsten Stellen des Lubéron-Kamms erreicht werden, die Ausblicke lohnen dennoch die Mühe. Die Wanderung hat auf der kürzeren Alternative auch den Vorteil, daß Sie nicht tagfüllend ist und auch für Ungeübte überhaupt kein Problem darstellt. Allerdings sollten Sie die Wanderkarte (Éditions Didier & Richard Nr. 14, Du Lubéron à la Sainte Victoire) zu Rate ziehen, wenngleich der größte Teil der Strecke sogar auf Ihrer Michelin-Karte eingezeichnet ist.

In Céreste kann einen auch der markierte Fußweg oder die kurze Autofahrt zur nordöstlich gelegenen Kapelle des **Priorats** von **Carluc** anmachen. Häufig wird man aber enttäuscht, denn das kleine Gotteshaus aus dem 12. Jahrhundert ist nur im Juli/August von 15,30 bis 19 Uhr offen. Sonst sieht man nur von außen einen ehemaligen Durchgang, die wie Menschen geformten Gräber - sowie die nette Lage der Kirche im Wald.

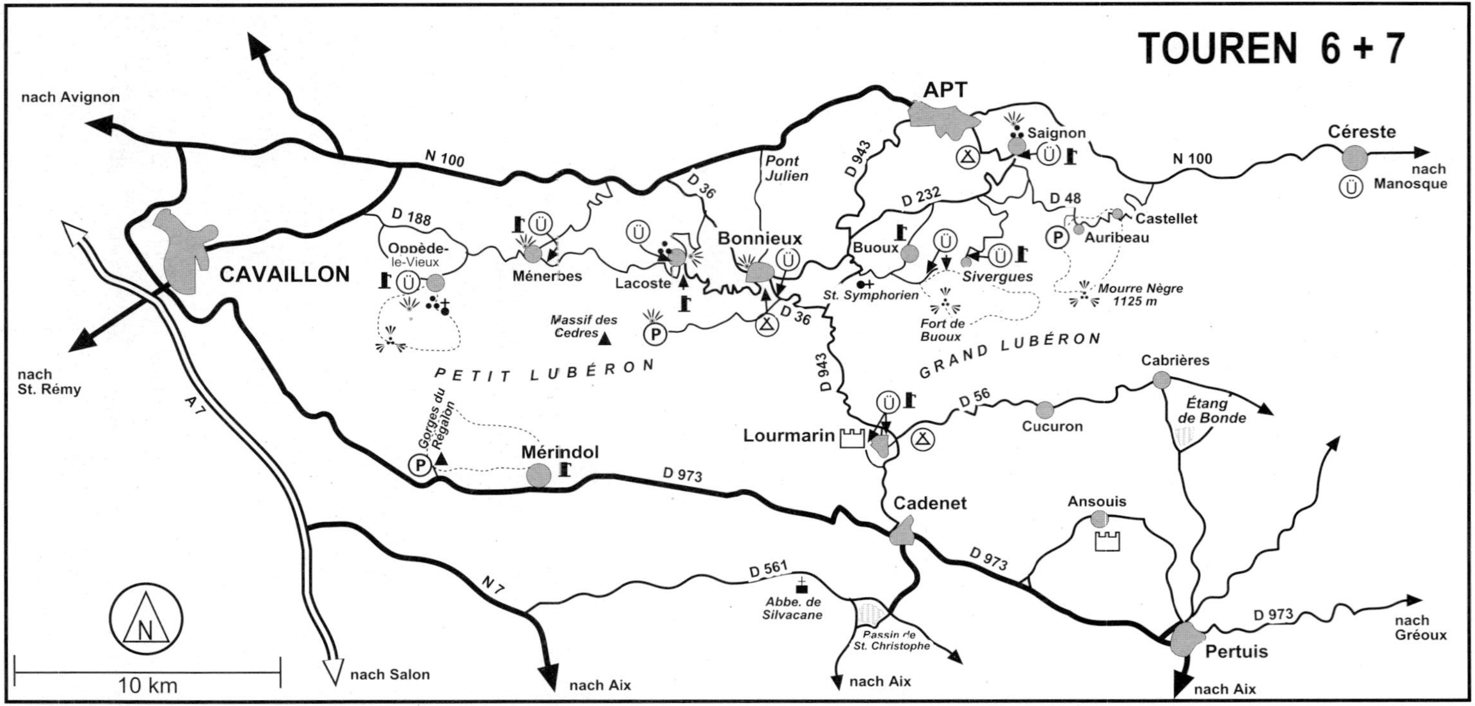
TOUREN 6 + 7
nach Avignon
N 100
CAVAILLON
nach St. Rémy
A 7
nach Salon
10 km
N
D 188
Oppède-le-Vieux
Ménerbes
Lacoste
Massif des Cedres
PETIT LUBÉRON
Gorges du Régalon
Mérindol
D 973
N 7
nach Aix
D 36
Bonnieux
Pont Julien
D 943
APT
Saignon
D 232
Buoux
St. Symphorien
Fort de Buoux
Sivergues
D 48
Auribeau
Castellet
Mourre Nègre 1125 m
GRAND LUBÉRON
Céreste
nach Manosque
Lourmarin
D 56
Cucuron
Cabrières
Étang de Bonde
Cadenet
D 561
Abbe. de Silvacane
Passin de St. Christophe
Ansouis
Pertuis
nach Gréoux

Tour 6: An die Nordhänge des Lubéron

Buoux - Bonnieux - Lacoste - Ménerbes - Oppède-le-Vieux

Übernachten:	bei der *Auberge des Séguins* oder im Tal beim Fort de Buoux; in Sivergues; Parkplatz bei Bonnieux; Campingplatz von Bonnieux; uU. „frei“ in Lacoste; vor Ménerbes; Parkplatz von Oppède-le-Vieux
Besichtigen:	das Fort de Buoux; Glockenturm des Klosters St. Symphorien; die Dörfer Bonnieux, Lacoste, Ménerbes und Oppède-le-Vieux; Korkenziehermuseum; den Zedernwald bei Bonnieux
Essen:	*Auberge de la Loupe* in Buoux; *Auberge des Séguins* beim Fort de Buoux; *Hostellerie du Prieuré* in Bonnieux; Restaurant *Clémentine* in Ménerbes
Wandern:	von Saignon oder Auribeau zum Mourre Nègre; Spaziergang zum Fort de Buoux oder Wanderung von dort zum Kamm des Grand Lubéron; von Oppède-le-Vieux zum Kamm des Petit Lubéron

Schon eingangs der 4. Tour sprach ich von den unvergleichlichen Schönheiten dieser Gegend und davon, daß ich die Wege der 4., 5. und der 6 Tour literarisch stärker getrennt habe, als dies vielleicht dem wirklichen Urlaubsleben entspricht. Denn alles ist hier in Sichtweite: Von Bonnieux blickt man nach Gordes und von Roussillon auf die Burg von Lacoste. Die Dörfer und Nester am Nordhang des Lubéron sind mir fast noch sympathischer als die touristisch stärker orientierten

an der N 100 - unterhalb von Bonnieux

Orte am Südrand des Plateau von Vaucluse. Veranschlagen Sie, auch wenn Sie nicht wandern, für dieses Gebiet mehr als einen Tag!

Wir starten wieder in Apt, um nach 4 km schon wieder anzuhalten: Denn an **Saignon** kommt man nicht vorbei ohne in der Nähe der romanischen Kirche den prächtigen Panoramablick zu genießen. Ich habe Ihnen schon bei der 5. Tour diese Stelle als Stellplatz empfohlen. Ich muß mich bei Ihnen auch entschuldigen, wenn ich mich ständig wiederhole und Ihnen von einer Panoramalage nach der anderen vorschwärme. Aber ich wette, Sie werden gerade auf unserer 6. Tour besonders viele Panoramafotos machen.

In Saignon beginnt man übrigens auch die klassische sechs- bis siebenstündige **Wanderung** zum **Mourre Nègre**, dem mit 1.125 m höchsten Gipfel des Grand Lubéron; ich habe sie bislang auf spätere Urlaube verschoben. Falls es Sie packt und Sie einem Höhenunterschied von 750 m gewappnet sind: Die Strecke ist auf der Wanderkarte eingezeichnet und beginnt am Friedhof bei der Kirche. Man geht immer entlang dem Sträßchen nach Castellet. Schöner wandert man statt dessen in Saignon zunächst entlang der D 48, ehe man bei der ersten Dreifachkurve nach links in südöstlicher Richtung auf einen schwer erkennbaren, aber blau gekennzeichneten Waldweg abbiegt. Man überquert dann zweimal die D 48 und gelangt nun auf einen gelb markierten Weg nach Castellet. Man durchquert dann das Dorf, um an dessen Südrand auf einen Weg mit gelben Punkten zu treffen, dem man nun bis zur Kammstraße steil bergauf folgt. Wenn man dort nach rechts weiter wandert, trifft man bald auf den rot-weißen GR 92, der einen wieder zurück nach Saignon führt. Man braucht für diese 20 km lange Strecke aber etwas Kondition.

Wir wählen die kürzere Alternative ab dem Dorf **Auribeau**: Wir kommen auf der D 48 von Saignon und starten ein paar hundert Meter vor Auribeau rechts der Straße von einem nicht zu verfehlenden Parkplatz. Am Westrand dieser Parkfläche beginnt ein breiter Weg, der sogar auf der Michelin-Karte eingezeichnet ist und der an einem Sattel auf dem Kammweg und somit auch auf den rot-weißen GR 92 stößt. Wir marschieren nun nach links auf den Funkturm zu, um dort umzukehren. Denn unser Rückweg ist mit dem Hinweg identisch; Die Wanderung dauert dann etwa 3 Stunden. Alternativ kann man zurück aber auch den oben beschriebenen, gelb markierten Weg nach Castellet nehmen und von dort entlang der D 48 nach Auribeau spazieren. Alle Wege sind schattig und wegen der Höhenlage auch bei wärmerem Wetter geeignet

(Karte: Éditions Didier & Richard, Nr. 14, auf welcher der Streckenverlauf der Wanderungen zwar eingezeichnet, aber nur teilweise als Wanderweg markiert ist).

Auch wenn Sie nicht wandern, sollten sie einen Abstecher auf dem kleinen Teersträßchen nach **Auribeau** und **Castellet** wagen, die Strecke ist nämlich besonders schön. Wenn Sie langsam genug fahren, werden Sie am Straßenrand auch mehrere Bories, also die bei der 4. Tour beschriebenen Steiniglus, erkennen.

Unsere nächste Station ist **Buoux**, das im Grunde nur aus einer Handvoll Häusern, einem ehemaligen Rathaus und einem Brunnen besteht. Trotz dieser Winzigkeit beklagt eine Tafel drei Tote des ersten Weltkrieges. Und eine andere verbietet es dem Wandersmann, sich im Brunnen zu waschen (aber den WOMO-Tank darf man füllen). Außerdem gibt es noch ein gemütliches **Lokal**, das im Sommer mit einer Veranda und in der kühleren Jahreszeit mit einem Kaminfeuer für beste Stimmung sorgt. Die ***Auberge de la Loupe*** (*Tel. 04 90 74 19 58; donnerstags geschlossen; Sie sollten ein paar Stunden vor dem Essen reservieren!*) überwältigt uns dabei mit einer grandiosen Vorspeisenplatte. In wenigstens 15 Schüsselchen werden typisch provenzalische Köstlichkeiten aufgetischt- vom Wachtelei bis zur Tapenade. Das Hauptgericht ist danach fast schon Nebensache. Peter Mayle war natürlich auch schon dort, was aber weder den Preisen noch der familiären Atmosphäre geschadet hat. Und es stimmt wirklich, daß wir die Kneipe, die inzwischen zu unseren liebsten zählt, vielleicht nicht vor ihm, aber ohne ihn entdeckt haben.

Ab und an wählen wir die kulinarisch schlechtere, aber stellplatzmäßig eindeutig bessere Alternative, die ***Auberge des Séguins***, zu der man südlich von Buoux bei einer alten Mühle, die heute als Ferienkolonie genutzt wird, nach links abzweigt. Schon an der Kreuzung wirbt die *Auberge des Séguins* auf einem großen Schild mit ihrer Küche: *„Provençalische Spezialitäten, dieselben wie überall anderswo“*. Dabei weiß der Wirt, übrigens der Bürgermeister von Buoux, genau, daß bei ihm gerade keine 08/15 - Küche aufgetischt wird. Und abschrecken kann der Patron offenbar auch niemanden, wir bekommen nämlich den letzten Tisch. Hier verputzen hauptsächlich Deutsche die preiswerte, ländliche Kost - an diesem Abend ein vorzügliches Karnickel in Weinsoße, das in ausgesprochen legerer Atmosphäre aufgetischt wird (*Tel. 04 90 74 16 37; von Mitte November bis Anfang März geschlossen, kein Ruhetag*). Ich sollte allerdings nicht verschweigen, daß mir Leser zuletzt von nachlassender Qualität berichtet haben. Vielleicht waren es allzu verwöhnte Gourmets?

Und vor dem Lokal gibt es erstklassige **Übernachtungsmöglichkeiten**, die ob meiner Lobpreisung in der 1. Auflage so intensiv genutzt wurden, daß der Patron die Übernachtung nur noch duldet, wenn man auch in seinem Wirtshaus einkehrt. Vor diesem windet sich zwischen geräumigen Wiesen und am Fuße hoher, senkrechter Felswände, in welche die Auberge fast schon hineingebaut ist, ein kleiner Bach. Die vordere Fläche diesseits des Baches bietet sich als Schlafplätzchen an. Die Wirtsleute betrachteten schon vor Jahren zunächst argwöhnisch unser WOMO, sie überschlugen sich aber fast vor Freundlichkeit, als wir uns zum Abendessen angemeldet haben. Es ist dieses ein Platz, den man nicht übervölkern darf; fünf Wohnmobile sind schon zwei zuviel. Verderben Sie mir bitte diese Wiese nicht vollends! Ich möchte weiterhin bedenkenlos frischen Landwein in Tonkrügen ordern; soviel, um später im Bett dem gurgelnden Bach nicht mehr lange lauschen zu können.

Übernachtung (siehe Pfeil) bei der *Auberge des Séguins*

Wer nicht in der *Auberge des Séguins* essen möchte, braucht trotzdem nicht auf die stimmungsvolle Nacht unterhalb der steilen Felsen und auf einen morgendlichen Wecker in Form kreischender Dohlen zu verzichten: Zwischen der Ferienkolonie und der Auberge sind nämlich seitlich des Sträßchens einige Parkplätze - eher einsam - angelegt. Erschrekken Sie nicht, wenn diese tagsüber voll von Autos stehen. Die gehören nämlich Kletterern, die an vielen Stellen im Fels hängen. Die Wände bei Buoux gehören zu den beliebtesten Zielen der Free-Climber in der Provence.

Ins Tal von Séguins fährt man aber auch, um das **Fort de Buoux** zu besichtigen. Wir bauen den 15-minütigen Anstieg zur Felsterrasse der ehemaligen Festung in eine Wanderung ein. Ich kann nur jedem Nichtwanderer zu etwas Sportlichkeit und zum Ausflug aus das Fort raten. Denn abgesehen von der beeindruckenden Sicht, die man von hier oben hinunter ins Tal hat, erklettert man immerhin das bedeutendste mittelalterliche Festungswerk der Provence. Und nicht nur das, denn schon die Kelten haben hier ihre Götter verehrt. Dort, wo es auf der obersten Spitze nicht mehr weitergeht, sieht man eine runde Vertiefung, die von der Wissenschaft als Opferstätte gedeutet wird. Die daneben in den Stein gemeißelte Rinne diente angeblich zum Abfluß des Tierblutes. Unterhalb der eigentlichen Burg fand man eine Vielzahl frühgeschichtlicher Felsengräber, was die These unterstreicht, daß es sich bei der merkwürdigen Steinkuhle um eine Opferstelle handeln

Vorratssilos im Fort de Buoux

muß. Blutig muß es auch in späteren Zeiten zugegangen sein, spätestens als Richelieu im Auftrage Ludwigs XIV. im Jahre 1660 die Festung zerstörte. Zuvor hatten sich Protestanten und Waldenser hierher geflüchtet (Näheres zu den Waldensern siehe unten bei Ménerbes und Oppède-le-V.).Interessant sind auch die ehemaligen runden, in den Fels gehauenen Vorratssilos. Und ein tolles Echo kann man hier oben auch noch hören. Man muß aber, vor allem, wenn man mit Kindern unterwegs ist, etwas vorsichtig sein. In Frankreich ist nämlich nicht an jeder gefährlichen Stelle ein Geländer montiert, und tiefe, ungesicherte Abgründe gibt es hier oben zuhauf.

Vom Eingang des Forts, unterhalb des Eintrittskartenhäuschens, setzen wir unsere Wanderung fort. Wie schon vom Tal her ist die Markierung bis zum Kamm des Grand Lubéron blau-weiß. Lange steigen wir durch einen Wald stetig bergauf, erst kurz vor Erreichen des Gipfels weicht die Bewaldung einer Wiesenlandschaft. Dort treffen wir dann auch auf die rot-weiße Markierung des GR 9, die uns hinter dem zweiten Gipfel nach links weist. Diese zweite Kuppe ist immerhin 902 m hoch, und Ende März ist es uns, obgleich nicht einmal der Mistral bläst, so kalt, daß wir beim Wandern die Hände in den Anoraktaschen wärmen. Beim Abstieg ist nun im Unterholz die Orientierung etwas schwierig, letztendlich können wir uns aber kaum verirren, ehe wir oberhalb des Tals des Aiguebrun (so heißt der Bach an der Auberge des Séguins*) an einigen Felsenhöhlen und merkwürdigen Steinhaufen vorbei kommen. In solchen Höhlen wurden bis zu 50.000 Jahre alte Knochen und Werkzeuge gefunden. Am Ende der Wanderung sehen wir wieder tief unten am Bach unser WOMO stehen. Die Wanderstrecke mißt etwa 10 km, sie dauert wegen der langen Besichtigung des Forts und wegen des Anstiegs aber etwas länger als man denkt.*

Wer früh genug aufgebrochen ist, kann die Strecke trotzdem ausweiten: Gehen Sie auf dem Kamm nicht mit der rot-weißen Markierung auf den zweiten Gipfel zu, sondern folgen Sie rechts von diesem dem Fahrweg. Etwa 1,5 km hinter der Abzweigung des rot-weißen GR 9 führt nach links ein markierter Wanderweg hinunter nach Sivergues. Dort muß man am südlichen Ortsrand einem Sträßchen nach links in westlicher Richtung folgen, von wo ein markierter Weg zur Auberge des Séguins *zurückführt (Karte: Éditions Didier & Richard, Nr. 14).*

In **Sivergues**, das nur aus wenigen Häusern, darunter einer ganz schlichten Herberge, besteht, dürfen Sie auch sehr ruhig **übernachten**. Sie können am Ortseingang den lauschigen Parkplatz unter Bäumen, wo sogar Picknickbänke aufgestellt sind, nicht verfehlen. Wasser finden Sie beim Lokal.

Bei der Weiterfahrt von Buoux nach Bonnieux sieht man kurz vor Erreichen der D 943 linkerhand hinter den Bäumen einen einsamen, romanischen Glockenturm emporragen. Er stammt aus dem 12. Jahrhundert und ist das Überbleibsel des **Klosters St. Symphorien** (nicht zu besichtigen). Wenn der Campanile Ihnen bekannt vorkommt, haben Sie den Kirchturm von Notre Dame d'Aubune bei Beaumes-de-Venise (Tour 2) noch in guter Erinnerung, er sieht dem hiesigen nämlich zum Verwechseln ähnlich.

Später biegen wir auf die D 36 nach Bonnieux ab. Geradeaus nach Lourmarin werden wir bei der 7. Tour fahren. In **Bonnieux** stellen wir unser WOMO gleich am südöstlichen (!) Ortseingang rechts der Straße (nach Lourmarin) auf einem ausgedehnten Parkplatz ab. Hier kann man ortsnah und trotzdem in schöner Umgebung „frei" **übernachten**. Insofern ist in dieser Gegend die Auswahl ohnehin fast unermeßlich, denn wir werden Ihnen in fast jedem der folgenden Lubéron-Dörfer ein schönes Plätzchen anbieten, wobei die Stellplatzmöglichkeit von Bonnieux die beliebteste ist und für ängstliche Wohnmobilisten den Vorteil hat, daß Häuser in der Nähe sind.

So schön dieser Stellplatz auch ist, der nahe **Campingplatz** ('*Municipal du Vallon*'; *15.3 bis 15.10.*) stellt ihn problemlos in den Schatten. Hier kann man sich nämlich richtig erholen. Ruhiger geht es kaum, und einen schönen Blick auf Bonnieux hat man obendrein. Nur der Pool fehlt, was aber im Hochsommer nicht unbedingt die Platzgarantie ist. Der Hauptvorteil, man ist in 5 Minuten zu Fuß im Ort - und muß sich dann entscheiden, falls gerade Essenszeit ist. Soll es das **Restaurant** mit dem Traumblick sein? Das heißt *César*, und der Fernblick ist wirklich Weltklasse. Aber das ist er von der Brüstung daneben auch (Seite 100), wo er nichts kostet, nicht von nur mittelmäßigem Essen und erst recht nicht von einem miefig-spießigen Ambiente samt ungepflegtem Kellner verdorben wird. Also dann doch lieber zum Traumessen ohne Blick (im Sommer aber auf einer Terrasse). Die Preise sind auch kaum höher und für die gebotene hohe Qualität sehr anständig. Dabei hält man die ***Hostellerie du Prieuré*** (*Tel. 04 90 75 80 70; Di, Mi und Do mittags zu*) von außen eher für einen Nobelschuppen. Das ist sie aber nicht! Haben Sie keine Schwellenängste, die Leute bewirten Sie so ungezwungen

Bonnieux

und freundlich, daß Sie sicher unserer Meinung sein werden: Eines der besten Restaurants dieses Buches!

Bonnieux ist nicht nur das größte der Dörfer am Lubéron-Nordhang (1.385 Einwohner), von hier aus hat man auch den bereits erwähnten schönsten Blick ins Tal und auf die gegenüberliegenden Hänge, wo man sogar die roten Ockerfelsen von Roussillon ausmachen kann. Außerdem gibt es an der Durchgangsstraße ein **Bäckereimuseum** (*Musée de la Boulangerie*). Mit Hilfe der Wanderkarte kann man von Bonnieux hoch zum **Zedernwald** wandern. Den Weg mit dem Auto beschreibe ich Ihnen am Ende der Tour.

Genauso aufregend wie Bonnieux ist **Lacoste**, das mit der krokodilmäßigen Freizeitkleidung nichts zu tun hat, in das aber die Leute mit dem Reptil auf den Klamotten ganz gut passen. Einheimische, die hier dauerhaft leben, sind nämlich so gut wie ausgestorben. Dafür tummelt sich jede Menge Künstler und Zweithausbesitzer, welche die verfallenen Gemäuer aber ganz ordentlich wieder hergerichtet haben. Es gibt außerdem ein nettes Straßencafé (Mister Mayle was here), wo wir am Hang im Freien sitzen und einen sehr schönem Blick auf das gegenüberliegende Bonnieux genießen. Zudem war (oder wird es wieder) Lacoste das Lubéron-Dorf, das den **Übernachtungsplatz** mit dem schönsten Blick vorweisen konnte. Ich würde sogar sagen, von der Lage her war er einer der schönsten Schlafplätze in der Provence. Gemeint ist der etwas einsame Parkplatz der Burgruine. Fahren Sie in Lacoste (auf der D 109, nicht auf der D 106 und nicht auf der D 103!) bergauf, Richtung Ménerbes, und an der Kreuzung hinter der Haarnadelkurve nach rechts ab zum Château (kleiner Wegweiser). Das Schloß, genauer, sein Bewohner, hat auch schon Geschichte geschrieben: Hier lebte nämlich ab dem Jahre 1771 der Marquis de Sade. Der war zwar damals gerade 31 Jahre alt, also im besten Mannesalter, daß er aber in dieser Zeit das gelebt hat, was er später in realistisch, exakter Darstellung von Perversionen zu Papier gebracht hat, scheint nicht bewiesen. Schon gar nicht, daß er, wie gelegentlich zu lesen ist, die Jungfrauen des Dorfes zu Orgien ins Schloß abgeschleppt hat. Tatsache ist jedoch, daß er 27 Jahre seines Lebens in Gefängnissen oder Irrenhäusern verbringen mußte, wo er auch die meister seinen obszönen Romane geschrieben hat. Einmal wurde er sogar zum

Stellplatz an der Burg von Lacoste

Tode verurteilt, später jedoch begnadigt. Es darf allerdings bezweifelt werden, daß dafür allein sein exzentrisches, sittenloses Leben verantwortlich war; denn der „göttliche Marquis“

fiel auch durch aufklärerisches und demokratisches Gedankengut auf, was in diesen Zeiten allein schon zu Kerker und mehr gereicht hat.

Sein Schloß oder das, was noch davon übrig ist, kann man leider nicht besichtigen. Der neue Schloßherr, angeblich ein Lehrer, ist seit Jahren dabei, die Ruine zu restaurieren. Ein Ende dieses Unterfangens ist noch nicht einmal zu erahnen. Der Schulmeister ist aber wohl ein unfreundlicher Zeitgenosse, der außer dem Steine klopfen einer weiteren Leidenschaft frönt: Er vertreibt Wohnmobile von seiner riesigen Wiese. Die Stelle ist aber so schön, daß Sie nachsehen sollten, ob der Pauker, dem wir mit unserer 1. Auflage ein anstrengendes Leben beschert haben, in sich gegangen ist. Bislang war er für ein ordentliches Verbotsschild noch zu geizig. Und neuerdings höre ich wieder von erfolgreichen Übernachtungen.

Bei weitem nicht so schön, aber auf jeden Fall geduldet **übernachten** Sie in **Ménerbes**. Dort ist der Rundblick längst nicht so gut - wohl aber von verschiedenen Stellen des Ortes selbst, der Parkplatz ist aber ortsnah und doch schön gelegen; ein freundliches Restaurant liegt nahe dabei, Wasser und Toiletten findet man schräg gegenüber. Und das Wichtigste: Ménerbes ist ein Dorf, in dem die Einheimischen noch nicht deutlich in Unterzahl geraten sind, wo es noch Metzger und Bäcker gibt und nicht nur Kunstgewerbeläden. Dabei streckt sich Ménerbes ausgesprochen malerisch auf einem Hügel und darf sich sogar zu den 'schönsten Dörfern Frankreichs' zählen - und ist es auch tatsächlich (was nicht selbstverständlich ist). Ménerbes ist auch geschichtsträchtig. Außerdem wohnt(e) hier Herr Mayle, bis es ihn angekotzt hat, daß ständig Amis oder weißhäutige, englische Landsleute in seinem Pool stierten. Ob er, wenn er nicht gerade in seinem neuen (Zweit- ?) Domizil, in New York, die Kontoauszüge betrachtet, Ménerbes nur in guter Erinnerung hat, muß also bezweifelt werden. Mir geht es insoweit besser. Ich schlafe dort immer noch, ohne auch nur eine einzige Widmung in diesen brillanten Wohnmobilführer schreiben zu müssen!

Ich konnte nicht klären, ob das **Korkenzieher-Museum** (*Musée du Tire-Bouchon*), 2 km westlich von Ménerbes, auf Herrn Mayle zurückzuführen ist, weil dieser, so jedenfalls sein vielbeschriebenes Eingeständnis, besonders häufig und geübt mit diesem Werkzeug hantiert hat.

Eindeutig ist aber, daß der **Übernachtungsplatz** geräumig ist, zudem eben, nicht einsam, aber doch frei gelegen und mit Blick ins Tal. Man kommt automatisch an ihm vorbei, wenn man von Osten oben in Ménerbes eintrifft. Es handelt sich um den großen Platz, rechts unterhalb der Straße, am Beginn des Dorfes und im Schatten großer Bäume. Sie können ihn nicht verfehlen.

Es bietet sich dann an, im **Restaurant *Clémentine,*** direkt oberhalb des Parkplatzes, zu speisen, was bei warmem Wetter ein ganz besonderes Erlebnis ist. Dann tafelt man nämlich im Garten davor oder auf einer überdachten Veranda über dem Tal. Dabei hätte ich fast gar nicht gemerkt, wie toll die Fischsuppe schmeckt, und wie freundlich die Wirtsleute dieses schlichten Lokals sind, das sich auch preislich bescheiden gibt, aber gelegentlich den Gaumen auch mal enttäuscht, zumal es während des Sommers im Freien auch ordinäre Snacks und Pizza gibt.

Ménerbes

Einigermaßen erfreulich ist auch die Geschichte der auf steilen Fels gebauten Burg: Hugenotten konnten sich hier fünf Jahre lang vor den katholischen, königlichen Truppen verschanzen, bevor sie sich im Jahr 1579 ergeben mußten. Sie wurden danach aber nicht, wie andernorts, niedergemetzelt, man gewährte ihnen statt dessen freien Abzug, was zu dieser Zeit, 19 Jahre vor dem Edikt von Nantes, mit dem in Frankreich wenigstens für eine Zeit lang Religionsfreiheit herrschte, eine

Ausnahme war. Weniger gut erging es den Waldensern, einer Sekte, die von Petrus Waldus, einem Lyoner Kaufmann, im 12. Jahrhundert gegründet worden war. Seine Anhänger lebten nach dem Vorbild Jesu in Armut und wurden wegen ihrer Praxis der Laienpredigt schon im 12. Jahrhundert exkommuniziert. Der damalige Papst sah in ihnen eine Bedrohung für den wahren Glauben und überzeugte sogar Kaiser Friedrich I., Barbarossa, zu einem Kreuzzug gegen die Waldenser und andere Sektierer. Die Anhänger von Waldus mußten flüchten, und einige von ihnen verschlug es auch in den Lubéron, wo sie ihre Lehre weiterverbreiten konnten. Dies wurde dem Papst im Laufe der Jahrhunderte zu gefährlich, zumal er befürchten mußte, daß die Ketzerei auf seine provenzalischen Besitztümer übergreifen würde; das damals noch der Kirche gehörende Avignon war nicht fern. Außerdem mußte sich Franz I., König von Frankreich, profilieren. Er hatte gute Kontakte zu deutschen, protestantischen Fürsten, ihm drohte daher ebenfalls Ungnade beim Papst. Also bewies er glaubensstrengen Katholizismus und sorgte für eine Ausrottung der Waldenser. Einer seiner Feldherren, ein gewisser Jean Meynier d'Oppède, war nicht zimperlich und rottete im Jahre 1545 rund 3.000 Familien auf grausamste Weise aus. Frauen und Kinder wurden in Scheunen verbrannt, hunderte von Männern kamen auf die Galeeren. Und einige Dörfer wurden so zerstört, daß sie von der Landkarte verschwunden sind. Auch in der Burg von Ménerbes hatten Waldenser Zuflucht gesucht.

Der blutrünstige Baron wohnte ganz in der Nachbarschaft, im Schloß des heutigen **Oppède-le-Vieux**. Von seinem Stammsitz sind heute nur noch relativ schlecht erhaltene Ruinen übrig, und auch das ganze Dorf war bis vor kurzem ein einziges Trümmerfeld. Dann aber kamen auch hierher diejenigen, welche man in der ganzen Provence unter dem Oberbegriff „Künstler" zusammenfaßt; also Leute, die Hand anlegen und so manch verträumtes Häuschen wieder aufbauen - und inzwischen zu Wahnsinnspreisen verhökern.

Inzwischen kamen auch die WOMOs, die hier auf dem Parkplatz des Dorfes ihr **Nachtlager** aufschlagen, sofern das Auto nicht viel länger als 7 Meter ist. Nur dann schafft es nämlich die enge Parkplatzeinfahrt. Ein feines Plätzchen in rauher, eindrucksvoller Landschaft! Mit Glück steht man sogar an einer der wenigen Stellen, wo die Heckenbegrenzung gelichtet ist (z.B. ganz hinten) und man weit hinunter in die Ebene schauen kann. Toiletten mit Wasser gibt es auch, so daß man die 10 Francs Parkgebühr verschmerzen kann. Das einfache Esslokal am Platz haben wir noch nicht getestet, wohl aber das schattige Café daneben.

Eine eigentümliche Mischung von Verlassenheit, Freundlichkeit und Aufbruchstimmung liegt heute über dem Dorf, in dem noch aus manchem Fenster Dornen und Efeu wachsen, wo manch anderes Häuschen aber perfekt restauriert ist. In Oppède konnten sich im 2. Weltkrieg auch Franzosen und Flüchtlinge vor den deutschen Besatzern verkriechen, worüber es sogar ein Buch gibt. Spazieren Sie hoch zur teilrestaurierten Kirche (durch das Tor am Platz 10 Minuten), die am Wochenende geöffnet ist und wo Sie unter der Kanzel noch eine echte römische Säule betrachten können. In Oppède-le-Vieux mischt sich aber auch die Vergänglichkeit mit dem Zeitgeist. Es wird nicht mehr lange dauern, dann ist alles edel restauriert - und längst nicht mehr so stimmungsvoll.

Wir haben gerade in Ménerbes genächtigt und können daher über die angenehme Nachtruhe in Oppède nur mutmaßen. Aber dafür machen wir hier eine besonders aussichtsreiche, rund 12 km lange **Wanderung** *hinauf zur über 700 m hohen Kammstraße des Petit Lubéron. Im Sommer würde ich davon eher abraten, denn der Hang von Oppède bis zum Kamm ist steil und nur stellenweise bewaldet. Das macht aber gerade im Frühjahr den Reiz aus. Bei den Verschnaufpausen stehen wir meistens über einem wahnsinnigen Panorama: So ziemlich alles zwischen hier und dem Mont Ventoux liegt uns zu Füßen.*

Wir keuchen seit Oppède auf dem rot-weiß markierten Pfad bergauf und können uns überzeugen, daß hier allerhand getan wird, um dem etwas spärlichen Wald wieder auf die Sprünge zu helfen. Oben auf der Kammstraße gehen wir nach rechts (der vielfach beschilderte Bastidon du Pradon *ist eine frei zugängliche Schutzhütte, in der bestimmt noch die leergegessene Linsendose des letzten hier schlafenden Wandersmannes herumsteht).*

Auf der **Kammstraße** begegnen uns keine Wandergesellen, sondern nur Radfahrer, und zwar in großer Anzahl. Die hier recht gut ausgebaute Straße ist vernünftigerweise für den Autoverkehr gesperrt, weshalb ein Radler nach dem anderen, zumeist mit rotem Kopf und schwitzend, an uns vorbei surrt. Auf der Michelin-Karte ist das Sträßchen als schwarzer Strich eingezeichnet, Sie sehen dort, wie man hinkommt. Südlich von Bonnieux kann man von der D 36 abbiegen und bis zu einer Schranke beim **Zedernwald** (*Massif des Cédres*) mit dem Auto fahren. Dort gibt es nicht nur eine tolle Sicht, sondern auch einen Lehrpfad durch einen beeindruckenden Wald von Zedern. Ein gewisser Monsieur Renou hat diesen vor langer Zeit einen Zedernwald angepflanzt, der sich so gut vermehrt hat, daß man nun vom Lubéron aus an der Geburtsstätte der Zedern, im Libanon, Aufforstungshilfe leisten konnte.

Interessant ist auch die Zisterne, an der wir bei der Wanderung vorbeistiefeln. Wer in Südfrankreich wandert, sieht überall solche Regenwasseraufangbehälter, zu denen kleine Wassergräben und Rinnsteine so geführt sind, daß sie die Niederschläge in die großen Behältnisse leiten. Im Sommer herrscht in ganz Südfrankreich Waldbrandgefahr und ohne das Wasser der Zisternen wäre der Kampf gegen das Feuer noch aussichtsloser. Kurz hinter dieser Zisterne verlassen wir bei einem gelben Markierungszeichen den Kammweg nach rechts und durchqueren einige Wiesen, die jetzt, Ende März, von kleinen gelben Narzissen übersät sind. Etwas beschwerlich ist der steinige Abstieg, der ordentliche Wanderschuhe verlangt. Auf halber Höhe hat man wieder das typische Lubéron-Erlebnis: einen Superblick auf Oppède und Ménerbes. Aber dafür sind wir schon ziemlich wacklig in den Knien, als wir uns auf dem kleinen Platz von Oppède bei einem Kaffee erholen (Karte: Éditions Didier & Richard, Nr. 14).

Wanderung bei Oppède-leVieux

Noch lange bleiben wir in dem netten Café von Oppède-le-Vieux sitzen. Wir reden über die Geschichte des Dorfes, wir dösen in der warmen Frühlingssonne, und irgendwie hält uns die Ahnung hier fest, daß es nur wenige Landstriche in Südfrankreich gibt, die das angenehme Flair des Lubéron-Nordhangs besitzen.

Tour 7: Zwischen Lubéron und Durance

Lourmarin - Cucuron - Schlucht von Régalon
Étang de la Bonde - Kloster Silvacane - Ansouis

Übernachten:	in Lourmarin an der Auffahrt zum Schloß oder auf dem Parkplatz an der nördlichen Ortseinfahrt; Campingplatz bei Lourmarin
Besichtigen:	Dorf und Schloß von Lourmarin; das Dorf Cucuron; Schlucht von Régalon; Abtei Silvacane; Schloß von Ansouis
Essen:	Restaurant *Ollier* in Lourmarin; *Hôtel l'Étang* in Cucuron
Wandern:	von Mérindol zur Schlucht von Régalon
Karte:	Seite 92

In unserem Tourenablauf legen wir nun den Rückwärtsgang ein. In die Ebene werden wir erst bei den folgenden Touren fahren. Allerdings nicht ins nahe **Cavaillon** (21.500 Einwohner), das ziemlich uninteressant ist. Trotz seiner wirtschaftlichen Bedeutung, denn hier findet der größte Obst- und Gemüsemarkt Frankreichs statt, vor allem die hiesigen Melonen sind sehr berühmt. Mich beeindruckt das wenig, denn Gemüse und Obst werden in der Provence im großen Stil vor allem dann vermarktet, wenn dies noch rentabel ist. Also vor der Saison, wenn Monsieur Dupont in Paris Erdbeeren und Tomaten möchte, obwohl noch gar keine Erdbeeren- und Tomatenzeit ist. Monsieur wird etwas fade Früchte auf dem Teller haben, er wird auch einiges dafür bezahlen müssen. Es wird ihn jedoch weiter nach Erdbeeren gelüsten, solange sie nicht in seinem Garten wachsen. Die Folgen: ausgedehnte Treibhaus- und Folientunnelanlagen in ganz Südfrankreich, eine ungeheure Energieverschwendung durch das Beheizen solcher Gewächsanlagen, eine vollkommene Abhängigkeit der Bauern vom Erfolg der Unzeitproduktion - und der große Umschlagplatz in Cavaillon. Aber insoweit lebt der provenzalische Bauer in guter Gesellschaft mit seinen Kollegen aus Spanien, Italien und der Rheinebene. Nur finde ich das Phänomen eher traurig, und so fahren wir von Oppède zunächst einmal wieder zurück nach Osten, nach Bonnieux.

Und von dort durch das einzige, den Lubéron teilende Tal, nach **Lourmarin**, dem bekanntesten, überlaufendsten und - jedenfalls in der Hochsaison - unangenehmsten Lubéron-

Dorf. Im Winter zählt die Einwohnerschaft ganze 800 Köpfe, Anfang August, wenn der Auftrieb am größten ist, sind es an die 4.000. Das ist noch nicht einmal ein besonders großer Zuwachs, die Dörfer am Meer sind da ganz anderes gewohnt. Aber hier reicht es auch schon, um das einstmals sicher sehr reizvolle Dorf südlich des Lubéron fast zu ruinieren. Glauben Sie nichts, wenn man Ihnen von malerischen Gassen, in der Sonne dösenden Hunden, gemütlichen Tavernen und folkloristischem Schmuck vorschwärmt.

Kneipen gibt es zwar genug, aber die wenigen einladenden sind hoffnungslos überfüllt, die Mehrzahl ist auf schnelle Abfütterung aus und der Rest unverschämt überteuert. Die livrierten Ober warten hier auf die wohlhabende Klientel der Ferienvillen, die man wahrscheinlich nur deswegen noch nicht vergraulen konnte, weil es als Kontrast zu den gelackten Kellnern nur die unausrottbaren Touristeneinheitsmenüs gibt. Einen Anflug von Ausnahme findet man im **Restaurant *Ollier***, das zwar auch zu teuer, aber überraschend freundlich ist. Die Menüs können sogar überzeugen (*Tel. 04 90 68 02 03; von Mitte Februar bis Mitte März und Dienstagabend sowie mittwochs geschlossen*).

Aber davon abgesehen ist es in Lourmarin allenfalls weit außerhalb der Saison angenehm, wenn ein Großteil der Kneipen und „Kunst"-Läden geschlossen hat. Schade, denn der Ort liegt gerade bei Nachmittagssonne wirklich très jolie vor der Kulisse des Grand-Lubéron und wurde, so gesehen, nicht ganz ohne Grund ebenfalls in die Gruppe der 'schönsten Dörfer Frankreichs' aufgenommen. Wie urig muß es hier noch gewesen sein, als der Schriftsteller Albert Camus Ende der 50-er Jahre in der später nach ihm benannten Gasse ein Haus bezog, von dem er am 4. Januar 1960 mit dem Auto nach Paris startete. Er ließ sich aus Zeitgründen den Zug ausreden und raste nach einem Reifenplatzer in Burgund an einen Baum. Auf dem Friedhof von Lourmarin kann man heute sein Grab finden.

Mir geht es so wie Ihnen vielleicht auch: Nachdem ich in der Vorsaison einmal hier war und den Ort, weil alle Kitsch- und Touri-Läden zu waren, fast schon als verschlafen empfunden habe, erliege ich an einem schwülen Nachmittag, Anfang August, der stets positiven, bunt bebilderten Reiseliteratur. Irgendwann sitze ich gegen Abend auf einer von außen noch ganz schönen Restaurant-Terrasse. Vor mir dampft ein grauenhaftes Daube, ein an sich klassischer provenzalischer Fleischeintopf, in dem normalerweise Rind- oder Lammfleisch stundenlang geschmurgelt wird, der jedoch in den meisten Fremdenverkehrsorten mit dem traditionellen Schmorbraten nur den Namen gemeinsam hat und allein der beschleunigten Neubesetzung des Essenstisches dient. Das einzig stimmungsvolle sind die unaufhörlich zuckenden Blitze am Lubéron, über dem sich ein mächtiges Gewitter zusammengebraut hat. Und spannend ist allenfalls, ob es in den Gulaschtopf regnet, bevor dieser leergelöffelt ist.

Auf solche Weise kommt Lourmarin sogar zu **Übernachtungsplatzehren**: Wir stellen uns an den Rand der alleeartigen Auffahrt des auf einer flachen Anhöhe gelegenen **Schlosses**.

Blick vom Schloß auf Lourmarin

Dort sitze ich dann auf der herausgeklappten Trittstufe der WOMO-Tür. Als das Gewitter näher kommt und die Blitze den vor mir liegenden Ort in ein kurzes Licht tauchen, könnte ich mich fast mit den Lourmarin-Lobern solidarisieren. Der Übernachtungsplatz sowie der Blick von diesem, vielleicht noch das Schloß von weitem gesehen, sind aber eindeutig die schönsten Seiten des Dorfes. Später im Bett, das Gewitter ist nun ganz nahe, rumpelt es fortwährend auf unserem Dach. Ist das der Schloßgeist? Denn das seit der französischen Revolution verlassene und von da an verfallende Renaissanceschloß wurde schon einmal für viele Jahre zum Übernachtungsplatz, als die nach Stes. Maries-de-la-Mer ziehenden Zigeuner dort ihr Nachtlager aufschlugen. Ein Haarwasserfabrikant namens Vibert ließ das Schloß jedoch im Jahre 1920 restaurieren, weshalb es die davon vertriebenen Zigeuner mit einem Fluch belegt haben. Am nächsten Morgen glänzen Schloß, Dorf und die umliegenden Olivengärten wieder im Sonnenschein, und auf unserem Dach liegen massenweise

Pinienzapfen, die der Gewitterwind von den Bäumen gerissen hat.

Das Schloß dient heute übrigens als Begegnungszentrum für Künstler sowie Stipendiaten der Akademie für Kunst und Wissenschaft in Aix als Wohnsitz. Im Rahmen einer Führung kann man einen Teil besichtigen. Wer - wie wir in diesem Urlaub - in kurzer Zeit mehrere französischsprachige Schloßführungen über sich ergehen läßt und die sprachlichen Feinheiten in der Regel doch nicht mitkriegt, wird den nicht billigen Eintrittspreis für Wichtigeres sparen (*Führungen ¾ Std. täglich um 11, 14,3o, 15,3o u. 16,3o Uhr; im Juli/August alle 30 Minuten von 9,3o - 11,3o und 15 - 18 Uhr; von November bis März dienstags geschlossen; 30 F*).

Es gibt noch eine nicht so ruhige, aber auch empfehlenswerte **Übernachtungsplatzalternative** auf dem Parkplatz zwischen nördlicher Ortseinfahrt und Sportplatz, ebenfalls schattig und direkt bei Wasser und WC.

Erst später lernen wir, wie man es richtig machen müßte: Nur 7 km östlich von Lourmarin, in **Cucuron**, ist die Welt noch fast in Ordnung. Der ruhige Ort liegt wie gemalt vor den Hängen des Lubéron, was man besonders gut vom Fuß der dortigen Burgruine betrachten kann. Natürlich haben die Ferienhausbesitzer auch dieses Dorf nicht übersehen, was aber schon eher auf die Reiseliteraten zutrifft. Der schattige Dorfplatz ist ein viereckiger eingemauerter Teich, um den sich die Häuser gruppieren. Zwischendrin ist gerade noch Platz für ein bißchen Straße und die stoffgedeckten Tische eines sympathischen Restaurants. Das ***Hôtel l'Étang*** überrascht zwar nicht mit kulinarischen Höhenflügen, geschenkt bekommt man hier auch nichts, aber die Romantik ist angesichts der großen

Cucuron

Bäume und des Teiches unübertrefflich (*Tel. 04 90 77 21 25; außerhalb der Saison mittwochs, außerdem zur Jahreswende geschlossen*).

Zum Übernachten fährt man dann die paar Kilometer nach Lourmarin zurück oder, wenn man es mal wieder braucht, auf den **Campingplatz**, knapp 1 km westlich von Lourmarin, an der Straße nach Cucuron (mit kleinem Schwimmbecken). Schöner und ruhiger, aber nicht so ortsnahe, ist der Campingplatz *Le Moulin à Vent*, 2 km südlich von Cucuron, an der D 182 (*April - Sept.*).

Bevor wir weiter nach Osten und Süden vorstoßen, unternehmen wir erst noch einen Abstecher nach Westen zur **Schlucht von Régalon**, einem bei Franzosen besonders beliebten Ausflugsziel. Die Gorges sind auf der Michelin-Karte eingezeichnet. Man kann in der Nähe parken und dann zu Fuß durch die teilweise nur 1 m schmale Klamm klettern.

Oder man ***wandert*** *hierher. Als Ausgangspunkt bietet sich Mérindol an, wo man oberhalb des heutigen Dorfes noch die traurigen Ruinen des alten Ortes besichtigen kann. Dieser wurde, wie man auf einer Tafel im Dorf nachlesen kann, bei den Waldenser Kreuzzügen zerstört (näheres siehe bei der 6. Tour),.*

Als Wanderstrecke nimmt man für den Hinweg zur Schlucht am besten den gut markierten GR 6, der später auf den GR 97 mündet. Man steigt dann durch die - nicht markierte - Schlucht ab. An deren Ende gehen Sie ein paar hundert Meter durch ein Gelände aus Wiesen und Büschen, das im Süden an einem Wäldchen endet. Dort hinein führt ein Fußweg, den man aber recht bald an einem kleinen Wegweiser auf einem Pfad nach links ins Gehölz wieder verläßt. Sie laufen nun an den Mauern einer verfallenen Ruine vorbei und stoßen danach auf einen Fahrweg und die Häuser des Weilers Champeau. Mit Hilfe der Wanderkarte (Éditions Didier & Richard, Nr. 14) gelangen Sie nun auf geteerten Straßen zurück nach Mérindol, man kann sich dann kaum noch verlaufen. Der Weg ist ab der Schlucht nicht mehr markiert, aber mit der Karte gut zu finden. Die Strecke ist etwa 14 km lang und großenteils ohne Schatten.

Auf dem Rückweg nach Osten muß ich aber erst einmal blasen: Eine Polizeikontrolle stoppt nämlich kurz vor Cadenet jedes Auto und reicht Alkoholteströhrchen durch das Fenster - am hellichten Mittag! In Frankreich sind nämlich, wie früher auch bei uns, stichprobenartige Alkoholkontrollen unzulässig, solange man nicht in einen Unfall verwickelt ist, so daß es auch nicht ungewöhnlich ist, beispielsweise auf der Autobahn, hinter der Zahlstelle, einer ganzen Reihe alkoholtestender Gendarmen zu begegnen. Obgleich ich seit rund 15 Stunden keinen Tropfen zu mir genommen habe, werde ich doch ein wenig nervös.

Das legt sich aber schnell, zumal die alte **Zisterzienserabtei** von **Silvacane** mit ihren klaren Formen zur Beruhigung beiträgt. Sie gehört neben Sénanque (Tour 4) und Le Thoronet (Tour 12) zu den drei bedeutenden Zisterzienserklöstern in der Provence, wobei die Lage von Silvacane in der Nähe einer alten Hauptdurchgangsstraße eher ungewöhnlich ist, hier aber darauf zurückzuführen ist, daß bereits vor der Besiedlung durch die Zisterzienser eine Bruderschaft existierte (näheres zu den Zisterziensern und ihrem Baustil siehe bei der 4. Tour). In Silvacane sind die zisterziensischen Prinzipien gut, aber nicht ganz so deutlich wie in Sénanque oder Le Thoronet zu erkennen, was allerdings nicht daran liegt, daß Teile der Klosteranlage nach der französischen Revolution als Bauernhof genutzt wurden. Auch fehlt der Abtei völlig jener Reiz, der bei den anderen Klöstern aus der Verschmelzung von Baustil und Landschaft entsteht (*1. April bis 30. Sept. täglich von 9 - 19 Uhr; sonst 9 - 12 und 14 - 17 Uhr; außerhalb der Saison dienstags geschlossen; 27 F*). Parken Sie gleich oben an der Zufahrtsstraße, weiter unten können Sie kaum noch wenden.

In der Nähe kommt man an dem Bassin de St. Christophe vorbei, einem kleinen See, an dem Sie aber einen Stellplatz nicht zu suchen brauchen. Es gilt nämlich Badeverbot, und das Gewässer ist eingezäunt. Es ist nämlich Bestandteil des *Canal de Marseille*, eines in der Südprovence weit verzweigten Bewässerungssystems, mit dem unter anderem Marseille mit Trinkwasser versorgt wird.

Es bleibt auch nicht aus, daß man weiter nach Osten fährt, um sich den **Étang de la Bonde** in der Hoffnung auf ein angenehmes Badeplätzchen zu betrachten. Von Cucuron sind es nur 7 km. Überzeugen Sie sich selbst: Die hier vorwiegend aus leicht hügeligen Weinfeldern und Obstplantagen bestehende Landschaft am Fuße des Grand-Lubéron ist noch das Schönste, den darin eingebetteten See kann man mehr oder weniger vergessen. An seinem wie ein Strich verlaufenden westlichen Ufer gibt es jede Menge Tretboote und sogar so etwas wie einen Sandstrand, zu dem man aber nicht hinfahren kann; es sei denn, man ist Dauermieter auf dem dahinter liegenden Campingplatz oder man hat dort einen der wenigen für den kurzen Aufenthalt freigehaltenen Plätze ergattert. An den restlichen Uferteilen ist der See ziemlich verschilft, und die wenigen Parkmöglichkeiten sind dreckig, nahe an der Straße und wenig einladend. Ich wundere mich, daß der See überall als Badesee empfohlen wird, zumal der Einstieg ins Wasser auf dem schlüpfrigen Untergrund ziemlich unangenehm ist.

Interessanter sind das kleine Dorf **Ansouis** und vor allem das dortige Schloß, eines der schönsten in der Provence. Auch hier ist nach meinem Geschmack wieder die Lage in der Landschaft das Entscheidende, wenngleich das Gebäude selbst und auch das Innere durchaus sehenswert sind. Dort wohnt leibhaftig noch eine Herzogin der Adelsfamilie Sabran, die hier seit Jahrhunderten - abgesehen von einer Zeit zwischen der französischen Revolution und dem 19. Jahrhundert - ansässig ist. Zwei Mitglieder haben auch schon Geschichte gemacht: Elzéar und seine Frau Delphine. Beide wurden im Jahr 1299 verheiratet - in diesen Kreisen wohl eher vermählt, der Graf war 14, seine Frau 16. Delphine fühlte sich einem zuvor abgegebenen Keuschheitsgelübde verpflichtet, woraufhin beide bis zu ihrem Lebensende jungfräulich bzw. -männlich blieben. So ist es jedenfalls überliefert. Der Graf wurde heilig gesprochen, die Gräfin, als Frau kein Wunder, nur selig. Beide haben aber auch einen Großteil ihrer Habe den Armen geschenkt. Das Schloß jedoch blieb weiterhin im Besitz der Familie, man kann es im Rahmen einer dreiviertelstündigen Führung besichtigen (*tägl. außer dienstags 14 - 18 Uhr; 30 F*).

Manch einen interessiert im Schloß vielleicht noch das *Musée Extraordinaire*, wo ein Taucher Unterwasserfunde und Fossilien aus dem Lubéron zur Schau stellt (*von 14 bis 18 oder 19 Uhr; dienstags geschlossen*).

Tour 8: Traumstadt vor Bergklotz

Aix - Montagne-Ste.-Victoire - Vauvenargues - Rians

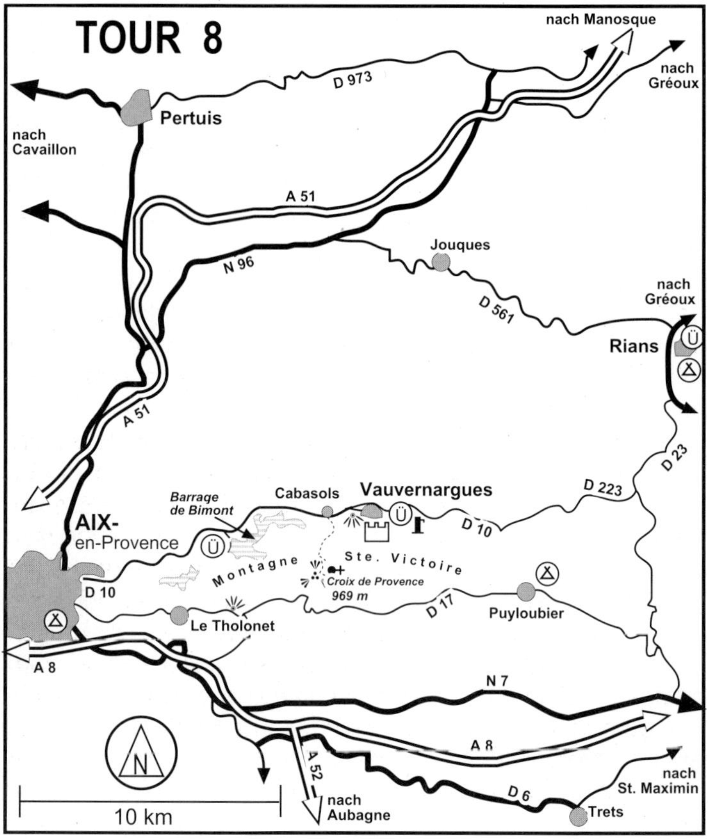

Übernachten:	Campingplatz in Aix; „frei" an der Staumauer der Barrage du Bimont; auf dem Parkplatz von Vauvenargues; „frei" in Rians oder auf dem dortigen Campingplatz
Besichtigen:	in Aix: Altstadt, Cours Mirabeau, Rathaus, Kathedrale, Atelier Cézanne, Musée Granet, Ziegelei in Les Milles; Vauvenargues
Wandern:	von Vauvenargues zum *Croix de Provence* an der Montagne-Ste.-Victoire
Essen:	im Restaurant *Hôtel-Esplanade* in Rians

Unsere Erwartungen sind groß, nähern wir uns nämlich der heimlichen Hauptstadt der Provence. 80% aller Franzosen würden gerne hier leben, 125.000 tun es tatsächlich, darunter 25.000 Studenten. Viele Franzosen haben sich in den letzten Jahren ihren Wohnortwunsch erfüllt: 1960 war **Aix-en-Provence** eine Mittelstadt mit 60.000 Einwohnern, und 1946 lebten hier gerade mal 45.000 Menschen. Der alte Stadtkern ist dementsprechend klein, man wohnt in Vororten und fährt ins Zentrum. Sie ahnen es! Sobald Sie im *Centre* sind und spätestens beim Anblick der wasserspeienden Fontaine de la Rotonde, dem Brunnen auf der Place G. de Gaulle, westlich der berühmten Platanenallee Cours Mirabeau, muß man den erstbesten Parkplatz nehmen (z.B. am Busbahnhof unmittelbar westlich der Place de Gaulle).

Hier werden wir gegen Mittag, so gesehen eine günstige Zeit, überraschend schnell fündig. Nachdem wir den Parkscheinautomaten mit mehreren 10-Francs-Stücken gefüttert haben (wegen der Parkplatznot wird in Aix streng kontrolliert - die Strafen sind saftig), sitzen wir bald dort, wo alle sitzen: Unter den vierreihigen Platanen des Cours Mirabeau, der berühmtesten provenzalischen Einkaufs- und Flanierstraße. In den zahlreichen Cafés und Imbißlokalen verdrücken um diese Uhrzeit hauptsächlich Einheimische in Jackett und Krawatte ein schnelles Mittagessen und sehen in punkto Outfit und Gesichtsausdruck trotz ihrer schönen Stadt auch nicht glücklicher aus als unser einer zur selben Zeit zu Hause. Natürlich verstecken sich auch Touristen hinter Eisbechern und der *FAZ*, und die vielbeschworenen Studenten rühren in kleinen Kaffeetäßchen. Gemischt ist auch das Publikum, das an uns vorbeizieht. Selten hastend, zumeist gemächlich, und die Mehrzahl ist auffallend jung. Hier macht es wirklich Spaß, den Passanten zuzuschauen. Man wird zwar noch kein Aixianer, nur weil man mal im ***Café Deux Garçons*** nach dem Kellner geschnippt hat. Aber ein Hauch des Flairs der Stadt weht doch herüber, etwas vom angenehmen Leben der besseren Leute in Südfrankreich. Aber auch ein Lüftchen von ihrer Geschäftigkeit.

Es muß nicht unbedingt das historische *Café Deux Garçons* sein, in dem schon Paul Cézanne mit Emile Zola über die schönen Künste diskutiert hat. Im *„Café 2 G“*, wie es bei den Einheimischen heißt, sollte man ohnehin im Inneren sitzen und bei der sehenswerten Einrichtung aus dem 19. Jahrhundert Kaffeehaus-Atmosphäre schnuppern. Von außen hingegen unterscheidet sich das Café wenig von seinen ordinären Nachbarn, unter denen das *Grillon* bei jungen Leuten sowieso mehr im Trend liegt.

Aber nach Aix-en-Provence fährt man nicht nur zum Kaffee trinken, wenngleich ich gestehen muß, daß mir diese Tätigkeit in Aix die liebste ist. Die zweitschönste Beschäftigung ist ein Bummel durch die **Altstadtgassen**. Der beginnt am **Cours Mirabeau**, den eine Fast-Food-Kette inzwischen auch schon fest im Griff hat. Dabei war die Allee im Jahre 1649 gar nicht als Straße gedacht, sie war sogar für Maultier- und Handkarren gesperrt. Diente sie nämlich den besseren Gesellschaftskreisen zum Lustwandeln oder zum Korso in der Karosse. Die Kutschen konnten an der Rotonde wenden, und zur Stimmungsverbesserung plätscherten die mitten und seitlich des Cours Mirabeaux zum Teil heute noch vorhandenen Brunnen. Aus einem von ihnen fließt immer noch Thermalwasser, dem die Stadt ihre Gründung in vorrömischer Zeit zu verdanken hat. Ihr Name deutet auf dieses Heilwasser und den römischen Bezwinger der ehemals hier ansässigen Kelten hin. Caius Sextius war der Feldherr, der im Jahre 123 v.Chr. die Urbewohner des Oppidum Entremont, nördlich des heutigen Aix, besiegte und der Stadt seinen Namen gab: *Aquae sextiae* hieß die erste römische Siedlung auf gallischem Boden.

Aber von den Römern ist in Aix heute erstaunlicherweise fast nichts mehr zu sehen, vom frühchristlischen Baptisterium im Dom und den spärlichen Ausgrabungen auf dem Plateau von Entremont (*dienstags geschlossen*) einmal abgesehen. Überhaupt fährt man in erster Linie nicht der Bauwerke wegen nach Aix, sondern wegen der Altstadt, durch deren Straßen wir nun schlendern. Um Himmels willen nicht fahren, denn die meisten Gassen sind schmal und, wo es geht, auch zugeparkt. Achten Sie aber darauf, daß Sie für den Stadtrundgang keinen Montag erwischen, wenn die Geschäfte zu sind. Auch die Zeit über Mittag eignet sich aus diesem Grund nicht. Denn für Aix müssen die vielen kleinen Läden offen sein, in denen man all das betrachten kann, was der wohlhabende Franzose zum Leben braucht. In erster Linie das Eßbare, allem voran die Calissons, jene rautenförmigen und glasierten Marzipanschnitten, sozusagen das kulinarische Wahrzeichen der Stadt.

Immer wieder stehen wir auf einem reizvollen Platz: Zuerst auf der Place de Verdun, vor dem gewaltigen Justizpalast aus dem 18. Jahrhundert. An seiner Stelle befand sich früher das Schloß der Grafen der Provence, worin das provenzalische Parlament einst tagte bzw. Gerichtsbarkeit ausübte. Rühmliches wird von diesem „Parlament" nicht berichtet: Aus den Untertanen preßte man hohe Steuern, und unter dem Parlamentspräsidenten Meynier d'Oppède wurde hier im Jahre 1555 der Vernichtungsfeldzug gegen die sektierenden Waldenser beschlossen. Über 2000 Christen wurden dabei abgeschlachtet (näheres siehe bei der 6. Tour). Das Volk hatte schon recht, wenn es die Meinung vertrat, die Provence werde von drei Plagen heimgesucht, dem Mistral, den Überschwemmungen der Durance und dem Parlament von Aix.

Dabei hatte sich ein früherer Schloßherr beim Volk sehr beliebt gemacht. Der „gute König René" (1409 - 80) war politisch vermutlich eine Niete, verlor er doch zu seiner Herrschaftszeit wesentliche Gebiete, so daß ihm nur noch die Provence blieb - die dann sein Neffe 1481 der französischen Krone vermachte. Aber René war ein Schöngeist, er sprach fünf Sprachen, er dichtete, komponierte und malte. Er schenkte seinen Untertanen den Maulbeerbaum für die Seidenraupenzucht und die Muscatellertraube. Nur im Boules-Spiel war er wegen seiner Leibesfülle angeblich ein Versager. Aber das tat seiner Beliebtheit beim Volk keinen Abbruch.

Auf der Place de Verdun und der benachbarten Place des Prêcheurs wird im übrigen dienstags, donnerstags und samstags der Wochenmarkt aufgebaut, auf dem Lebensmittel, Kunsthandwerk und Flohmarktartikel verkauft werden, allerdings fast ausschließlich von Profis. Hier fanden schon ab dem Jahre 1450 Volksfeste statt - und öffentliche Hinrichtungen. Anstelle des Marquis de Sade, dessen man nicht habhaft wurde (siehe auch bei der Tour 6), hat man sogar eine Puppe gehängt.

Einen kleineren Wochenmarkt finden Sie täglich, sogar sonntags, auf der Place Richelme, unweit des **Rathauses**, das ebenfalls an einem Platz steht, der Place de l'Hôtel de Ville. Hier, auf einem der schönsten Plätze von Aix, kann man wieder einen Kaffee im Freien trinken und den interessanten

Place Richelme mit Uhrturm und Rathaus

Glockenturm aus dem 16. Jahrhundert, das bauliche Wahrzeichen von Aix, bestaunen. Vergessen Sie auch nicht, sich den Innenhof des Rathauses mit einem interessanten schmiedeeisernen Gitter zu betrachten.

Unter dem Uhrturm gehen wir hindurch nach Norden zur **Kathedrale St. Saveur** (*9,30 - 11 und 14 - 16,30 Uhr*). Dort hängen an der Wand befestigte Holzbretter, auf denen in mehreren Sprachen die reichhaltige und kunstvolle Ausstattung des Kirchenbaus erklärt wird. Ich will mich daher hier kurz fassen: Das beeindruckendste Merkmal sind die unterschiedlichen Baustile, die in der frühen Christenheit beginnen und in der Zeit des Barocks enden. Die Kirche gehört zu den ältesten Frankreichs, was man auch recht gut nachvollziehen kann. Denn wenn man das Innere durch den romanischen Seiteneingang betritt, kommt man gleich rechts an einem frühchristlichen **Baptisterium** vorbei, dessen Bauzeit im 4. oder 5. Jahrhundert n. Chr. gelegen haben dürfte. Man sieht zwischen acht antiken Säulen das in den Boden eingelassene Taufbecken, in das der Täufling nach altchristlichem Brauch eintauchen konnte. Denken Sie auch daran, sich den Kreuzgang anzuschauen, den man vom Kircheninneren durch einen gesonderten Ausgang erreicht.

Wer schon mal so weit in den Norden der Altstadt vorgedrungen ist, sollte bei dieser Gelegenheit an der Kathedrale geradeaus weitergehen, den stark befahrenen Boulevard überqueren und die Avenue Paul Cézanne suchen, die man genau gegenüber der von der Kathedrale herkommenden Gasse findet. Das **Cézanne-Atelier** im Haus Nr. 9 (*täglich außer dienstags und an Feiertagen 10 bis 12 und 14,30 bis 17 oder 18 Uhr; 15 F*) soll genau den Zustand wiedergeben, den es hatte, als der Maler im Jahre 1906 in Aix starb. Die Werkstatt des Meisters wurde konserviert, weil Cézanne schon zu Lebzeiten berühmt war, wenn auch erst am Ende seines Schaffens. Zuvor hatte er übrigens keine finanzielle Sorgen, da er aus begütertem Hause stammte. Er gilt als Begründer der Malerei des 20. Jahrhunderts, seine Bilder, darunter zahlreiche Darstellungen der Montagne-Ste.-Victoire, hängen in Aix an jedem Postkartenstand. Er hat den Bergklotz mehr als 60 mal gemalt, und auch sein letztes Bild entstand unterhalb des Gebirges. Dort wurde er im Alter von 66 Jahren beim Malen von einem Gewitter überrascht, worauf er durchnäßt zusammenbrach. In bewußtlosem Zustand brachte man ihn nach Hause, wo er kurz darauf starb. Südlich des Gebirgsmassives gibt es ab Aix auf dem Weg nach Le Tholonet (D 17) die *Route Cézanne*, eine Strecke, an der eine Vielzahl der berühmten Landschaftsbilder des Künstlers entstanden sind.

Wer an Ort und Stelle auf den Cézanne-Geschmack kommt, kann sich in Aix mit Büchern eindecken, in denen die Bilder fotografiert sind.

Oder man geht ins **Musée Granet**. Das liegt im Stadtteil südlich des Cours Mirabeau, dem Quartier Mazarin, das im 17. Jahrhundert am Reißbrett speziell für Adelspaläste geplant worden war. Die Straßen verlaufen parallel und rechtwinklig, so daß es nicht schwierig ist, auch ohne Stadtplan das Museum zu finden. Verlassen Sie den Cours Mirabeau in Höhe des östlichen Brunnens (das ist in der Nähe des *„Café 2 G“*) und gehen Sie, den Brunnen im Rücken, die Rue du 4. Septembre strikt geradeaus. Sie kommen dann zur **Place des Quatre Dauphins**. Der Platz ist nach dem gleichnamigen Brunnen in seiner Mitte benannt, den vier Delphine zieren. Viele halten diesen Platz für den schönsten von Aix (ich finde den Rathausplatz interessanter). Zum Museum Granet gehen Sie nun nach links durch die Rue Cardinale in östlicher Richtung. Sie stoßen dann direkt auf den Museumsbau (*täglich außer dienstags von 10 bis 12 und 14 bis 18 Uhr; 18 F*). Das größte Interesse gilt natürlich dem Cézanne-Saal. Es sind aber auch Funde aus der Ausgrabungsstätte Entremont, der ehemalig keltisch-ligurisch Siedlung, ausgestellt sowie griechische, römische und frühchristliche Werke, ferner Gemälde eines Herrn Granet. Und erwarten Sie keine bedeutsamen Bilder von Cézanne, insbesondere keine Landschaftsimpressionen des Ste.-Victoire-Berges. Ich muß übrigens an dieser Stelle einräumen, daß ich selbst das Museum erst beim dritten Besuch in Aix beehrt habe. Sie wissen ja, in Aix sitze ich am liebsten im Café.

Eine weitere Sehenswürdigkeit ist mir bislang entgangen, sie steht immer noch ganz oben auf unserer mit ‘Nachholbedarf’ überschriebenen Liste. Ich habe die **Ziegelei von Les Milles** nicht gefunden, vielleicht ist sie zur Zeit der Öffentlichkeit auch gar nicht zugänglich. Sie sollten aber mal nachsehen (und mir dann schreiben): Fahren Sie auf der Autobahn

(A 51) von Aix in Richtung Marseille und verlassen Sie diese bei der ersten Ausfahrt. Sie müßten dann einen Wegweiser zur '*Zone industrielle*' finden, die westlich der Autobahn liegt. Bald kommen Sie an einer Ziegelei vorbei (die ich unschwer ausgemacht habe), auf die möglicherweise inzwischen ein Schild mit der Aufschrift '*Mémorial*' hinweist. Ab Februar 1940 war in diesem Gebäude das zentrale Internierungslager der Provence untergebracht. Viele, in erster Linie Intellektuelle, die vor den Nazis aus Deutschland nach Südfrankreich geflohen waren, wurden hier eingesperrt, vor allem eine Reihe der Schriftsteller, die sich zuvor nach Sanary-sur-Mer geflüchtet hatten: Lion Feuchtwanger (der die Ziegeleiinternierung in seinem Buch, *Der Teufel in Frankreich*, beschrieben hat), Golo Mann, Wilhelm Reich und Max Ernst, um nur einige zu nennen. Nachdem Frankreich gegenüber Deutschland kapituliert hatte, arbeitete die Petain-Regierung auch hier der Gestapo in die Hände. Nach unterschiedlich langem Aufenthalt wurden die Internierten wieder abtransportiert. Viele landeten in Auschwitz, einige konnten aber auch fliehen und sich erfolgreich verstecken. Im Nebengebäude der Ziegelei soll inzwischen (??) auf Betreiben eines Deutschlehrers aus Aix eine Gedenkstätte eingerichtet worden sein, in der man noch eine Menge von Wandmalereien der Inhaftierten betrachten kann. Auf regelrechten Fresken sind diverse Szenen aus dem tristen Alltag, aber auch aus der Erinnerung abgebildet, Realistisches und Surrealistisches. Helmut Kohl soll übrigens in einem Gipfeltreffen mit François Mitterand die finanzielle Unterstützung dieses Museums-Projekts besprochen haben, wodurch ein Abbruch des Ziegelleianbaus verhindert werden konnte (scheint zu stimmen).

Es stellt sich nun noch die Frage, wann Sie das alles besichtigen? Vielleicht regnet es einmal zwei Tage, vielleicht setzen Sie sich aber auch morgens hinter das Lenkrad Ihres WOMOs, im Kopf ein volles Tagesprogramm, dessen erster Punkt zugleich auch der letzte ist. Das Café!

Oder Sie entscheiden sich zuerst einmal für die Natur. Zu diesem Programmpunkt führen aus Aix alle Wege nach Osten. Man muß sich nur entscheiden, ob man das natürliche Wahrzeichen der Stadt, die **Montagne-Ste.-Victoire** von Norden oder von Süden her anfahren möchte. Klassischer ist Dank Cézanne eigentlich die Sicht von Süden auf die weißen Steilhänge des Massives, für Wanderer ist die Nordtour empfehlenswerter. Man kann auch einmal ganz außen herum fahren, was aber nicht unbedingt sein muß und zeitraubend ist.

Wir fahren auf der Südstrecke nur ein Stück auf der *Route-Cézanne* und machen dann kehrt, um uns danach dem Gebirge von Norden, auf der D 10, zu nähern. Es ist schon Nachmittag und auch allmählich Zeit zur **Stellplatzsuche**. Ein lauschiges Plätzchen an einem der beiden Stauseen schwebt uns vor. Aber an die Barrage Zola führt erst gar keine Straße, und auch an die Barrage du Bimont kommt man nicht richtig ran. Nur zur Staumauer kann man fahren (beschildert, und auf der Michelin-Karte eingezeichnet), dort gibt es auch einen Parkplatz, der aber etwas Trostlosigkeit ausstrahlt, zumal man von ihm aus kein Wasser sieht, sondern nur die Rückseite des Staudamms. Außerdem ist die geräumige Fläche eher einsam. Aber über Geschmack läßt sich ja bekanntlich streiten, vielleicht gefällt Ihnen der Platz besser. Ich kann Ihnen aber nicht garantieren, daß Sie dort überhaupt nächtigen dürfen. Als wir nämlich auf der D 10 weiter nach Osten fahren, warnt uns bald ein Schild seitlich der Straße: *Camping interdit*! Und unmißverständlich wird symbolhaft klargestellt, wer gemeint ist: Zelt **und** Wohnwagen - also auch Wohnmobile. Diese Verbotsschilder wiederholen sich in geradezu penetranter Häufigkeit, und besonders oft begegnen uns patrouillierende Feuerwehrautos - an einem Regentag im April. Man wird Sie beim „freien" Übernachten also kaum unbehelligt lassen, wobei ich nicht feststellen konnte, ob der Parkplatz am Stausee schon zur Verbotszone gehört.

Das Gebiet am Fuß der Montagne-Ste.-Victoire ist also wenig wohnmobilfreundlich, was aber darauf zurückzuführen ist, daß der Wald am 12 km langen und 1.011 m hohen Bergmassiv im Sommer 1989 wegen einer heiß gelaufenen Motorsäge abgebrannt ist. Auf der Südseite noch stärker, die teilweise geradezu traurig aussieht. Viele Fachleute sind der Meinung, daß der riesige Waldbrand einen nicht mehr gutzumachenden Schaden angerichtet hat. Nun werden zwar Waldbrände nicht von Wohnmobilisten gelegt, aber das ist ohnehin nicht der Hauptgrund für das Campingverbot. Es ist vielmehr die Gefahr, in die man sich selbst begibt, wenn man im Wald nächtigt. Wir nennen Ihnen unten drei Übernachtungsmöglichkeiten, wenn es aber irgendwie geht, nächtigen Sie woanders. In Aix gibt es drei **Campingplätze**, der bekannteste heißt *Chantecler*, im Südosten der Stadt. Man erreicht ihn über die Autobahnabfahrt Aix-Est, bzw. seitlich der N 7, in Richtung Toulon (*von Aix kommend vor der Autobahnbrücke nach links bergauf abbiegen; ganzjährig geöffnet*). Einen weiteren, nur im Sommer geöffneten **Campingplatz** gibt es südlich des Gebirgszugs bei **Puyloubier** (*geöffnet vom 15.6. bis 15.9.*).

Wo wir gerade bei den Freizeiteinrichtungen sind: Badeplätze an den beiden Stauseen kennen wir nicht, ich war allerdings auch noch nicht im Hochsommer dort. Nur eines ist sicher: Ein Badeparadies werden Sie dort ebensowenig finden wie einen Campingplatz. Bedenken Sie, daß das Auto noch nicht erfunden war, als im vorigen Jahrhundert, im Jahre 1854, der Vater des Romanschriftstellers Emile Zola, ein eingewanderter Italiener, den kleineren, später nach ihm benannten Stausee konstruiert hat.

Schloß von Vauvenargues

Auch das Dorf **Vauvenargues** stellen wir uns anders vor. Statt des erwarteten lebhaften Ortes laufen wir in der Woche vor Ostern durch eine müde Ansiedlung und begegnen außer zwei anderen Touristen einem einzigen Einwohner. Selbst im Sommer ist es hier, wie wir später feststellen dürfen, unerwartet beschaulich. auch dann haben nur wenige Kneipen die Stühle vor der Tür. Man läuft vom Parkplatz zum Schloß und wieder zurück, und es bleibt einem nicht viel anderes übrig, als sich zum Schmökern zurückzuziehen - oder weiterzufahren. Der erstbeste Parkplatz des Dorfes ist auch nicht das, was er sein sollte, man steht nämlich schräg zur Fahrbahn der Dorfzufahrtsstraße. Aber jenseits, östlich, des Ortes gibt es inzwischen einen satten, ebenen, Platz für Wohnmobile aller Dimensionen, wo man bestens **übernachten** kann.

Die Häuser sind noch in Rufweite und der Blick ist sehr schön, er schweift nämlich auf den Nordhang der Mgne.-Ste.-Victoire und auf das Schloß Vauvenargues. In dessen Garten ist der Maler **Pablo Picasso** (1881 bis 1973) beerdigt. Als er im Jahre 1958 das Schloß des ehemaligen Marquis de Vauvenargues gekauft hat, beabsichtigte er eigentlich, dort den Lebensabend zu verbringen. Lange hielt er es mit seiner dritten Frau in der doch recht einsamen Gegend nicht aus. Nach drei Jahren zog er wieder zurück in die Nähe von Cannes. Das Schloß macht heute einen total verrammelten Eindruck. Und wer in der Hoffnung auf eine Besichtigung am eisernen Gittertor rüttelt, wird nur die fletschenden Zähne eines wütend knurrenden Dobermanns zu Gesicht bekommen. Und neben dem Tor ein Schild, auf dem zu lesen ist, der Eintritt sei verboten, wir sollten bitte nicht insistieren. Außerdem: „*Le Musée est à Paris*" („*Das Museum ist in Paris*") Danke für den Tip! Sind wir eigentlich im falschen Urlaub?

Sie liebäugeln schon lange mit einer kleinen körperlichen Ertüchtigung? Einer, bei der man auch die Kinder mitnehmen kann? An deren Ziel ein grandioses Erlebnis steht? Hier, bei Vauvenargues, ist die Gelegenheit: Ein **Ausflug** zu Fuß hoch zum **Priorat von Ste.-Victoire** und zum Gipfelkreuz ***La Croix de Provence*** (946 m). Man startet entweder am Parkplatz seitlich der D 10, bei der Ansiedlung Les Cabassols, oder in Vauvenargues; letzterenfalls hat man pro Strecke 20 Minuten zusätzlich zu bewältigen, aber das Auto ist besser bewacht.

Den Parkplatz bei Les Cabassols können Sie auch nicht verfehlen, er ist nämlich genauso wie der Wanderweg GR 9 auf Ihrer Michelin-Karte eingezeichnet. Meistens parken dort auch schon andere Autos, direkt seitlich der D 10. Auf jeden Fall müssen Sie eine rotweiße Markierung finden, die Sie nun zum Gipfel geleitet, und zwar in einer solchen Deutlichkeit, daß es Ihnen nicht gelingen wird, vom rechten Weg abzukommen. Sie werden auch bei einigermaßen gemütlichem Tempo von diesem Parkplatz bis zur Prieuré nicht länger als 1,5 Stunden brauchen, trainierte Naturen schaffen es in 70 Minuten. Der Anstieg ist nur stellenweise steil, am Ende wird er etwas steinig. ***Aber er lohnt sich!*** *Nach dem ersten Drittel des Weges lichtet sich der Kiefernwald, und Sie werden schon in punkto Aussicht eine Vorahnung bekommen von dem, was Sie weiter oben erwartet.*

Erschrecken Sie nicht, wenn plötzlich rote Autos durch den Wald brettern, es ist die geländegängige Feuerwehr, die hier ständig patrouilliert. Im oberen Teil des Hangs können die sapeurs pompiers *seit dem Waldbrand von 1989 nur noch die kleinen, wieder aufgeforsteten Bäumchen bewachen, die mit merkwürdigen Pla-*

stikhüllen gegen Wind, Schnee und Tierfraß geschützt sind.Bald kommt das Gebäude der alten Einsiedelei immer näher. Wenn sie dann vor der Tür des kleinen Kirchleins stehen, werden Sie begeistert sein von dem, was sich unter Ihnen auftut: Die Provence schlechthin. Sie können sich nun ein paar Meter zum einem Felsspalt oberhalb der südlichen Abbruchkante vorwagen oder noch ein Stück weiter klettern (was von hier an das passende Wort ist), Sie werden dann zu Ihren Füßen im Südwesten das Meer und den südlichen Teil der Provence vorfinden. Ohne Übertreibung, Sie stehen am vielleicht ***schönsten Aussichtspunkt Südfrankreichs****.*

Die Einsiedelei soll schon im 5. Jahrhundert gegründet worden und bis 1879 in Betrieb gewesen sein. In der

Blick vom Croix de Provence

Kirche ist auf Fotos der Wiederaufbau in neuerer Zeit festgehalten. Ein Teil des ehemaligen Kirchenkomplexes ist heute zu einer unbeaufsichtigten Schutzhütte umfunktioniert, in der wir uns an einem Kaminfeuerchen wärmen. Im Frühjahr führt sogar eine christliche Wallfahrt hier hinauf.
Für den Rückweg empfehle ich Ungeübten dieselbe Strecke. Es gibt aber noch andere Alternativen, die auf der Karte Éditions Didier & Richard, Nr. 14, aber auch auf Karten bei der Einsiedelei ausgehängt sind. Nur sollte man dann gut ausgerüstet und auch ein wenig schwindelfrei sein. Dies gilt auch schon für das kurze Stück vom Priorat hoch zum Gipfelkreuz. Falls Sie unter Höhenangst leiden, können Sie aber bis zum Priorat wirklich unbesorgt wandern. Sie müssen in jedem Fall warme Kleidung mitnehmen, denn hier oben weht oft ein kräftiger Wind. Den schönsten Blick hat man wegen der klaren Luft bei Mistral, der bei unserem Besuch gerade kräftig pfeift. So stark, daß ich auf allen Vieren ans Gipfelkreuz krabbeln muß und das nebenstehende Foto nur im Sitzen aufnehmen kann. Dafür braucht man auf dem genannten Weg keine besonderen Bergschuhe, ein paar gute Turn- oder kräftige Halbschuhe genügen. Sie merken, ich möchte Ihnen die Kraxelei unbedingt schmackhaft machen.

Die gute Luft macht müde und hungrig, wir beschließen, in **Rians** nach einem Lokal und einer Übernachtungsmöglichkeit zu suchen. Und wir werden fündig: Umwerfend ist das **Restaurant *Hôtel-Esplanade*** nicht, dafür ist es preiswert bei typisch französischer Provinz-Küche (*Tel. 04 94 80 31 12; außerhalb der Saison samstags geschl.*). Außerdem bedient man uns sehr freundlich, und die Wirtin spricht fließend deutsch.

Wir **übernachten** auf dem Parkplatz direkt davor. Ruhig, sicher und mit schönem Blick. Der Platz liegt aber mitten im Ort und ist für sehr große Wohnmobile nicht geeignet. Ich könnte mir auch vorstellen, daß sich hier in der Hauptsaison allzuviele WOMOs unbeliebt machen; weichen Sie doch dann auf den **Campingplatz** aus, der beim Schwimmbad am südlichen Ortsrand liegt. Das öffentliche WC finden Sie unterhalb der das Städtchen überragenden Kirche. Aber dort kommen Sie ohnehin vorbei, denn Sie werden durch den Ort bummeln, in dem es ganz und gar nichts Aufregendes zu sehen gibt, der Sie aber trotzdem erfreut: Ein typisches Beispiel für eine südfranzösische Kleinstadt, in der noch gelebt und nicht nur geurlaubt wird.

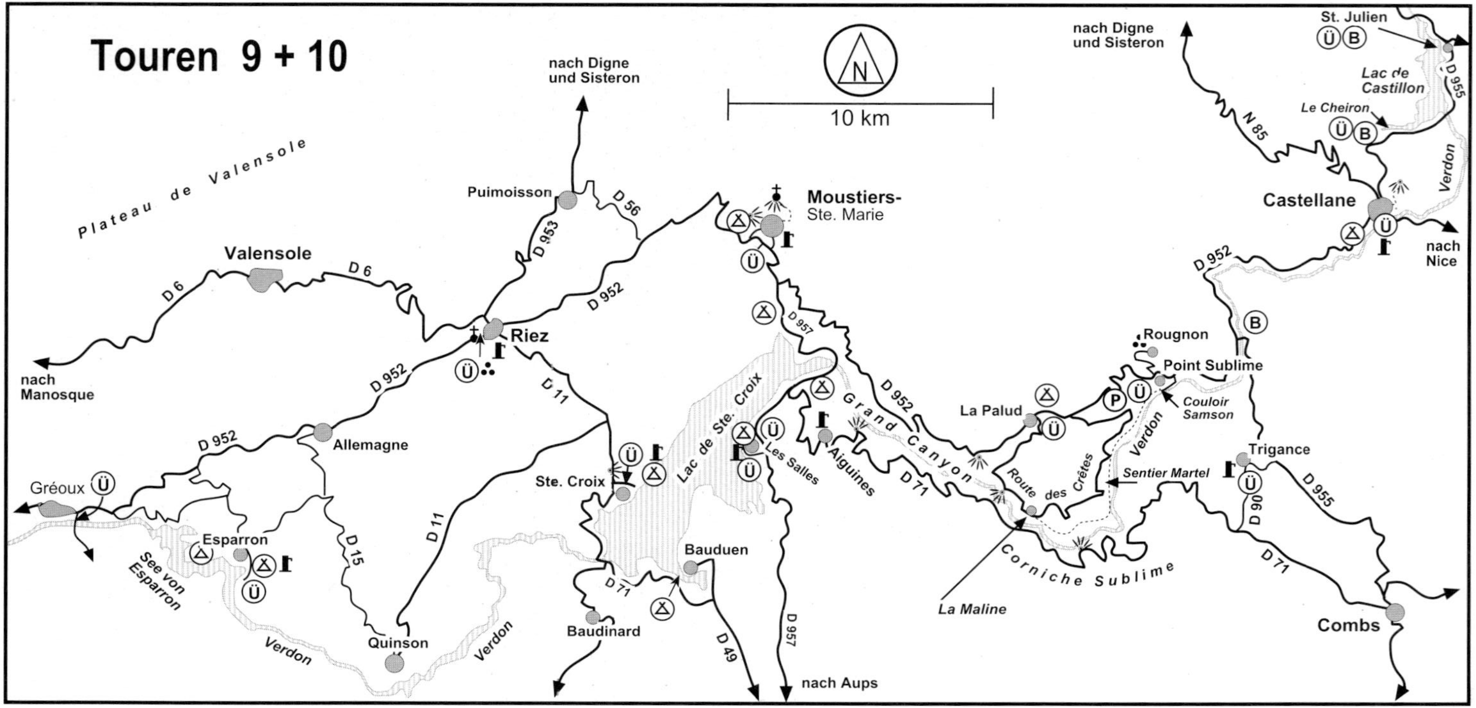
Touren 9 + 10
10 km
N
nach Digne
und Sisteron
nach Digne
und Sisteron
Plateau de Valensole
Valensole
D 6
D 6
nach
Manosque
Puimoisson
D 953
D 56
D 952
Riez
D 952
D 11
Allemagne
D 952
Gréoux
Esparron
See von
Esparron
D 15
D 11
Quinson
Verdon
Verdon
Ste. Croix
Lac de Ste. Croix
Bauduen
D 71
Baudinard
D 49
D 957
nach Aups
Moustiers-
Ste. Marie
D 957
Les Salles
Aiguines
Grand Canyon
D 952
D 71
La Palud
Route des Crêtes
La Maline
Corniche Sublime
Rougnon
Point Sublime
Couloir
Samson
Verdon
Sentier Martel
Trigance
D 90
D 955
D 71
Combs
B
D 952
Castellane
nach
Nice
N 85
Le Cheiron
Lac de
Castillon
D 955
St. Julien
Verdon

Tour 9: An die Ufer des Verdon

Moustiers-Ste.-Marie - Grand Canyon du Verdon - La Palud

Übernachten:	auf Campingplätzen oder „frei“ in Moustiers; auf dem Parkplatz von Trigance; am Couloir Samson in der Schlucht; am Point Sublime; auf Campingplätzen oder „frei“ in La Palud
Besichtigen:	Moustiers-Ste.-Marie; den Grand Canyon du Verdon
Essen:	Restaurants *Les Santons* und *Le Relais* in Moustiers; Restaurant *Ma Petite Auberge* in Trigance; Restaurant *Auberge du Point-Sublime*
Wandern:	im Grand Canyon du Verdon

Sie kommt ja bekanntlich öfters vor, die Liebe auf den zweiten Blick. Oder im zweiten Urlaub, wenn man zu ruhigeren Zeiten in **Moustiers-Ste.-Marie** (580 Einwohner) landet.

Moustiers-Ste. Marie

In der 1. Auflage unseres Provence-Führers mußte ich noch von elender Parkplatzsuche und hochsommerlichem Gedränge berichten und fast schon frustriert abraten von einem der meistbesuchten Dörfer der Ost-Provence, das mich aber damals doch schon irgendwie bezaubert hatte. Sonst wäre ich nicht wiedergekommen, an einem wunderbar lauen Aprilabend mit klarer Luft, als die Hügel rundherum zum Greifen nahe waren.

Da gab es auch keine Probleme beim Finden eines Parkplatzes, nachdem wir aus westlicher Richtung kommend von der D 952 abgebogen und die wenigen Kurven bewältigt hatten. Wir fuhren durch den Ort, folgten dem blauen 'P', und es war uns etwas mulmig, als die Straße steil bergauf ging, die Post rechts liegen ließ, um dann aber nach einer Spitzkehre in einem geräumigen Parkplatzgelände zu enden. Bis zu 7 m WOMO-Länge gibt es hier keine Schwierigkeiten, und wer von Osten kommt, wird beim Restaurant *Bonne Auberge* auf noch etwas steilerem Weg zu den Parkplätzen mit der schönen Sicht geleitet. Auf die Dickschiffer unter unseren Lesern komme ich unten zurück. Der **Parkplatz** liegt seitlich des Friedhofs (und beruhigt durch nahe Häuser und eine Toilette) am Fuße einer gewaltigen Felswand, an die weiter unten auch die Häuser des Städtchens gebaut zu sein scheinen, über dessen Dächer wir weit ins Tal und auf die fernen Berge blicken. Wie dumm von den Stadtvätern, uns diese Idealbedingungen mit einem Nachtparkverbot für Wohnmobile zu vermiesen. Aber die Herren Schilderaufsteller waren etwas schlampig und haben nicht erwartet, daß wir uns von Westen über die schmale Rampe beim Restaurant *Belvédère*, vorbei an der *Mairie*, anpirschen. Das ändert natürlich nichts an dem Verbot, verhilft uns Ahnungslosen (und Unbehelligten) aber zu einem guten Gewissen - und Ihnen zu einer Ausrede. Denn einzusehen ist die Restriktion nicht. Der Parkplatz ist auch im Sommer abends völlig leer und von den Häusern nicht mal zu sehen.

Ich vermute, daß die Lobby der Campingplatzbesitzer ihre Hand im Spiel hat. Denn die drei **Zeltplätze** sind an Ostern und auch schon Ende August nicht mal zu einem Viertel belegt. Ich muß aber auch zugeben, daß man auf allen drei Plätzen mehrere angenehme Tage verbringen kann. Am schönsten ist ***Manaysse*** (*Ostern bis Ende Oktober*), an der westlichen Zufahrt nach Moustiers. Nur sind dort viele Stellplätze uneben. Hat man aber, wie wir bei einem späteren Urlaub, Anfang September, einen mit **Blick auf Moustiers** ergattert, gibt es in der ganzen Provence kaum eine schönere Sicht vor der WOMO-Tür. Von allen Campingplätzen kann man in 10 Minuten bequem in den Ort laufen (für den Rückweg in dunkler Nacht empfiehlt sich eine Taschenlampe).

Wer dennoch unbedingt legal „frei“ stehen will, findet eine für WOMOs jeder Größe gut erreichbare, bislang nicht verbotene und als Busparkplatz ausgewiesene **Freifläche**, rechts seitlich der nordwestlichen Zufahrt zum Ort, die man bald erreicht, wenn man beim Campingplatz von der D 952 abgebogen ist (erkennbar an mehreren Müllcontainern). Aber das ist wirklich nur eine Notlösung. Genauso wie der andere Busparkplatz (P 5), ein großer, ebener Wiesenacker beim Zebrastreifen, etwa auf der Hälfte der Ortsumgehungsstraße D 952. Immerhin ist dort der Blick ins Tal ganz nett.

in Moustiers

Wenn Sie auf einem der beiden westlichen Campingplätze stehen, die ich allemal den „wilden“ Alternativen vorziehe, können Sie beim erstgenannten Busparkplatz auf einem (nachts nicht beleuchteten) Fußweg durch schöne Gärten hoch ins Dorf, 'eines der schönsten Frankreichs', spazieren, an den Rand des rauschenden Bergbachs, der den Ort nicht nur zweiteilt, sondern ihm auch einen außergewöhnlichen Charme verleiht. Dazu tragen die hinter dem Ort steil aufragenden Bergzacken bei, mit einer fast schon beängstigenden Klamm, die von einer malerischen Bogenbrücke überspannt wird, der sogenannten „Eselsrückenbrücke“. Über sie führt unser Weg zu einem ersten, frühabendlichen Höhepunkt, dem Pastis auf dem von Platanen beschirmten Platz vor der Kirche (im Inneren sehenswerte Gemälde aus dem 15. Jahrhundert und Chorgestühl aus dem 16. und 18. Jahrhundert). Als uns die Kirchenglocke die Stunde anzeigt, zu der die Kellner mit dem Auftischen beginnen, brauchen wir auch nicht mehr zu fürchten, daß uns der ganze Turm aufs Haupt fällt.

Früher soll er beim Bimmeln heftigst geschwankt haben, aber das wurde inzwischen mit Stahl und Beton gerichtet.

So ist unser Kopf vom hochprozentigen Anis nur leicht benebelt, als wir auf der Terrasse des **Restaurants *Les Santons*** (*Tel. 04 92 74 66 48; dienstags und außerhalb der Hochsaison auch montags abends geschl.*) Platz nehmen. Dieser kleine Freisitz hängt über dem Abgrund des wilden Baches und wäre wohl schon deshalb allzeit ausgebucht (unbedingt rechtzeitig reservieren!). Nun kommt aber noch hinzu, daß die Köche ihr Handwerk verstehen, genauso wie die Herren Tester von Michelin, die ersteres seit Jahren mit einem Stern danken. Die Kochkunst zählt zum Besten, was ich Ihnen in diesem Buch empfehlen kann. Der Preis für das Essen selbst liegt auch noch im Rahmen, wenn man sich für ein Menü entscheidet. Zum finanziellen Aderlaß führen aber leicht die Weine.

Auch für schmalere Geldbeutel - oder für Wiederholungstäter in Sachen Übernachtung - ist reichlich gesorgt. Das ungekünstelte Menü des **Restaurants *Le Relais*** war genau das richtige für unseren Bärenhunger, den wir uns tagsüber in der Verdonschlucht erwandert haben (*Reservierung ist nicht erforderlich*).

Blick von der Felsenkapelle zum Campingplatz (Pfeil)

Bevor wir unten zu diesem Abenteuer aufbrechen, muß ich Sie noch über zwei Wahrzeichen Moustiers informieren: Das eine bemerkt man erst nach einiger Zeit, wenn man hoch schaut zur Felsenkapelle Notre-Dame-de-Beauvoir (der kurze Weg dorthin lohnt vor allem wegen der Sicht) und plötzlich an einer zwischen die Felsen gespannten, über 220 m langen

Kette den berühmten Stern von Moustiers golden in der Sonne blinken sieht. Seine Herkunft ist ungeklärt. Sicher ist nur, daß er im Jahre 1957 (und nach meinem Eindruck 1997 erneut) an die Stelle eines oder mehrerer Vorgänger getreten ist, deren erster von einem zurückgekehrten Kreuzritter zur Erfüllung eines Gelübdes aufgehängt worden sein soll.

Die andere Berühmtheit ist schon augenfälliger, es ist das Tellertheater in dem man in Moustiers-Ste.-Marie die Tradition der Fayenzen-Herstellung (und erst recht die des Plagiats) wieder aufgenommen hat. Ein Mönch aus dem italienischen Faenza war es angeblich, der im 17. Jahrhundert das Handwerk der feinen Porzelanbemalung nach Moustiers gebracht hat, das bald den Adel in ganz Europa belieferte. Durch die französische Revolution und die Abkehr von höfischem Prunk wurden die Zeiten für die Künstler aber schlechter, und in der zweiten Hälfte des vorigen Jahrhunderts mußte die letzte Werkstatt schließen. Erst in den 20er Jahren unseres Jahrhunderts knüpfte man wieder an die Tradition an. Heutzutage, in den Zeiten unkritischer Touristenmassen, importiert man überwiegend aus Fernost. Natürlich nicht für das Fayencen-Museum, das täglich, außer dienstags, von 9 bis 12 und 14 bis 18 Uhr geöffnet ist (für Regentage).

Moustiers ist auch unser Ausgangspunkt für die erste **Verdontour**, die am Steuer: 2,5 km hinter Moustiers-Ste.-Marie müssen wir uns an der Straßengabelung entscheiden. Nach links fährt man auf der D 952, der alten Straße, nach Castellane, nördlich am Grand Canyon du Verdon vorbei, während man zur südlichen Schluchtstrecke nach rechts auf die spätere Corniche Sublime abbiegt.

Fahren Sie rechts!

Die südliche **Corniche Sublime** ist die eindrucksvollere Variante. Schon nach wenigen Kilometern erreichen wir den Lac-de-Ste.-Croix, einen Stausee, um den sich unsere nächste Tour dreht. Der Einlauf des Verdon in den See ist an dessen östlichen Ende von einer mächtigen Brücke überspannt, hinter der wir nach **Aiguines** abbiegen. Das malerische Schloß (17. Jahrhundert) mit seinen Rundtürmchen und den bunt glasierten Ziegeln kennen Sie vielleicht schon von vielen Provence-Postern, 300 m über dem See, der in der Ferne blau glitzert. In dem kleinen Ort kann man in einem netten Café noch einmal Luft holen vor den fahrtechnischen Strapazen der nächsten zwei Stunden.

Denn nun geht's endlich hoch an den Rand der bis zu 700 m tiefen Felsspalte des **Grand Canyon du Verdon**. Am ersten Aussichtspunkt, kurz hinter Aiguines, ist wenigstens

Grand Canyon du Verdon - von der Corniche Sublime

noch ein kleiner Parkplatz angelegt, sonst ist das Halten mit einem Wohnmobil am Rande der ohnehin schon schmalen, kurvigen Strecke gar nicht einfach. Hat man aber einmal angehalten und kennt man nun den fast schwindelerregenden Blick bis auf den Grund der Schlucht, läßt man kein Belvédère mehr aus. Am Anfang erspäht man noch einzelne Kanus und in der Ferne auch noch den See von Ste. Croix. Später gehört die Klamm nur noch den Wanderern und Kletterern. Kaum zu glauben, daß der Canyon erst im Jahre 1905 durchdrungen werden konnte. Der Höhlenforscher Martel, der Ihnen vielleicht schon aus französischen Grotten geläufig ist, hat zunächst vergeblich eine Durchquerung mit Booten versucht. Erst zu Fuß und mit Rettungsringen war die Expedition erfolgreich. Im Jahre 1947 kam dann mit dem Bau der wirklich atemberaubenden Corniche Sublime (D 71), auf der wir gerade fahren, die touristische Erschließung.

In den 70er Jahren entstand dann auf dem nördliche Plateau die von der D 952 abzweigende **Route des Crêtes**. Diese ist auch imposant, aber nicht ganz so eindrucksvoll wie die Corniche Sublime, auf der allerdings für Wohnmobile die beiden Tunnels etwas unangenehm sind. Denn Gegenverkehr darf es dort nicht geben, weshalb ich Ihnen - auch wegen der Halteplatzprobleme - von einer Fahrt am Wochenende abrate. In den kurzen Tunnels sollte man bei starkem Verkehr einen Beifahrer mit Taschenlampe zu Fuß vorausschicken, der notfalls den Gegenverkehr anhält. Haben Sie keine Angst, uns sind die größten Wohnmobile begegnet, und alle kamen irgendwie durch. Aber äußerste Vorsicht ist geboten, schließlich möchte man nicht an der Felswand entlang schrammen. Lassen Sie sich Zeit und schauen Sie nur in die Tiefe, wenn das Auto steht.

Eine Verschnaufpause gibt es dann an der **Brücke über den Artuby**, wo man nicht nur Nippes und Getränke erstehen kann, wo uns auch ein riesiges Schild den Sprung in die Tiefe verbietet. Damit möchte man sich weniger den Ärger mit toten Selbstmördern ersparen, die man nicht selten 200 m nach oben schleppen muß, sondern das Gummiseilspringen, das früher den Verkehrsfluß auf der D 71 wegen der vielen Zuschauer gehörig ins Stocken gebracht hat.

Hinter den *Balkons de la Mescala* biegen wir bei erster Gelegenheit auf einem noch schmäleren Sträßchen nach links ab, nach **Trigance**, einem überraschend ruhigen Hangdorf mit Burg oben drüber. Am Ortseingang kommt man direkt an einem größeren Platz vorbei, an dem es linkerhand Wasser gibt, und auf dem ich **übernachten** würde, wenn ich jetzt einen Stellplatz bräuchte. Da erst früher Nachmittag ist, parken wir nur und schlendern ein wenig durch das Dorf. Gut und im Freien ißt man angeblich im **Restaurant *Ma Petite Auberge*** (*Tel. 04 94 76 92 92; von Oktober bis Mai mittwochs geschlossen*). Wer das Übernachtungsplätzchen von Trigance ausprobiert und nicht selbst kocht, kann auch mal wegen des schönen Blicks ins Tal im ziemlich feudalen Schloßhotel nachsehen. Wir kennen beide Lokalitäten nur von außen, denn uns zieht es noch weiter. Die Straße windet sich nun ins Tal und bleibt auch dort. Wer unterwegs noch mal baden möchte, sollte sich an der Verdon-Brücke in die rauschenden Fluten stürzen, dort wo die D 955 auf die D 952 stößt.

Rechts geht es nun nach Castellane, das wir uns noch für die nächste Tour aufsparen. Wir kurven statt dessen zurück, um am **Point Sublime**, nördlich des Verdon, unser schwieriges Tagwerk zu beenden und um uns auf ein noch abenteuerreicheres vorzubereiten. Am Point Sublime ist das freie **Übernachten** erstaunlicherweise nicht ausdrücklich verboten, genauso wenig wie am Aussichtspunkt des **Couloir Samson,** zu dem gleich westlich des kurzen Tunnels eine eigene Stichstraße führt. Wir haben Glück und finden ein freies Plätzchen (was hier in der Nähe des Point Sublime in der Hauptsaison tagsüber nicht selbstverständlich ist), von dem wir nur wenige Meter zum Verdon hinunterklettern müssen - zu einer herrlichen **Badestelle** (Achtung, der Wasserstand kann dort schnell ansteigen!). An diesem kleinen Badestrand endet auch der Wanderweg, den wir Ihnen weiter unten beschreiben, soweit dieser durch die Schlucht führt.

Für die **Übernachtung** finde ich den genau oberhalb des Couloir Samson gelegenen Point Sublime (783 m) praktischer. Einmal ist die Fläche wesentlich größer, mit natürlichem Untergrund, einigen Büschen und Bäumen, zum anderen gibt es hier das **Hotel-Restaurant** ***Auberge du Point Sublime*** (Tel. 04 92 83 60 35), das die Einsamkeit etwas dämpft (im Hochsommer stehen genügend andere WOMOs da) und wo man ordentlich, schlicht und zu zivilen Preisen essen kann. Wer schon mal ein wenig trainieren möchte, steigt noch zu dem Dörfchen **Rougnon** auf, das pittoresk vor einem Felsklotz klebt. Vom Touristenrummel ist hier fast nichts mehr zu spüren. Die Fußweglänge kenne ich nicht, ich habe mich nämlich nicht in Form gebracht, sondern nur überprüft, daß das Sträßchen für Wohnmobile über 6 m Länge nicht in Frage kommt.

Am Point Sublime steht man dann auch goldrichtig, um die **berühmte Wanderung** zwischen der La Maline-Hütte und dem Point Sublime in Angriff zu nehmen. Denn auf einer Strecke braucht man ein Taxi, das hier, am Point Sublime, morgens schon ungerufen wartet (die Telefon-Nr., die 04 92 74 68 20, steht angeschrieben). Außerdem ist es auch angenehmer nachmittags am eigenen Fahrzeug anzukommen. Und schließlich wird der größere Höhenunterschied bei der La Maline-Hütte schon morgens und bergab bewältigt.

Wir bereiten uns gründlich vor und ziehen die Literatur zu Rate. Niemand läßt es sich nehmen, in allen Einzelheiten vor den Gefahren zu warnen. Wie müssen wir ausgerüstet sein? Mit Wanderschuhen (sehr feste Ledersportschuhe gehen zur Not auch), einem Pullover (unbedingt erforderlich), Verpflegung und genügend Wasser (sonst verdursten Sie!), Badezeug (im Sommer) Verbandszeug (wenn Sie abstürzen nutzt Ihnen das auch nichts), einem Seil für Kinder (für Vorsichtige), einer Wanderkarte (überflüssig, der Weg ist optimal markiert und zudem so stark begangen, daß es schwer wäre, sich zu verirren) und - ganz wichtig - einer Taschenlampe. Die Wanderung ist sogar für den normal beweglichen Schreibtischmenschen ungefährlich. Nur wer sehr schwindelanfällig ist, bekommt an einer Stelle Fracksausen. Man muß aber zwei, drei Felspartien überqueren, auf denen man bei Regen ausrutschen und böse abstürzen könnte, weshalb ich bei feuchtem Wetter dringend abrate, erst recht bei Gewittergefahr. Bleiben Sie auf dem markierten Weg und durchqueren Sie niemals (!!) den Verdon. Das flußaufwärts betriebene Elektrizitätswerk läßt den Wasserstand binnen kurzem ansteigen. Dadurch kommt es zu Strudeln, und der Rückweg durch eine Furt könnte abgeschnitten werden. Weshalb man auch beim Baden äußerste Vorsicht walten lassen und am Ufer bleiben sollte. Offen ist noch die meist gestellte Frage nach der Dauer der Wanderung. Irgend jemand hat wohl mal 8 Stunden benötigt, was ein Kunststück war, das man auch mit Trödeleien kaum fertig bringt. Aber er hat es geschafft und sogar publiziert. Viele haben diesen Unsinn abgekupfert, ohne einen Fuß in die Schlucht gesetzt zu haben (übrigens auch ich in der 1. Auflage). Uns reichen **5 1/2 Stunden,** bei einer ausgedehnten Rast, ohne Badepausen und ohne Andrang.

Mit allen diesen Ratschlägen starten wir am Morgen beim Point Sublime und versuchen zunächst, mit dem Taxifahrer den Preis auszuhandeln. Was nicht gelingt, denn die 140 Francs sind für die gar nicht kurze Fahrstrecke angemessen.

Bei der Schutzhütte, dem Châlet de la Maline, an der D 23, zeigt uns der Chauffeur den Einstieg in die Schlucht und wünscht „bonne route“. Hier beginnt also der berühmte 'Sentier Martel', der vom Touring-Club-de-France in den 30er Jahren angelegt worden ist. Von oben haben wir gleich einen prächtigen Blick, ehe es erst mal bergab geht. Auf der Talsohle muß man etwas aufpassen, daß man nicht

den - nach halbrechts - abzweigenden Pfad zum Cavaliers-Felsen erwischt. Und dann geht es auf atemberaubenden Weg Verdon aufwärts, zumeist einige Meter oberhalb des Wasserlaufs. Durch schmale, Hunderte von Metern tiefe Schluchten, unter überhängenden Felsen, aber auch immer wieder bergauf und bergab. Es macht uns keine Schwierigkeiten, ein Geröllfeld zu queren, können wir uns nämlich an einem stabilen Stahlseil entlang hangeln. Aber dann kommt die Mutprobe doch noch: Nachdem wir eine Zeitlang steil bergauf gekraxelt sind, scheint der Pfad zu enden. Tief unten erkennen wir gerade noch den Verdon. Verdammt tief, und es geht nahezu senkrecht in den Abgrund. Die Knie werden weich, die Hände feucht, als wir die erste der 250 Eisenstufen der Escalier-Imbert (Imbert-Leiter) ertasten. Rückwärts, daß wir die schwindelnde Höhe nicht mehr sehen. Ordentlich festhalten (den Daumen unter die Stange, wie weiland am Reck!) und sich einreden, daß nichts passieren kann. Umkehren geht sowieso nicht - von oben kommen die Nächsten. Und die gehen vorwärts, mit nur einer Hand am Geländer! Beim Wechseln von einer Treppe auf die nächste erlaube ich das Überholen. „Ihr seid aber mutig!"

„Ja, eigentlich sind wir nicht zum Wandern am Verdon, sondern zum Klettern", antwortet der Waghalsige.
'Und ich bin zum Wandern hier', denke ich bei mir, 'und nicht zum Klettern'.
Aber nach jeder Stufe wird die Höhenangst geringer. Die Imbert-Treppe ist übrigens das einzige Argument, die Wanderung am Point Sublime zu beginnen, dann erklimmt man sie aufwärts und erschauert erst, wenn man oben angekommen ist.
Im zweiten Teil wird die Strecke etwas eintöniger, vielleicht weil man sich schon satt gesehen hat. Bis dann

die zwei Tunnels kommen. „Wo ist die Taschenlampe?" „Verflucht, ich habe sie im WOMO vergessen" Also stiefeln wir ohne Licht in die Röhre. Bei der ersten ist es nicht schlimm, denn man sieht schon gleich wieder Licht am Ende des Tunnels. Aber dann die zweite, 800 m lang, und rabenschwarz. Bestimmt haben die anderen eine Funzel dabei, das steht doch in jedem Reiseführer. Den hat aber offenbar niemand gelesen. Als sich ein Grüppchen von 10 Wandersleuten ohne Lampe gebildet hat, ist der Herr mit dem Feuerzeug der König. Der übernimmt auch gleich die Führung und stolpert voran. Nur das Gas hätte nicht so schnell ausgehen dürfen. So muß der Zündfunke herhalten, um uns zu helfen (er tut es tatsächlich!), den dicksten Steinen und den größten Wasserlachen auszuweichen. Gleich hinter den Tunnels sind wir dann am Couloir Samson. Nun geht es nochmals schweißtreibend hoch zum Point Sublime, wo wir stolz die Weiterreise antreten. Aber wo ist die Taschenlampe?
Im Rucksack natürlich!

Man liest immer wieder von Alternativen zum *Sentier Martel.* Es gibt eigentlich keine. Entweder sind sie für den Normalsterblichen zu schwierig oder man muß auf halber Strecke umkehren. Einzig in Frage kommt ein Gang vom Couloir Samson (S. 134) nach Westen. Über einige Stufen in die Schlucht, durch die Tunnels und irgendwann wieder zurück. Das ist besser als nichts, viel besser als nichts!

Auf dem weiteren Weg nördlich der Schlucht erreicht man automatisch **La Palud**, den Hauptort des Verdongebietes. Hier kommt man in 1000 m Höhe an einem romantischen **Campingplatz** vorbei, genaugenommen sogar an zwei, wobei auf dem östlicheren, tiefer gelegenen, den alten Pfadfindern unter unseren Lesern warm ums Herz werden dürfte, wenn abends die Kletterer aus halb Europa in dicken Pullovern vor ihren kleinen Zelten hocken und zur Klampfe singen. Wer selbst für die richtige Stimmung sorgen kann, die schöne Umgebung trägt das ihre dazu bei, darf auch „frei" **übernachten**. Fahren Sie in La Palud Richtung La Maline, und Sie werden am Dorfrand einen heimeligen Parkplatz finden. Restaurants und Einkaufsmöglichkeiten sind nur wenige Schritte entfernt.

Tour 10: Verdon, die 2te

See von Ste. Croix - Riez - Valensole - See von Esparron
Castellane - See von Castillon

Übernachten:	am Lac de Ste. Croix: Campingplätze in Les Salles, Bauduen und Ste. Croix, „frei" bei Les Salles und Ste. Croix; „frei" in Riez; Campingplätze und „frei" am Stausee von Esparron; Campingplätze und „frei" in Castellane; „frei" am Lac de Castillon
Besichtigen:	Apollo-Tempel und Baptisterium in Riez; Lavendelverarbeitung; Castellane; St. Julien-du-Verdon
Essen:	*Auberge des Salles* in Les Salles; *Nouvelle Hôtel du Commerce* und *Hôtel du Levant* in Castellane;
Karte:	Seite 126

Nach einer anstrengenden Wanderung am Ufer des Verdon, der aufregend schmalen Kammstraße oder nach beidem suchen Sie noch ein paar Tage Erholung und ziehen dazu den Stausee in Betracht, den Sie schon mehrfach von oben im Blick hatten, den **Lac de Ste. Croix**. Recht haben Sie! Dabei gibt der sich zunächst alle Mühe, uns abzuschrecken. An der Strecke von Moustiers-Ste.-Marie zur (südlichen) Corniche Sublime, nachdem wir den **Verdon-Einlauf** auf der hohen **Galetas-Brücke** überquert haben, waren wir vor Jahren begeistert, als man auf beiden Ufern noch hervorragend stehen konnte. Das war zwar auch schon vor Jahren verboten, es wurde aber doch meist geduldet. Irgendwann kamen dann Barrieren, und es wurden Gräben ausgehoben, damit man die

Lac de Ste. Croix

Tore nicht umfahren kann. Man muß allerdings beachten, daß sich die Situation von Jahr zu Jahr geändert hat.

Bei unserem letzten Besuch konnte man auf dem Ostufer, etwa 600 m jenseits der Brücke, stehen. Teilweise war die Schranke hochgehoben, teilweise gab es keine. Auf jeden Fall durfte man hier den Tag verbringen, diverse Reisemobile blieben auch über Nacht (zu meinen Empfehlungen für die Nacht siehe gleich, weiter unten)

Bei der Brücke tun wir das, was hier jeder tut: Wir mieten uns Boote, Schwimmwesten (obligatorisch und gar nicht so überflüssig, wie man meint) sowie eine wasserdichte Tonne (für den Fotoapparat unverzichtbar) und paddeln über den See unter der Brücke hindurch in die Schlucht. Wir kommen bestens voran - aber nicht mehr zurück. Am Schluchteingang bläst uns auf dem Heimweg ein scharfer Fallwind entgegen, und unsere damals 11-jährige Tochter Lena wird mit ihrem Einer-Kajak trotz größter Anstrengung langsam aber stetig zurück in die Schlucht gedrückt. Es gelingt uns erst mit größten Anstrengungen, sie heraus auf den See zu ziehen. Wie froh sind wir mit unseren Schwimmwesten und der Tonne, auch wenn beide letztendlich nicht zum Einsatz kommen.

Wo aber kann man **übernachten**, ein paar Tage bleiben? Am besten auf einem der **Campingplätze**. Schön sind die beiden von Les Salles, allerdings sind sie im Juli/August häufig belegt. Ich gehe davon aus, daß rund um den See am Ufer von 23 bis 5 Uhr Parkverbot gilt, auch wenn nicht überall ein Schild steht. Ganz sicher, wenn alle Stricke reißen und die Zeltplätze voll sind, hält man sich tagsüber am See auf (z.B. bei Les Salles) und findet abends bei **Les Salles** zumindest eine gar nicht mal schlechte Bleibe für die **Nacht**. Zwar nicht direkt am See, aber schattig und in wohnmobiler Gesellschaft. Die kostet 25 Francs pro Nacht und Auto, aber dafür gibt es Toilette, Wasser und eine Entsorgungsstation. Die Stelle finden Sie oben beim Ort, nördlich des Dorfes, an dessen Rand (nehmen Sie von der D 957 die nördliche Ortszufahrt, Sie kommen dann automatisch vorbei).

In meinem Manuskript für diese Auflage hatte ich dem *Conseil-Municipal* (Stadtrat) von Les Salles ein dickes Kompliment gemacht, weil er eine große Fläche am See offiziell freigegeben hatte. Aber eine letzte Nachschau im Spätsommer 1997 bestätigt meine Befürchtung. Aus und vorbei! Fast! Zumindest gibt es (noch) kein Verbotsschild: Biegen Sie südlich von Les Salles von der D 957 ab und folgen Sie dem Wegweiser '*Le Lac*' (die schmale Zufahrtsstraße ist anfangs eine Einbahnstraße). Wenn Sie zum See gekommen sind, sehen Sie oberhalb einer Strandbucht, teils unter Bäumen, eine stattliche Anzahl von **Stellplätzen**. Der See liegt Ihnen zu Füßen, ein kleines Inselchen in Schwimmweite, das Dorf ist 8 Minuten entfernt (gehen Sie die Straße weiter und zwischen den beiden Campingplätzen die Treppe hoch; auf dem Weg kommen Sie auch an Wasser, Toilette und Telefonzelle des anderen, ehemaligen Stellplatzes vorbei).

Stellplatz bei Les Salles

Das beste **Restaurant** des Dorfes, die ***Auberge des Salles*** (*Tel. 04 94 70 20 04; außerhalb der Saison dienstags abends und mittwochs geschl.*), ist das einzig sichtbare Haus auf dem Berg, zu dessen Terrasse direkt von unserem Stellplatz ein Pfad führt. Dort erwartet uns traditionelle französische Küche, üppig, schnörkellos, aber gekonnt.

Auch sonst wird in Les Salles sur Verdon gut gesorgt: Es gibt unten am See die zwei, im Sommer ziemlich vollen **Campingplätze**, oben im Dorf eine Pizzeria, dazu Zeitungen und ein interessantes Touristenbüro. Hier sind die Fotos vom alten Les Salles aufgehängt, jenem Dorf, das 1972 dem Stausee zum Opfer fiel und oben auf dem Hügel neu wiedererstanden ist. Auf detaillierten Tafeln wird auch die Funktion der Stromgewinnung an der Staumauer erklärt und die Notwendigkeit des Sees, von dessen Wasser 116 Gemeinden und mehrere große Städte, darunter Aix und Toulon, versorgt werden. Nehmen Sie mal Ihre Michelin-Karte zur Hand, und Sie werden am weiter westlichen See von Esparron den zumeist unterirdischen Canal de Provence abgehen sehen, der sich mehrfach verzweigt und für die Versorgung der Bevölkerung heute nicht mehr wegzudenken ist. Die Idee zu diesem Kanal stammt schon aus dem 16. Jahrhundert, und es gab auch mehrere kleine Vorläufer, ehe dann 1964 mit dem Bau der insgesamt 3000 km begonnen wurde.

Hoffen wir, daß in Les Salles, dem neuen, wenigstens der kleine Freiraum erhalten bleibt. Denn am Lac de Ste. Croix ist die Entwicklung noch nicht zu Ende. Aus einsamen Bergdörfern wurden mit einem Schlag Badeorte. Oder sie wurden, wie Les Salles, für im See versunkene Dörfer neu gebaut und weiten sich seit dem aus. Ein derart großes Badeparadies unter südlicher Sonne mitten in Europa fordert so manchen Geschäftsmann heraus, und im Grunde kann man sich nur wundern, wie wenig in 25 Jahren verschandelt worden ist. Das soll sich aber bald ändern, so ist beispielsweise in der Nähe des südwestlichen Dorfes Baudinard ein Tourismusprojekt mit 3.000 Schlafplätzen in der Planung. Auch in anderen Dörfern sollen die Touristen die Wirtschaft ankurbeln. Aber es regt sich Widerstand, was in Frankreich nicht selbstverständlich ist. Mögen die Umweltschützer erfolgreich sein!

Lac de Ste. Croix - bei Les Salles

Sieht man aber die Sache relativ und bedenkt man, daß dieser Badesee nicht nur im Herzen Europas, sondern auch direkt neben einer der größten Natursehenswürdigkeiten liegt, ist der Tourismusandrang, jedenfalls werktags, maßvoll und die Vermarktung der Landschaft noch sensationell gering.

So kann man sogar Sympathie dafür aufbringen, daß nicht jeder Uferstreifen vermarktet wird oder auch für WOMOs freigegeben ist. An den meisten Stellen ist, wie erwähnt, das Übernachten verboten. So auch in **Bauduen**, einem sympathischen kleinen Dorf, in dem die Zeit nach 1972 zwar nicht stehengeblieben ist, das aber auch im Hochsommer noch den

Charme der Provinz verkörpert. Das Dorf liegt am Anfang eines Seitenarms des Sees. Genau gegenüber, am Rande der D 71, wohnen wir zwei Nächte auf dem sehr schön gelegenen **Campingplatz, *Le Vieux Chêne***, wo man zwar nicht direkt am Wasser steht, wo aber immerhin das Gewässer bei einem relativ schönen Strand an das Gelände des Campingplatzes grenzt. Die Übernachtungsgebühren sind niedrig, und sogar in der Hochsaison gibt es noch Platz. Der Verwalter ist aber zu tolerant und duldet, daß die Radios vieler junger Leute bis spät in die Nacht lärmen. Trotzdem ist der Campingplatz einer der schönsten am See, und wer ein Fahrrad oder Boot hat kann auch in Bauduen einkaufen, ohne das WOMO zu bewegen.

Bauduen - Blick vom Campingplatz *Vieux Chêne*

Auch in **Ste. Croix-de-Verdon** gibt es am Seeufer einen **Campingplatz**, der uns aber nur bedingt gefallen hat. Dafür kann man sich mit dem Wohnmobil in der Nähe einer Entsorgungsstation hinter den Strand stellen - tagsüber. Für die Nacht muß man auf einen sehr geräumigen **Stellplatz** weiter oben ausweichen und 30 Francs bezahlen. Auf dieser Fläche gilt Tagparkverbot, was nicht durchgesetzt wird. Insgesamt sind zwei Nächte erlaubt, was vermutlich auch niemand überprüft. Die Sicht ist sehr schön, und in dem Ort, der hoch über dem See thront, sind es zu Fuß nur wenige Minuten.

Unsere Tour, die alles andere als eine Rundreise ist, verzweigt sich nun. Den nordwestlichen Teil des Verdon und alles, was nördlich davon liegt und noch zur Provence gehört, werden Sie am Ende und bei der nächsten Tour kennenlernen, während wir nun zunächst dem Verdon bis zur Mündung

Ste. Croix-de-Verdon

in die Durance folgen. Dabei erreichen wir, 10 km vom Lac de Ste.-Croix entfernt, das Provinzstädtchen **Riez**, das nicht nur südfranzösischen Landcharme besitzt, sondern überdies vier römische (korinthische) Säulen eines ehemaligen Apollo-Tempels. Haben Sie keine Angst vor antiken Trümmern, die Sache ist schnell erledigt, denn die Dinger stehen einfach in der Landschaft, wenn man von Westen kommt, am Ortseingang gleich links. Dort kann man dann daneben das Baptisterium gleich mitbesichtigen. Der untere Teil der Anfang des vorigen Jahrhunderts restaurierten Taufkapelle stammt aus dem 5.

Riez

oder 6. Jahrhundert, so daß das Taufhaus als einer der ältesten Sakralbauten Frankreichs gilt und wirklich interessant ist, wenngleich ich bislang nur durch ein verschlossenes Gitter spähen durfte. Die ganze Anlage wird demnächst womöglich touristisch aufgemotzt, so ähnlich steht es auf einer Tafel. Dann fällt auch ein beschaulicher **Stellplatz** am Bach, nahe der Säulen, weg, obwohl man, ein paar Meter entfernt, auf einen großen Parkplatz unter die ausladenden Zweige einer Trauerweide (bei Wasser und WC) ausweichen kann. Nur, wer will in Riez übernachten?

Von dort sind es 8 km nach Deutschland - jedenfalls wenn man den Namen des nächsten Dorfes wörtlich übersetzt. Das heißt nämlich **Allemagne**, wobei das Wort wahrscheinlich auf das lateinische *ara magna* (*großer Altar*) zurückzuführen ist. Noch vor 200 Jahren hieß das Dorf Aramagno. Trotzdem war den Allemagnern ihr Ortsname, vor allem im zweiten Weltkrieg, nicht geheuer, so daß sie seit den frühen 50ern mit dem Zusatz *en Provence* alles klarstellen dürfen. In der Ortsmitte fährt man an einem fast verwunschenen, jedenfalls sehr französisch anmutenden Schlößchen vorbei.

Wenn Sie von Anfang Juli bis Anfang August, der Hauptblütezeit des Lavendel, unterwegs sind, werden Sie merken, daß die Straße, auf der Sie gerade fahren, ihrem Namen alle Ehre macht. Es ist die **Route de Lavande (Lavendelstraße)**, die von Carpentras über Sault, Manosque und Gréoux an Riez vorbei bis nach Castellane und zur Route Napoléon führt. Traktoren ziehen dann mit Blüten beladene Anhänger zu den kleinen Destillerien, die man zumeist - je nach Windrichtung - vorher oder hinterher deutlich riecht und an langen schmalen Schornsteinen erkennt. Fast noch mehr als bei Sault (3. Tour) prägen die langen, schnurgeraden Lavendelreihen auf den Feldern hier die Landschaft.

Besonders sticht dies auf dem **Plateau von Valensole** ins Auge, weshalb Sie, wenn Sie Zeit haben, die Fahrt von Allemagne nach Riez über Valensole ausdehnen sollten. Nirgendwo sonst als auf dem Plateau von Valensole findet man eine provenzalische Landschaft mit so viel Weite - und so viel Lavendel. Die ausgedehntesten Felder, die man ohne anstrengende Umwege erreicht, liegen auf den ersten 5 km an der Straße von Valensole nach Manosque, der D 6. Nur wenige Wälder stehen den Blicken im Weg. Die Bäume wurden zwischen den 20er und 50er Jahren unseres Jahrhunderts abgeholzt, als das Geschäft mit dem Lavendel immer mehr zunahm. Man findet sie heute nur noch am Übergang von den Tälern zur Hochebene und, in junger Form, wo sie wieder aufgeforstet wurden. Das Plateau de Valensole war - und ist es noch - ein Trüffelgebiet. Der edle Pilz hat in den Zeiten der *Nouvelle cuisine* eine Renaissance erlebt. Eine Trüffel kann aber nur unterirdisch an den Wurzeln einiger Bäume, vornehmlich Eichen, wachsen. Bis zu 1.000,— DM erzielt man für ein Kilo. Da ist Großmutters Parfum-Stoff, der **Lavendel**, schon weniger gewinnträchtig. Den kann man aber leichter ernten, man benutzt heutzutage Maschinen, während man Trüffel nur mühsam und mit speziell abgerichteten Hunden aufspüren kann. Der Vergleich hinkt, aber in der Gegend um Riez hat nun mal die Trüffel mit dem Lavendel zu tun.

Dabei müßte ich, wenn vom Verkaufsprodukt die Rede ist, eher über den Lavandin schreiben, einer deutlich ertragreicheren Kreuzung zwischen dem Echten Lavendel und dem sogenannten Großen Speick. Die meisten Reihen auf den Feldern bestehen inzwischen aus Lavandin, diesem Zuchtlavendel. Angeblich ist sein Aroma auch intensiver als das des echten Lavande, den es natürlich auch noch gibt, und dessen Lavendelöl sogar erheblich teurer ist. Denn 100 Kilo Lavendel ergeben etwa 1 Kilo Essenz, während Lavandin dreimal soviel hergibt. Ihn nimmt man auch eher fürs Grobe, für Lavendelsäckchen, für Seife oder gegen die Motten. Die Parfumindustrie hingegen greift zum Lavande, der in größeren Höhen, zwischen 500 m und 800 m, wächst; der gekreutzte Bruder gedeiht schon ab 400 m. Halten Sie mal an einem der Verkaufsstände seitlich der Straße an und testen Sie selbst! Ihnen wird dann auch eine *Appellation Contrôlée* von der *Essence de la lavande de Haute-Provence* angeboten. Das ist natürlich kein Lavendelbenzin, sondern Lavendelöl, dessen Herkunftsbezeichnung aus der Haute-Provence gesetzlich geschützt ist. Der Wein erhielt in Frankreich als erster eine *Appellation Contrôlée*, verschiedene Schnäpse und der Käse durften folgen. Und nun, seit 1981, auch der Lavendel! Aber nur, wenn er wirklich von hier kommt, und wenn der Erzeuger bestimmte Herstellungsvorschriften einhält. Dazu gehört auch die richtige Destillation, der man am Straßenrand und auch in den Ortschaften zusehen kann: Die getrockneten Blütenzweige werden in einen großen Kessel gestopft, der sodann im Wasserdampf erhitzt wird. Dadurch löst sich das in den Blüten enthaltene Lavendelöl, das danach in Glasballons fließt, wenn es aufgrund einer Abkühlung kondensiert.

Zum nächsten intensiven Verdon-Kontakt kommt es am untersten der Stauseen, am **See von Esparron**, den die Einheimischen und ältere Wegweiser *Retenue de Gréoux* nennen, womit dann auch gesagt ist, daß es sich um das Rückhaltebecken von Gréoux, also um einen Stausee handelt. Der nahe Ort **Gréoux-les-Baines**, in dem schon die Römer ihren Rheumatismus heilten, ist ein etwas angeschickter Heilbadeort und touristisch nicht sonderlich interessant. Übernachtungsplätze gibt es auf dem Parkplatz vor dem Badehaus und, mit Glück, auch ganz in der Nähe, am Verdon. Lohnender ist aber der Stausee, der als der landschaftlich schönste der Verdon-Seen gilt (ich finde den Lac de Castillon schöner).

Nur hat auch er den Nachteil der anderen Seen - und praktisch aller Stauseen, daß die Ufer zum größten Teil steil und mit dem Auto unerreichbar sind. Ein Stausee wird nämlich normalerweise so angelegt, daß man ihn mit einfachen Mitteln, also mit einer vergleichsweise kurzen Mauer, aufstauen kann. Dazu bedarf es aber eines Tals, das von natürlicher, steilabfallender Berglandschaft eingegrenzt ist. Wer über Südfrankreich einigermaßen reale Vorstellungen besitzt, kann sich denken, daß die wenigen zugänglichen Stellen eines solchen Sees touristisch gut besucht sind - zurückhaltend formuliert.

Um so überraschter sind wir, als wir das wirklich schön gelegene **Esparron** viel weniger überlaufen antreffen als wir das erwartet haben. Denn im Dorf wohnen allerhöchstens 200 Einwohner, es gibt nur ein größeres Hotel und einen Campingplatz. Am Abend sind außer dem Hotel nur noch zwei Kneipen offen, ansonsten ist tote Hose, nur vom Campingplatz macht sich die Disco musikalisch und mit ein paar bunten Birnen bemerkbar. Genau gegenüber von diesen verbringen wir die erste Nacht in Esparron. Auf dem geräumigen Parkplatz am See stehen neben uns noch zwei andere WOMOs. Wir **übernachten** oberhalb des felsigen Seeufers, zu

Esparron

dem man bei den Ladengeschäften von Esparron abbiegt. Schöner kann man kaum stehen: Panoramablick auf den blauen See, seine fjordartigen Arme, auf den kleinen Hafen und die bewaldeten Ufer. Das Verbotsschild für Wohnmobile an der Abfahrt zum Parkplatz haben wir übersehen, weshalb uns auch jedes Unrechtsbewußtsein fehlt, als die Gendarmerie unser Auto umkurvt, während wir gerade beim Abendbrot sitzen. Die Herren grüßen freundlich - und fahren weiter. Möglicherweise schreitet man hier erst ein, wenn die Wohnmobile überhand nehmen. Oder am Tage; dann nämlich ist der Parkplatz voll von den Autos der Tagestouristen, die sich auf den Felsen sonnen. Wegen des Verbots kann ich Ihnen offiziell nur den weniger schönen Platz oben an der Straße; an der Abzweigung der Parkplatzzufahrt, empfehlen, wo es in der Nacht ruhiger wird als man abends erahnt. Immerhin ist hier die Stellfläche ebener als auf dem verbotenen Terrain.

Wasser gibt es an einem Brunnen hinter dem Schloß, Richtung Campingplatz. Fährt man an diesem vorbei, wird der Weg ziemlich schmal. Nach ca. 800 m hört dann auch noch der Asphalt auf. Haben Sie ein kleines WOMO, nicht länger als 6 Meter, und versprechen Sie mir, umzukehren, wenn schon mehr als drei andere Wohnmobile dort sind? Dann dürfen Sie noch 150 m weiter fahren. Halten Sie an, wo Sie noch kehrtmachen können und erkunden Sie die letzten 150 m zu Fuß. Um nachtfertig zu stehen, sollten Sie unbedingt vorher gewendet haben, was am Ende diese Weges schwierig wird. Der Lohn der Mühe ist ein nettes **„freies“ Plätzchen**, direkt am See, aber einsam und in einem feuergefährdeten Wald. Für die Legalität dieses Tips übernehmen wir, wie immer, keine, hier gar keine, Gewähr.

Das gilt ebensowenig für den **Campingplatz**, ***Camping le Soleil***. Allerdings nur bezüglich dessen Kapazität, die von Mitte Juli bis Mitte August gelegentlich erschöpft ist. Ansonsten ist der sich den Hang am See hochziehende Platz unter Bäumen wunderschön gelegen und geradeso erfreulich und familiär geführt. Hier könnte ich einen ganzen Urlaub verbringen, weshalb Sie ausnahmsweise auch mal eine Reservierung ins Auge fassen könnten (*Tel. 04 92 77 13 78; offen von Ostern bis Ende September*). Es gibt am See von Esparron noch zwei weitere Campingplätze: Der erste, westlichste ist ein fern jeder Ortschaft gelegenes Naturistencamp, das einige Kilometer vor Esparron abseits der Straße am See liegt (spärlicher Wegweiser zum '*Centre naturiste*'). Angeblich darf jeder dort hin, ist er nur nackt. Wir haben zwar den gut befahrbaren Weg getestet, sonst aber nichts. Im Gegensatz zu einem neu entstandenen Campingplatz, 2 km vor Esparron

(*Camping du Lac*), der in der Nähe des Sees liegt, aber nicht an diesen grenzt und daher nur zweite Wahl sein dürfte,

Inzwischen haben Sie gelernt, daß man am Verdon seine gesamten Ferien verbringen kann. Es liegt daher nahe, auch den Oberlauf kennenzulernen, zumal man diesen Teil der Provence, in dem die hohen Berge schon unerwartet nahe kommen, gut mit der Heim- oder Hinreise verbinden kann (siehe *Anreise*). Östlich der Schlucht dürfen Sie sich sogar vom Verdon in den Schlaf rauschen lassen. Entweder auf einem von mehreren **Campingplätzen** westlich von **Castellane** oder, man glaubt es kaum, aber über die Jahre hat sich nichts verändert, **„frei"** direkt an seinem Ufer. Fahren Sie in Castellane auf der Hauptstraße in Richtung Cannes, Nice durch den Ort. Am östlichen Ende des Städtchens kommen Sie an eine Brücke, die über den Verdon führt. Biegen Sie vor der Brücke nach rechts ab, einem blauen Parkplatzschild hinterher. Nach etwa 150 m endet die Straße auf einer größeren Freifläche direkt neben dem Fluß, zwar nicht besonders lauschig, aber sicher, eben und ruhig. Die meisten Wohnmobile überqueren stattdessen die Brücke und übernachten auf dem Parkplatz rechts vor dem Schwimmbad. Dort donnern aber die Laster vorbei, und schräg steht man auch noch (Toiletten gibt es westlich des Marktplatzes).

Castellane ist mit seinen 1.400 Einwohnern im Grunde ein Dorf, wirkt jedoch, besonders mittwochs und samstags, wenn Markt ist, wie eine Stadt, so daß der Touristenrummel gar nicht so stört. Obwohl sich um ihn alles dreht: Jede Menge Kneipen, Andenkenläden und Reisebüros. Dort kann man die sportliche Seile der Verdon-Vermarktung kennenlernen: Trekking, Rafting, Climbing, Mountainbyking und was sonst noch mit „-ing" endet. An den Wänden dieser Büros hängen große Plakate, auf denen neonbunt gekleidete, sonnengebräunte Menschen die Herausforderung der Natur und natürlich auch unserer Zeit angenommen haben.

Wir fordern lieber die Köche im besten **Restaurant** des Ortes heraus: Im ***Nouvel Hôtel du Commerce*** (*Tel. 04 92 83 61 00; geöffnet von Ende März bis Anfang November ohne Ruhetag*) wird ein erstaunlich einfallsreiches Essen in einem gemütlichen Garten serviert. Für die Küche spricht hier auch, daß Lena und Anna beim Kindermenü endlich einmal mehr zur Auswahl haben, als Hacksteak oder Schinken mit Pommes. Das WOMO kann man sogar noch in Sichtweite stellen (vor der Brücke nicht auf den Parkplatz nach rechts, sondern auf den nach links, auf dem man leider nicht übernachten darf), so daß einem genußreichen Abend nichts im Wege steht.

Ordentlich, aber einfacher und preiswerter, ißt man auch auf der anderen Seite des Marktplatzes, im ***Hôtel-Restaurant du Levant.***

Von einer kleinen sportlichen Leistung darf ich noch berichten, vom Fußweg hinauf auf den **Aussichtsfelsen Notre Dame du Roc**. Es lohnt sich, der Weg beginnt am oberen Ende des länglichen Platzes, an dem vorne rechts die Post und daneben das *Nouvel Hôtel du Commerce* liegen.

Von Castellane ist es nicht mehr weit zum nördlichsten der drei großen Stauseen, zum **Lac de Castillon**, der Sie allerdings enttäuschen wird, wenn Sie hier einen mehrtägigen Badeurlaub verbringen möchten. Seit dem Jahre 1995 gibt es nur noch drei Stellen, an denen Sie in die auch im Sommer kühlen Fluten steigen dürfen:

Die erste Möglichkeit finden Sie gleich im Süden, bei den Häusern von Le Cheiron. Dort ist sogar das „freie“ **Übernachten** erlaubt. Sie sehen seitlich der Straße ein überaus geräumiges, an den See grenzendes Gelände mit vielen Buschnischen. Aber auch ein Verkaufskiosk kann nicht verhindern, daß dem einsamen Milieu ein so deutlicher Hauch von Tristesse anhaftet, daß ich nach einem Badetag zum Übernachten lieber weiter nach Castellane fahren würde, es sei denn, Sie sind zu mehreren, oder andere Leser sorgen für Gesellschaft.

Ganz anders ist die Stimmung in **St. Julien-du-Verdon**, weiter nördlich, einem traumhaft verschlafenen Nest oberhalb des Sees. Wir parken unter Bäumen am Ortsrand, wo man ohne weiteres auch **übernachten** kann, und bummeln zum höchsten Punkt des Dorfes, einer kleinen Kapelle inmitten

Lac de Castillon - bei St. Julien

eines stillgelegten Friedhofes. Die Hühner dürfen hier noch frei umherlaufen. Touristen könnten es auch, ohne es aber zu wollen. Dabei ist dieser kurze Spaziergang hinauf zum Kirchhof ein wirklicher Höhepunkt unserer Reise. Vielleicht der unspektakulärste, aber eine viertel Stunde, in der Frankreich wieder mal Überzeugungsarbeit für kommende Urlaube geleistet hat.

In St. Julien kann man auch hinunter an den See fahren, an einen kleinen **Badeplatz**. Ich vermute, daß dort auch einige, wenige Wohnmobile bis etwa 6,50 m Länge stehen können und geduldet sind. Ausprobiert habe ich weder das eine noch das andere, Sie sollten es vielleicht vorher zu Fuß testen. Ich glaube, es lohnt sich. Der Campingplatz hingegen liegt leider nicht am See.

St. Julien-du-Verdon

Zu einem reizvollen Fleckchen Erde kommen Sie auch, wenn Sie nördlich von St. Julien, zwischen den beiden Tunnels, nach Osten zu einem klitzekleinen weiteren See im Tal des (der) Angles abbiegen. Dort gibt es erst eine verwunschene Halbinsel und dahinter das *Camp de la Baie d'Angles*. Ich bin nicht ganz sicher, ob der Campingplatz nur für irgendeine Gruppierung oder für jedermann offensteht, ich habe das trotz der wirklich schönen Lage nicht näher recherchiert, denn im See ist das Baden verboten. Die Naturfreunde und Einsamkeitsfanatiker unter unseren Lesern sollten dennoch die Stelle einer näheren Betrachtung unterziehen.

Das war's dann auch, wenngleich man im Norden, bei St. André, der dritten uns bekannten Möglichkeit, nochmals **ba-**

den darf. Dort hat es uns aber nicht so gut gefallen, was vielleicht auch am trüben Wetter lag. Der Vollständigkeit halber soll nicht unerwähnt bleiben, daß es bei St. André einen oder mehrere Campingplätze gibt.

Vielleicht haben Sie an der bergigen Nordprovence Gefallen gefunden. Dann könnten Sie Ihre Heimreise bei der nächsten Tour noch etwas verzögern.

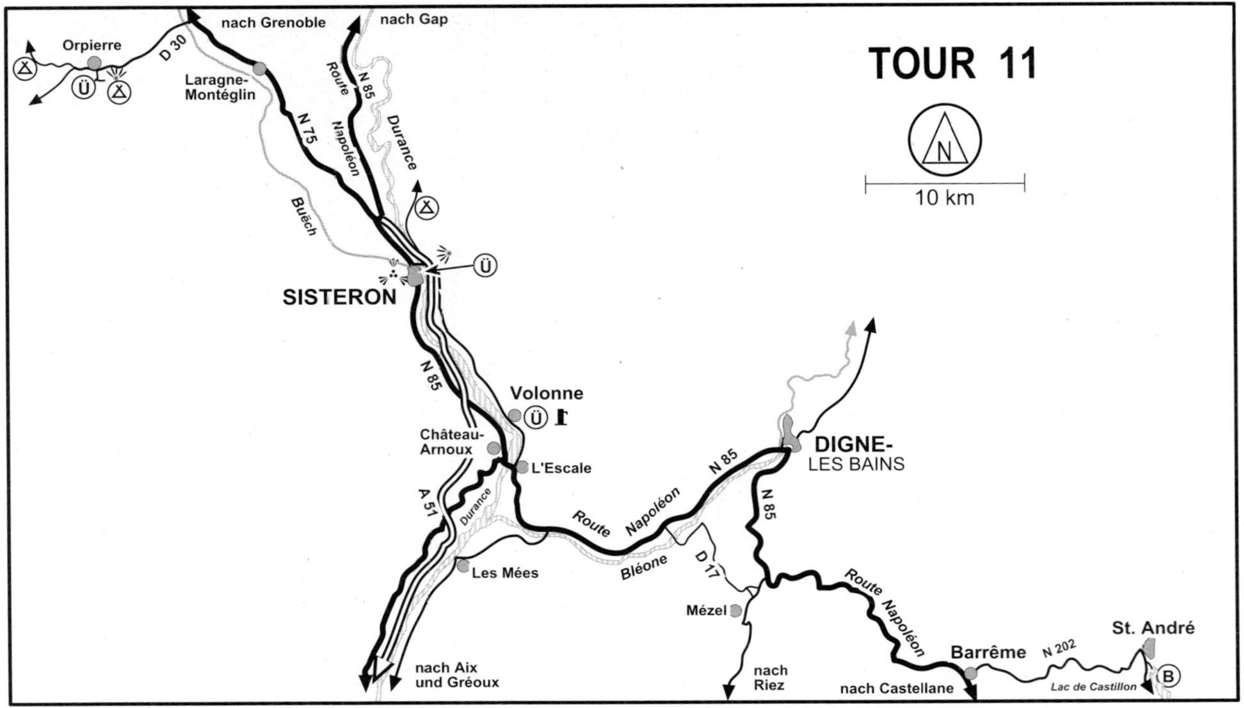
TOUR 11
N
10 km
nach Grenoble
nach Gap
Orpierre
D 30
Laragne-
Montéglin
N 75
Route
N 85
Napoléon
Durance
Buëch
SISTERON
Ü
N 85
Volonne
Château-
Arnoux
L'Escale
A 51
Durance
Les Mées
nach Aix
und Gréoux
Route
Napoléon
N 85
Bléone
DIGNE-
LES BAINS
N 85
D 17
Mézel
nach
Riez
Route
Napoléon
nach Castellane
Barrême
N 202
St. André
Lac de Castillon
B

Tour 11: Tour-Napoléon

Volonne - Sisteron - Orpierre

Übernachten:	bei Volonne; auf dem Campingplatz oder „frei“ in Sisteron; auf dem Campingplatz oder „frei“ in Orpierre
Besichtigen:	Altstadt und Zitadelle von Sisteron; Orpierre
Essen:	Restaurant *Becs Fins* in Sisteron

„*Mittagessen in Castellane, Nachtlager in Barrême*“. So etwa könnte die Tagebucheintragung Napoleons am 3. März 1815 ausgesehen haben. Ein knappes Jährchen hatte es der abgesetzte Kaiser in seinem Exil auf Elba ausgehalten, ehe er am 1. März 1815 mit weniger als 1.000 Soldaten bei Cannes wieder französischen Boden betrat. Paris und die Wiedererrichtung des Kaisertums waren sein Ziel, als er über Grasse auf der Strecke der heutigen N 85 eilig nach Norden zog. Am 2. März war er an der Küste aufgebrochen und am 3. lagerte er schon bei Barrême. Am 5. März stand er vor Sisteron, und am 18. Juni 1815 war bei Waterloo der Traum schon wieder ausgeträumt. Napoleon mußte auf die Atlantik-Insel St. Helena, wo er im Jahre 1821 dann auch starb.

Fährt man entlang der N 85, der Route-Napoléon, sieht man immer wieder Gedenksteine am Straßenrand, und besonders stolz sind die Orte, die sich rühmen können, der Kaiser habe hier genächtigt. Dazu zählt auch das ansonsten wenig bedeutsame Städtchen Barrême, wo wir nach unserem kleinen Ausflug an den Lac de Castillon, am Ende der 10. Tour, wieder auf die N 85 stoßen. Der klassische Weg nach Norden führt nun über Digne, das ich aber nur aus der Literatur kenne. Denn ich habe immer nördlich von Mèzel, auf der kleinen, querverlaufenden D 17, abgekürzt, um dann weiter westlich, im Tal der Durance, auf einen der klassischen Zufahrtswege in die Provence zu stoßen.

Und auf den kleinen Stausee bei **Volonne**, der jedoch eine Enttäuschung ist; stark verschilft und zum Baden nicht geeignet. Trotzdem ist die Landschaft reizvoll, und an der D 4, zwischen L'Escale und Volonne, finden Sie direkt am See einen Picknickplatz, wo Sie sehr einsam „frei“ **übernachten** könnten. Schön ist dort auch der Blick auf das gegenüberliegende Château-Arnoux. In Volonne kann man gegenüber des Platzes an der kleinen Kirche auch Wasser bunkern, ehe man

See von Volonne

weiter nördlich, in Sisteron, allmählich von der Provence Abschied nimmt.

Sisteron war für uns schon immer ein beliebter Etappenort. Sei es als Ziel auf der Fahrt in die Provence oder sei es auf dem Heimweg. Wir haben daher schon viele **Übernachtungsmöglichkeiten** getestet. Kein Highlight, aber angenehm und ruhig gelegen ist der beschilderte **Campingplatz**, 3 km nördlich der Stadt. Eben ein Campingplatz, auf dem man eine Nacht verbringt und dann weiterfährt (*Municipal des Prés Hautes; März - Okt.*). Aber es gibt auch „freie" Alternativen, deren schönste unten an der Durance, die ich noch in der 1. Auflage unseres Reiseführers hoch gelobt habe, einem Nachtparkverbot zum Opfer gefallen ist. Ich mußte also einen Ausweg suchen und wurde fündig: Biegen Sie in Sisteron von der Durchgangsstraße, der N 85, beim Hotel *Le Cour* und den beiden runden Stadtmauertürmen zum Fluß hin ab. Folgen Sei nun einem blauen Parkplatzschild, bis Sie auf eine Mauer stoßen. Dort fahren Sie nicht links, sondern rechts (!) und folgen dem Wegweiser '*Plan d'Eau*', bis Sie zur Straße '*Rue Font Rive Neufe*' kommen. Dort schickt Sie wieder ein Wegweiser zum '*Plan d'Eau*', links auf einer Straße bergab, die unten an der Durance, in der Nähe eines kleinen Badesees, dem Plan d'Eau, endet. Die Fläche ist sehr geräumig, ob der nahen Autobahn etwas laut, jedoch wegen des Blicks auf Sisteron sehr schön gelegen. Aber es ist hier auch etwas einsam, und wenn ich mich nicht getäuscht habe, mußte ich den Beginn baulicher Aktivitäten registrieren, die vielleicht irgendwann auch diesem Stellplatz den Todesstoß versetzen. Unter Umständen kommen Sie von hier auch noch etwas näher an den Badesee heran, was Sie ausprobieren könnten. Leider stehen Sie auf diesem schönen Stellplatz aber so weit von der Stadt entfernt, daß Sie nicht mehr einfach zum Essen gehen können. Sie müssen also zuerst den Stellplatz suchen, dann wieder in die Stadt zurückfahren, parken, spachteln und danach im Dunkeln, den Weg wieder finden, was aber nicht schwierig ist.

Auf der anderen, der östlichen Seite der Durance brauchen Sie erst gar nicht einen Schlafplatz zu suchen, es gibt keinen. Dafür gelingt Ihnen hier am frühen Morgen das klassische Foto auf die Stadt.

Sisteron

Hat Ihr WOMO die Ausmaße eines Kleinbusses, können Sie auch ganz lauschig neben dem Eingang zur **Zitadelle** bei einem kleinen Park und vor der öffentlichen Toilette schlafen (Wegweiser zur '*Citadelle*').

Von dieser Festung wurde seit altersher der Durancedurchbruch militärisch kontrolliert. Doch als Napoleon hier vorbeizog, ließ man ihn gewähren. Die bis dahin regierungstreuen Soldaten waren schon zu ihm übergelaufen. Noch 1944 hatte das Bollwerk strategische Bedeutung und wurde deshalb von amerikanischen Flugzeugen bombardiert. Von der wiederaufgebauten Terrasse schießt (wir stehen schließlich auf militärischem Gelände) man eines der klassischen Fotos auf die Dächer des „Tors zur Provence“ (schöner ist die Aufnahme von der anderen Flußseite). Wenn man die 365 Stufen runter in die Altstadt wieder hinter sich gebracht hat, wenn man ausgiebig durch die engen, teilweise überbauten Gassen gebummelt ist, wenn man den sehenswerten, 1890 nach altem Modell wieder aufgestellten Uhrturm bestaunt hat, sucht man ein **Restaurant**. Gehen Sie ins ***Becs Fins*** in der Rue Saunerie (vom Parkplatz am Duranceufer etwa 500 m entfernt; die erste Treppe hoch, nach rechts durch die überbaute Gasse und danach nochmals halbrechts, Sie sind dann schon auf der richtigen Straße). Das Essen ist ohne Schnörkel, aber sorgfältig zubereitet. Und zum Fleischgang wird ein scharfes, gezacktes Messer aufgelegt, wie in besten französischen Landkneipen, in denen die Produkte noch naturbelassen auf den Tisch kommen *(Tel. 04 92 61 12 04; in der zweiten Junihälfte und - außer Juli/August - mittwochs geschlossen*). Sie denken in diesem Zusammenhang an die berühmten Sisteron-Lämmer? An Jungtiere von den würzigen Weiden der Hochprovence, an artgerechte Aufzucht? 400.000 Tiere verlassen die Schlachthöfe der Umgebung, aber höchstens ein Drittel stammt aus der Gegend, der Rest wird zum Teil aus dem Ausland angekarrt. Das Gütesiegel gibt es schon, wenn nur der Schlachtort hier liegt. Ein Schmu, dem der Verbraucher - auch bei anderen Fleischprodukten - hilflos ausgeliefert ist. Und die in engen Lastwagen durch halb Europa transportierten Tiere sind es erst recht.

Aber ich möchte Ihnen den letzten Abend in der Provence nicht vermiesen, denn schließlich werden Sie von hier aus die Heimreise antreten. Oder Sisteron ist Ihre erste Station im Süden.

Vielleicht wollen Sie aber auch dem Stadtrat von Sisteron heimzahlen, daß er Ihnen den stadtnahen Stellplatz am Ufer der Durance geraubt hat. Sie fahren einfach weiter nach Norden (bzw. beginnen Ihren Provence-Urlaub schon weiter

Orpierre - Blick vom Campingplatz

nördlich) und biegen etwa 20 km nördlich von Sisteron in das westlich gelegene **Orpierre** ab. Das liegt nun zwar nicht mehr in der Provence, aber immerhin doch fast. Nur mit dem Kaiser hat Orpierre nichts am Napoleon-Hut. Der und sein Besitzer sind nämlich nördlich von Sisteron auf den östlichen der beiden Wege nach Grenoble abgebogen. Das ist auf jeden Fall die längere Route. Ob diese Strecke über Gap schöner ist, weiß ich nicht. Etwas zeitraubend sind nämlich beide Straßen, und so kurz vor dem Ziel, bzw. gleich zu Beginn der Heimreise, hat für mich stets die Geschwindigkeit gezählt.

Außerdem **übernachte** ich gerne mal wieder in **Orpierre**, weil es in diesem netten Dorf nicht nur einen sehr schön gelegenen **Campingplatz** (*Les Princes d'Orange; Juni - Sept.; beheiztes Schwimmbach*), gibt, auf dem man in 700 m Höhe bei toller Sicht auf Dorf und Festung durchaus ein paar Tage länger bleiben kann, sondern auch einen empfehlenswerten „freien“ **Stellplatz**. Das ist der Parkplatz beim Schwimmbad (Wegweiser '*Camping*'), der sehr geräumig ist und in der Nähe von Häusern liegt. Wer es einsamer wünscht, fährt noch ein paar Meter weiter bergab und dann hinter der Brücke nach rechts, wo man sich vom Bach in den Schlaf säuseln lassen kann. Am Dorfplatz, bei der Kirche, gibt es eine Toilette, und Wasser kann man am Brunnen am westlichen Dorfende nachtanken. Einen weiteren einfachen Wiesencampingplatz finden Sie 5 km westlich des Ortes, unterhalb eines bezaubernden Panoramas am Bach.

Achtung, die Gegend macht süchtig!

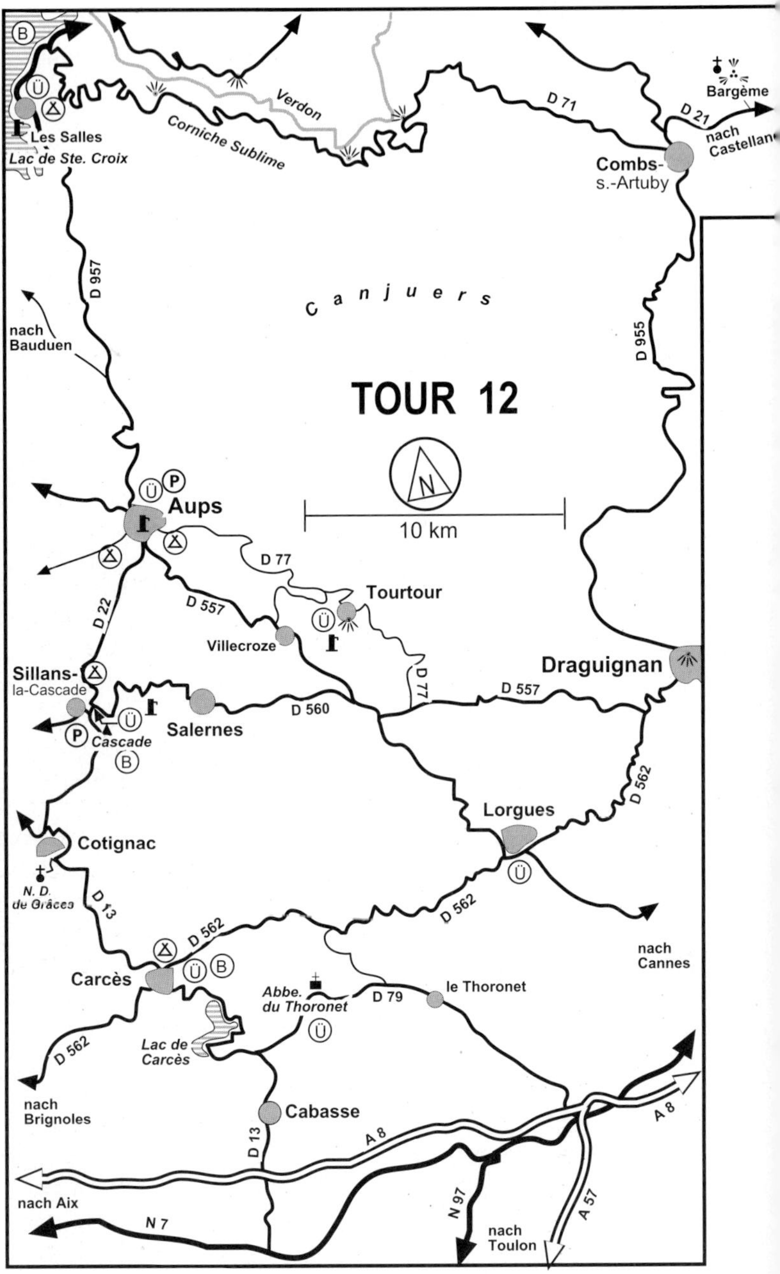

TOUR 12
10 km
N
Les Salles
Lac de Ste. Croix
Verdon
Corniche Sublime
D 71
Bargème
D 21
nach Castellane
Combs-
s.-Artuby
D 957
Canjuers
nach Bauduen
D 955
Aups
D 77
Tourtour
D 557
Villecroze
D 22
Draguignan
Sillans-
la-Cascade
D 560
Salernes
Cascade
D 562
Lorgues
Cotignac
N. D. de Grâces
D 13
nach Cannes
Carcès
Abbe. du Thoronet
D 79
le Thoronet
Lac de Carcès
nach Brignoles
Cabasse
A 8
nach Aix
N 7
N 97
A 57
nach Toulon

Tour 12: Das Hinterland - zwischen Verdon und Küste

Bargème - Draguignan - Abbe. du Thoronet - Sillans
Aups - Tourtour

Übernachten:	in Lorgues; beim Kloster Thoronet; „frei“ oder auf dem Campingplatz von Carcès; in Sillans; „frei“ oder auf dem Campingplatz von Aups; „frei“ in Tourtour
Besichtigen:	Bargème; Draguignan; Kloster Thoronet; Cotignac; Wasserfall von Sillans; Aups; Tourtour
Essen:	*Chez Bruno* in Lorgues; *Restaurant de L'Arcarde* in Sillans

Ich habe es mal wieder getestet. Obschon oder gerade weil wir den 31. August schrieben, die Saison also gelaufen war. Einen „freien“ Stellplatz habe ich erst gar nicht gesucht, Schlossereibetriebe haben hier nämlich bei der Anfertigung von Barrieren und Schranken Hochkonjunktur. Also nahm ich mir an der Küste bei Le Lavendou, östlich von Toulon, einen Campingplatz vor. Einen mit vier Sternen, ausgezeichnet in allen Führern und direkt am Strand. Aber die Dame an der Rezeption, eine deutsche Studentin, bremste schnell meine Erwartungen: Alle ca. 500 Stellplätze mit Blick aufs Meer waren belegt oder reserviert. Es blieben zwar noch genug andere, aber am Strand lag trotzdem Handtuch neben Handtuch. „Wir sind schon zum achten Mal hier“ erzählte unser WOMO-Nachbar, „und Sie werden keinen schöneren Campingplatz in der Umgebung finden.“

Weit über 100 Wohnmobile stehen auf einem einzigen Zeltplatz, kein gewachsenes Dorf ist zu Fuß erreichbar, der Supermarkt für über 3.000 Urlauber grenzt an eine Katastrophe und in Sichtweite am Strand droht eine Neubausiedlung mit künstlichem Hafen. Nur das Meer und die vielen Menschen! Wie ist es hier erst im Hochsommer? Enden so meine Leser, wenn sie die Provence durchreist haben? Müßte ich derart zwei Wochen meiner Ferien verbringen, hätte ich auch eine Satellitenantenne auf dem Dach. Warum nur ist für so viele ausschließlich der Strandurlaub ein richtiger Urlaub?

Nach einer Nacht war mein Vorurteil wieder bestätigt, die Provence-Küste ist nichts für mich. Die Côte d'Azur klammern wir also aus. Nur anläßlich der 13. Tour unternehme ich eine kleine Stippvisite zum Küstenabschnitt östlich von Marseille.

Aber das **Hinterland** ist eine Reise wert, eine durchaus beschauliche mit vielen schönen Orten. Und einen tollen Badeplatz gibt es dort auch, dazu aber später.

Wir starten zu unserer 12. Tour in Castellane, an der Route-Napoléon, und kurven nach Süden, wobei wir eine wilde Berglandschaft durchqueren. 19 km südlich von Castellane biegen wir auf die D 21 nach Westen ab. Lassen Sie sich nun Zeit, denn jedes Dorf hat noch den Charme der verlassenen Hochprovence behalten. Auch wenn es kaum noch ständige Bewohner gibt, wie beispielsweise in **Bargème**, rund 1.100 m über dem Meeresspiegel. 1971 zählte man immerhin noch 61 Einwohner, während heute nur noch ein einziges Paar das ganze Jahr über in diesem höchstgelegenen Dorf des Departements Var wohnt. Die Michelin-Karte verspricht Ihnen nicht zu viel, denn der Blick von der Burgruine ist wirklich phantastisch.

Südlich von Comps beginnt das Kalkhochplateau von Canjueres, über das einst die Schafherden zogen. Heute sind es eher Panzer, denn das weite Land wurde zu einem der größten Truppenübungsplätze Frankreichs umfunktioniert.

Jenseits davon wird die Landschaft dann sanfter, mit Zypressen, Weinfeldern und südlichem Flair. Das zog die Wohlhabenden an, die hier, in erreichbarer Nähe zur Küste, ihr Feriendomizil gefunden haben. Trotzdem wurden die Dörfer nicht ganz verlassen, wenn auch mancher Ort inzwischen mit dem Geld aus dem Norden etwas herausgeputzt wirkt. Von **Draguignan** kann man das nicht behaupten, denn vom höchsten Punkt der Stadt, der Tour l'Horlog, (mit nettem kleinen

Draguignan

Garten-Theater) blickt man auf eine in Auflösung begriffene Altstadt. Ganze Häuserzeilen sind verrottet und dem Verfall preisgegeben. Trotzdem ist die „Drachenstadt“ einen Stop wert, allein des malerischen Marktplatzes wegen. In Draguignan begegnet man dem morbiden Zauber vieler französischer Provinzstädte. Man sucht keine Highlights, es gibt nichts Herausragendes zu sehen, und doch wird man als Frankreichliebhaber immer wieder eingefangen.

Das gilt auch für **Lorgues**, ein Städtchen 13 km südwestlich, das sich deutlich den im Sommer Zugereisten unter den 2.000 Einwohnern verschrieben hat. Und den Feinschmekkern, denen von einem Herrn, den sie kumpelhaft **„Trüffel-Bruno“** nennen, vorgeschrieben wird, was sie zu essen haben. Der liebe Bruno hat es zu einem Michelin-Stern gebracht, und entsprechend boomt sein **Restaurant** (*Chez Bruno; Tel. 04 94 73 92 19; es gibt nur ein Menu*). Wir bekamen ohne Voranmeldung keinen Platz und unsere Reisekasse kein Loch. Dafür haben wir auch nicht die **Übernachtungsmöglichkeiten** auf dem großen Parkplatz unterhalb der Kirche, in der Nähe von Häusern, getestet.

Wesentlich einsamer sind die im Gebüsch schön gelegenen und schattigen Parkplätze beim **Kloster von Thoronet**. Die ehemalige Abtei ist der Hauptgrund für unsere Reise in diesen Teil der Provence, die netten Dörfer drumherum sind das Zufallsprodukt. Thoronet war ein Zisterzienser-Kloster und wurde im Jahre 1160 gegründet. Kenner halten den Bau für den klassischsten der drei Zisterzienser-Klöster, weil er harmonischer und noch schlichter als die Abtei von Sénanque ausgeführt wurde. Lesen Sie an dieser Stelle nach, was ich Ihnen anläßlich der 4. Tour über Baustil und Orden der Zisterzienser vermitteln wollte. Das gilt für Thoronet ganz genauso (*täglich von 9 - 17 oder 18 Uhr, sonntags Mittagspause von 12 - 14 Uhr, im Innern gute Beschilderung; 27 F*). Auch wenn die im letzten Jahrhundert durchgeführten Restaurierungsarbeiten ein wenig zu perfekt waren, zählt die Abtei von Thoronet für mich zu den sehenswertesten Bauwerken der Provence.

Nur ganz so still wie zu den Zeiten der Zisterzienser, die sich ja bewußt abgelegene Orte für ihre Klöster gesucht haben, ist es heute nicht mehr. Denn die Erde drumherum enthält Bauxit, das Metall zur Aluminiumgewinnung. So sind die Bauxitgruben inzwischen so dicht an das Kloster herangerückt, daß ein benachbarter Hügel sogar schon weggerutscht ist. Selbst die Fundamente der klösterlichen Anlage sind so unter Druck geraten, daß man inzwischen Betoninjektionen plant. Denkmal- und Landschaftsschützer stehen wegen des Raubbaus an der Natur Kopf, bislang allerdings vergeblich.

Kloster Thoronet

Sie müssen aber dennoch nicht befürchten, daß die von den Zisterziensern gewählte Ruhe und Abgeschiedenheit gar nicht mehr rüber kommt. Obwohl wir an einem Werktag dort sind, merken wir direkt beim Kloster vom Gesteinsabbau nichts. Wir sitzen an einem der wenigen Tische vor der Klostertür, wir trinken einen Kaffee und unser Alltag in Deutschland ist uns so fern, daß wir uns nicht mal mehr für ein paar Wochen das Mönchsdasein wünschen. Ob Sie allerdings auf dem Parkplatz **übernachten**, hängt von Ihrer Naturverbundenheit ab. Zwischen den Buschgruppen ist es nämlich nachts verdammt einsam!

Beschaulich geht es weiter. Zunächst macht sich allerdings Enttäuschung breit, weil wir am **Lac de Carcès** keinen Stellplatz finden und zudem das Baden verboten ist. Aber unmittelbar südlich des Dorfes **Carcès** gibt es einen schönen „freien" **Stellplatz**, den Sie seitlich der Straße und südlich der kleinen Brücke unschwer finden. Es ist eine große Wiese unter Pappeln am Rand des Baches, in dem zwar nicht gebadet, aber eifrig Boot gefahren wird. Und es gibt einen ausgesprochen netten **Campingplatz**, genauso wie der eben beschriebene Stellplatz südlich des Ortes und an der D 13. Fahren Sie vor der Brücke rechts auf ein wunderbar provinzielles Gelände. Wir können uns lange nicht entscheiden, ob wir die „wilde“ Alternative oder den Zeltplatz bevorzugen und entscheiden uns dann zu letzterem, was wir nicht bereuen.

Weiter im Norden umrundet die Straße **Cotignac**, ein vor die Felsen geklebtes Dorf wie aus dem Bilderbuch. Östlich der Straße sehen Sie auf Ihrer Michelin-Karte die Kapelle Notre Dame-la-Grâce. Erinnern Sie sich noch an die Reliquie in der Kathedrale von Apt, die dem Paar Ludwig XIII. und Anna von Österreich den Kinderwunsch erfüllt hat? Mit dazu beitragen mußte eine neuntägige Andacht der Königin in dieser Kirche.

Cascade von Sillans

Und der somit herbeigebetete Ludwig XIV., der Sonnenkönig, hat hier später auf einer Reise nach Österreich ebenfalls gerastet.

Während Thoronet der kulturelle Höhepunkt unserer 12. Tour war, ist **Sillans-la-Cascade** der triviale. Schon der Name des Dorfes deutet auf einen **Wasserfall** (Foto Seite 163) hin, der an heißen Sommertagen nicht nur den Kindern höchstes Vergnügen bereitet. Südlich des Ortes kommen Sie am Parkplatz (10 Francs) vorbei, wo ein etwa 20-minütiger Weg zu der tollen Natursehenswürdigkeit beginnt. Packen Sie unbedingt die Badesachen ein. Denn wo der Bach Bresque 40 m in die Tiefe gestürzt ist, hat sich ein geräumiges Wasserbecken gebildet, in dem man bis kurz vor die donnernde Gischt schwimmen kann.

Und weil Sie den Kindern nach der zurückliegenden Kurverei und dem Kloster von Thoronet noch einen zweiten Badetag versprochen haben, übernachten Sie einfach in Sillans und wiederholen das Vergnügen. Sie reihen sich wieder ein, wenn wohlgekleidete Damen mit Hund und Picknick-Korb zur Cascade stöckeln, und Sie werden auch den **Stellplatz** von Sillans in bester Erinnerung behalten. Nehmen Sie nicht den Parkplatz des Wasserfalls und auch nicht den am Ortseingang. Fahren Sie am Ort vorbei, Richtung Aups, um dann nach 300 m seitlich der Straße eine wunderbare, große, ebene und schattige Parkfläche vorzufinden. Die liegt sogar am Rande der Bresque, jenem Bach, der sich kurz danach in die Tiefe stürzt. Sie können an diesem Parkplatz sogar ba-

Sillans-la-Cascade

den, es gibt eine Toilette sowie Wasser und man wundert sich, daß hier trotz fehlenden Verbotsschildes kein einziges WOMO steht. Dabei gehört das Dorf zu den schönsten der Gegend, und das ***Restaurant de L'Arcarde***, ein schlichteres Etablissement, kann bei meiner Lobhudelei durchaus mithalten. Obwohl es eines der Lokale ist, die in keinem Restaurantführer stehen, fast nur im Sommer besucht werden, und deshalb erfahrungsgemäß in ihrer Qualität wegen häufigen Besitzerwechsels nicht beständig sind. Testen Sie es (und schreiben Sie mir!).

Spätestens jetzt wissen Sie, was ich mit dem Begriff 'Hinterland' in der Überschrift zu unserer 12. Tour im Sinn hatte. Die Rückkehr in die touristische Welt, ist diese am Lac de St. Croix auch noch so dezent, will Ihnen nicht recht gelingen. Und so würde es mich nicht wundern, wenn Sie 9 km nördlich von Sillans, in **Aups**, schon wieder hängen blieben. Es gibt kaum ein schöneres Städtchen in diesem Teil der Welt. Mit Brunnen, altem Waschhaus, Sarazenenturm, Stadtmauerresten, Uhrturm nebst schmiedeeisernem Glockenkäfig, Sonnenuhr und verträumten Cafés. Es gibt auch einen **Stellplatz**: Wenn Sie von Süden, von Sillans auf der D 22, kommen, fahren Sie Richtung Ortsmitte und 700 m nach dem Ortsanfang halbrechts. Sie überqueren im Städtchen einen Platz und wählen die Richtung Tourtour. Nach 100 m biegen Sie erneut rechts ab, dem 'P' hinterher, ehe Sie dann auf einem nicht gerade aufregend schönen, aber doch großen Parkplatz landen.

Aups

Ich nehme lieber den **Campingplatz *International Camping*** (April - Sept.), westlich des Ortes, weil es von hier zu Fuß nur 8 Minuten ins Dorf sind, ein Schwimmbad gibt und die mit Oliven und Obstbäumen bestandene Wiese besonders ruhig ist.

Wer „frei" stehen will, und nicht nur der, fährt 10 km weiter nach **Tourtour** und erfüllt sich einen **Stellplatztraum**. Von einem Parkplatz des Dorfes schweift der Blick bestimmt hundert Kilometer über die Provence; und das ganz legal. Aber bitte nicht von ganz oben, bei der Kirche, wo Ihr Gefährt zu exponiert steht, sondern von einer Etage tiefer. Etwas schwierig ist die Zufahrt, wenn man von Aups kommt, weil man dann mit dem WOMO den ganzen Ort durchqueren muß (ab 7 m Länge könnte es knapp werden). Die Anfahrt von Süden ist einfacher, dann müssen Sie aber durch einen Torbogen, der Die Höhe auf 3,50 m begrenzt (Elefanten können außerhalb dieses Tores parken).

Stellplatz von Tourtour

Das Dorf ist zwar ziemlich hochgepäppelt, es ist aber erfrischend lebhaft und ziert sich wegen seiner Lage zurecht mit dem Attribut: 'Eines der schönsten Dörfer Frankreichs'.

Vielleicht beginnen Sie unsere 12. Tour auch in umgekehrter Richtung, Aups oder Tourtour sind nach den Herrlichkeiten des Verdon die ersten Orte, in denen Sie wieder aussteigen. Sie sind auf dem Weg an die Küste, und es ist Ende Juli. Sie steigen wieder ein und fahren weiter. Sie werden am Abend, am nächsten Abend, am Abend darauf ..... wehmütig an Aups, an Sillans, Cotignac und all die anderen Dörfer, die ich mir selbst noch für weitere Urlaube aufgehoben habe, denken und sich wünschen, endlich nicht mehr ständig dem Drang zum Meer nachgeben zu müssen. Vielleicht ist Ihnen zum ersten Mal aufgegangen, daß das wahre Frankreich im Hinterland liegt.

Sie bleiben bestimmt länger als ich an der Küste, aber Sie werden ein paar Tage früher als geplant mit der Rückreise beginnen. Die führt dann über Aups, Tourtour, Sillans ..... - oder über Cassis. Das nämlich ist der Ort, in dem ich bei der 13. Tour dann doch noch, sogar im Sommer, mehrere Meerbadetage verbracht habe.

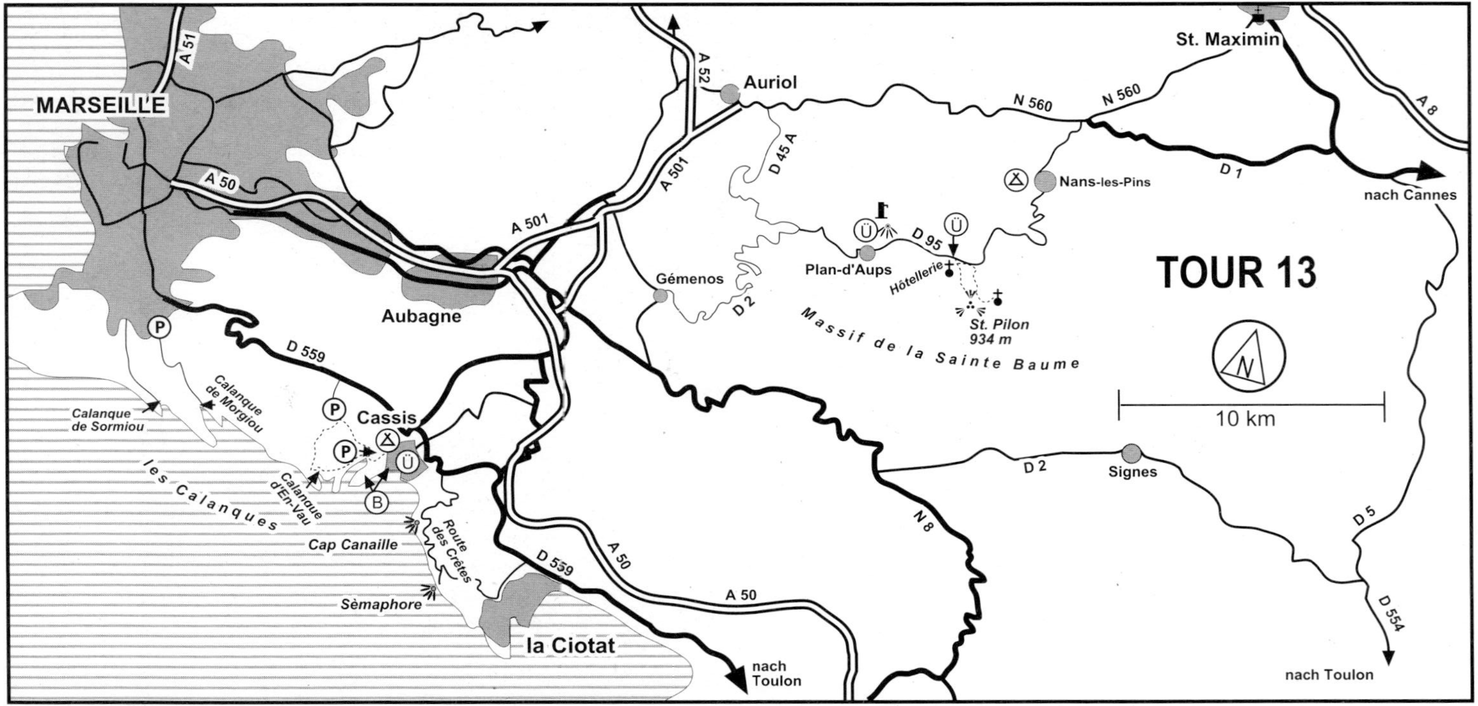
TOUR 13
MARSEILLE
A 51
A 50
A 501
A 52
Auriol
N 560
N 560
St. Maximin
A 8
D 1
nach Cannes
Nans-les-Pins
D 45 A
D 95
Plan-d'Aups
Hôtellerie
St. Pilon
934 m
Gémenos
D 2
Massif de la Sainte Baume
Aubagne
D 559
Cassis
Calanque de Sormiou
Calanque de Morgiou
Calanque d'En-Vau
les Calanques
Cap Canaille
Route des Crêtes
Sèmaphore
la Ciotat
D 559
A 50
A 50
nach Toulon
N 8
D 2
Signes
D 5
D 554
nach Toulon
10 km

Tour 13: Les Calanques - die etwas andere Côte d'Azur

La Ciotat - Cassis - Marseille
Ste. Baume-Massiv - St. Maximin

Übernachten:	in Cassis auf den Campingplatz, uU. auch „frei"; „frei" in Plan d'Aups
Besichtigen:	Hafen von La Ciotat, Cassis; die Meeresarme der Calanques; Kathedrale von St. Maximin
Essen:	Restaurants *Chez Vincent*, *Nino* und *Romano* in Cassis; Restaurant *Lou Pèbre d'Ai* in Plan d'Aups
Wandern:	von Cassis durch die Calanques; im Ste. Baume-Massiv

Wir haben Sie ja schon mehrfach vor der Provence-Küste gewarnt. Sie dürfen also auch bei dieser Tour keine Wunder erwarten. Zumindest keine vom Meer berauschten Stellplätze. Und schon gar nicht im Hochsommer.

Aber auch in der Nebensaison stellt sich schnell Frust ein, weil wir an einem strahlenden Apriltag östlich von La Ciotat einfach nur ein wenig am Strand sitzen wollen. Das gelingt uns dann auch, nachdem wir mit größter Mühe einen Parkplatz für unser WOMO gefunden haben. Aber dies ist schon zu jener Zeit äußerst schwierig und ganz einfach nicht empfehlenswert. Es erinnert mich zudem an Jahre vorher, als ich im Spätsommer ein längeres Stück an der **Côte d'Azur**, der Küste zwischen Marseille und Italien, entlang getuckert bin, die stark zersiedelt ist, und an der einem wirklich nur die Campingplätze oder landeinwärts gelegene Parkplätze bleiben. Landet man bei der Stellplatzsuche doch mal einen Glückstreffer, gibt es den aber im nächsten Jahr schon nicht mehr. Vergessen Sie also die Küste, es sei denn Sie wählen ausschließlich Campingplätze als Quartier (und haben auf einigen für die Hochsaison rechtzeitig gebucht). Alles andere verdirbt Ihnen nur die Stimmung. Zu den Ausnahmen kommen wir gleich.

Nach unseren zwei Stunden am Strand ist wenigstens noch ein Bummel durch **La Ciotat** angesagt, und ein Café am Hafen. Um uns herum sitzen Scharen junger Männer mit kurzgeschorenen Köpfen und trinken Bier. Es sind Fremdenlegionäre, die Ausgang haben. In der nördlich von La Ciotat gelegenen Stadt Aubagne befindet sich nämlich seit der Unabhängigkeit Algeriens, wo die Legion bis 1962 stationiert war, deren Hauptkaserne, die nicht nur diese Stadt, sondern auch La Ciotat prägt. Eigentlich wollten wir hier auf einem großen Parkplatz am Hafen übernachten. Aber am Nachmittag wissen wir nicht so recht, wie wir den restlichen Tag rumkriegen sollen. Wir könnten unter stillgelegten, riesigen Werftanlagen flanieren (in La Ciotat war einst eine bedeutende Werft-Industrie zu Hause, bis die Schiffsbaukrise kam), aber der morbide Schrott ist alles andere als erbaulich. So erkunden wir gar nicht mehr die Stellplatzmöglichkeiten, die uns von Freunden vor unserem Urlaub empfohlen worden waren.

Das klingt nun für Sie, liebe Leser, gar nicht erfreulich, und Sie fragen sich, weshalb ich La Ciotat überhaupt erwähne. Schließlich mögen Sie keinen Reiseführer lesen, der Ihnen berichtet, wo es in der Provence mit dem Wohnmobil nicht empfehlenswert ist. Das stimmt, aber Sie sollen nach La Ciotat fahren. Nicht nur, um ein Stündchen die Vergänglichkeit unserer Technik zu betrachten, sondern um anschließend am Hafen nach Westen zu starten. Nun geht es nämlich bergauf, und zwar in jeder Beziehung, wenn Sie statt der Nationalstraße die D 141 nehmen, die sogenannte **Route des Crêtes** (Foto S. 249). Zweimal muß man hier mindestens anhalten: Zunächst, nach einem kleinen Abstecher, am Sémaphore, und dann neuerlich am **Cap Canaille**, der höchsten Klippe Frankreichs. Beides sind (auf der Michelin-Karte ein-

Cap Canaille - Blick auf Cassis

gezeichnete) Aussichtspunkte, beide bieten eine prächtige, beinahe atemberaubende Sicht. Nur Schwindelfreie trauen sich bis an den vordersten Rand der Steilküste, wo man gut erkennen kann, wie schön die Lage vom Cassis ist.

Meine Zuneigung zu **Cassis** (8.000 Einwohner) beginnt an zwei strahlenden Sonnentagen, Anfang April, zu sprießen. Zu dieser Jahreszeit kommt wirklich gute Laune auf, wenn man sein WOMO geparkt hat (dazu gleich später) und sich danach in eines der Lokale oder Cafés am Hafen setzt. Die Mischung stimmt dann auf den Punkt: Eine pittoreske Kulisse, ein paar Fremde, jede Menge richtiger Einwohner und eine Infrastruktur, die nicht nur für den Tourismus geschaffen ist. Über all' dem thront dann auch noch eine malerische Burganlage, die Ferienbehausung der Familie Michelin. Mit Reiseführern läßt sich also doch Geld verdienen, jedenfalls, wenn man nebenher auch noch Landkarten und Reifen verkauft!

Cassis

Ein paar Jahre später stelle ich Ende August die Liebe auf die Probe. Und sie besteht den Test mit Bravour. Ich räume ein, die Superhochsaison ist vorbei, aber ich bin sicher, auch dann würde mein Urteil nicht angekratzt: Cassis ist einer meiner beiden Lieblingsorte an Frankreichs Mittelmeerküste (zum anderen siehe Band 22 der WOMO-Reihe).

Zurück in den April. Unsere Stimmung ist bestens, als wir eine schwere Wahl treffen müssen. Wo sollen wir essen? Die Restaurants liegen am Hafen alle nebeneinander und gleichen sich so sehr, daß am ersten Abend unser Zufallsvotum zum Flop wird. *Ousteau de la Mer* heißt die Kneipe, das Essen ist mäßig, die Kellner sind blasiert und in den Streit des deutschen Ehepaars am Nachbartisch, ganz dicht neben uns, hätten wir uns fast noch eingemischt.

Restaurants in Cassis

Unsere Wahl am zweiten Abend hingegen ist ein Volltreffer. ***Chez Vincent*** (*Tel. 04 42 01 35 19; meistens braucht man nicht zu reservieren; außerhalb des Hochsommers Mo und Di Ruhetage*) liegen die Preise zwar leicht über dem Durchschnitt der anderen Lokale, aber die **Bouillabaisse**, die berühmte Fischsuppe, wird hier fabelhaft zubereitet. Man bekommt sie, was auch in ihrer Heimat, der Nähe von Marseille, keine Selbstverständlichkeit ist, ohne Vorbestellung. Jedoch nur, wenn man für zwei Personen ordert. Das empfiehlt sich ohnehin schon wegen des Knofis, der in der *Rouille*, einer Knoblauchmajonnaise, hochdosiert zum Einsatz kommt. *Vincent* läßt zuerst die Brühe auftischen, in die geröstetes Weißbrot mit eben jener Geschmacksbombe gelegt wird. Seien Sie nicht enttäuscht, wenn eine sehr dünnflüssige Suppe in Ihrem Teller dampft - und halten Sie an sich. Denn der mit der gehaltvollen Knoblauchmasse durchsetzte Sud schmeckt nicht nur nach Meer, sondern auch nach mehr. Von einer Fischsuppe war doch die Rede, aber wo sind die Fische? Sie sind des Mahls zweiter Teil und kommen, wenn der unkundige Tourist den Suppentopf nahezu ausgelöffelt und sich den Bauch schon fast vollgeschlagen hat. Ist die Bouillabaisse gut gemacht, steht nun eine reichhaltige Platte auf den Punkt gegarter Fische vor Ihnen. Da der Koch *chez Vincent* sein Handwerk versteht, wird das Festessen unvergessen bleiben, wenn Sie noch einen schönen, trockenen Weißwein dazu süffeln.

Über die Bouillabaisse sind schon ganze Bücher geschrieben worden, vor allem zur Frage, welche Fische unverzichtbar sind. Angeblich sind es Drachenkopf (*rascasse*), Seeaal (*congre*) und Knurrhahn (*grondin*). Aber das sollte man nicht so eng sehen, Seeteufel (*baudroie*) tut es auch, und wichtig ist eigentlich nur, daß die Fische festes Fleisch haben. Da jene ausnahmslos teuer sind, ist eine echte Bouillabaisse selten unter 350 Francs (für zwei Personen) zu haben. Versuchen Sie sie nur in einem Restaurant, in dem viele Franzosen sitzen und das sich ganz dem Meer verschrieben hat. *Chez Vincent* ist eines dieser Lokale, in dem niemand einen Fleischgang bestellt. Äußerst appetitlich kommen auch die Meeresfrüchte-Platten daher, die, auf einer Art Drahthocker in die Mitte des Tisches gestellt, den staunenden Gourmets mit allerlei Krustentieren den Mund wäßrig machen.

Bei anderer Gelegenheit haben wir auch die **Restaurants *Romano*** und ***Nino*** getestet. Und wir sind uns nie einig geworden, wo die Bouillabaisse am besten schmeckt, und ob die Brühe traditionell nicht doch gemeinsam mit den Fischen gereicht werden muß, wie *Romano* es zelebriert. In einem herrscht jedoch völliger Gleichklang: In Cassis muß man wenigstens einmal abends am Hafen tafeln. Der Stimmung wegen, die *bei Vincent* am besten rüber kommt. Es muß ja nicht unbedingt die teure Bouillabaisse sein.

Nach derlei Genüssen fährt man natürlich nicht mehr weiter, man hat sein Wohnmobil schon nachtfertig. Aber wo? Akribisch haben wir nach einem **Stellplatz** gesucht, zuerst am Hafen und dann, ebenfalls in Meeresnähe, weiter westlich. Aber es kam so, wie wir es befürchtet haben, überall drohen Verbotsschilder oder hindern Barrieren. Auch auf der kleinen Halbinsel, westlich des Ortes, vor vielen Jahren sicher ein Stellplatz-Traum, ist nichts zu machen. Also mieten wir uns für die erste Nacht auf dem **Campingplatz** ein (*Camping Les Cigales; 15.3. bis 15.11.),* der schon in den Osterferien gut besucht und noch im Spätsommer häufig voll ist (keine Reservierung, reisen Sie vor 16 Uhr an und Sie finden stets Einlaß, weil die meisten Urlauber nur ein paar Tage bleiben). Der Zeltplatz liegt etwa einen Kilometer vom Meer entfernt, so nahe also, daß man auch seinen vollen Bauch ohne größere Anstrengungen, wenn auch bergauf, heimwärts schleppen kann (15 Minuten). Ich kenne schönere und ruhigere Plätze, aber nur wenige mit einem vergleichbaren Flair, fern einer spießigen Liegestuhlurlauberei. Es hebt einfach meine Stimmung, wenn viele junge Leute, die nicht schon im Januar zum x-ten Mal ihren Stellplatz reservieren, vor kleinen Zelten köcheln und auch mal in der Campingplatzkneipe per Aushang eine Mitfahrgelegenheit suchen.

Für die zweite Nacht haben wir dann eine deutlich näher zum Hafen gelegene **„freie“ Alternative** gefunden: Sie liegt etwa 5 Minuten zu Fuß vom Hafen entfernt, ziemlich geradewegs landeinwärts und ist mit einem blauen 'P' als '*Mimosas*' in der Stadt beschildert (allerdings erst, wenn Sie bergab bis fast zum Hafen gefahren sind). Verwunderlich ist nur, daß es vor diesem Gelände, das relativ ruhig und vom Ambiente

Badeplatz bei Cassis

noch akzeptabel ist, keine Verbotsschilder gibt. Tagsüber ist der Parkplatz (Parkschein) meistens voll, für die Übernachtung kommt nur die Nebensaison, und für einen mehrtägigen Aufenthalt kommt ernsthaft nur der Campingplatz in Frage.

Muß man deshalb auf **Badetage** verzichten? Nein! Pakken Sie auf dem Campingplatz die Badesachen ein (möglichst in einen Rucksack) und laufen Sie eine halbe Stunde bis zum Meer; runter zum Hafen und dort nach rechts, westwärts. Den im Sommer überfüllten, kleinen Strand von Bestouan lassen Sie selbstbewußt links liegen. Wozu, sagen Sie sich, brauche ich Sand? Ihr Ziel sind die flachen Felsenplatten, auf denen Sie, je nach Gusto auch splitternackt, wunderbar in der Sonne braten können. Wenn es Ihnen zu heiß wird, ziehen Sie sich unter Bäume in den Schatten zurück. Laufen Sie jenseits des Strands von Bestouan bergauf, am Hotel *Roches Blanches* vorbei, und nehmen Sie danach die erste (Privat-) Straße nach halblinks. Voilà! Zum Baden gibt es ein Seil als Meer-Einstiegshilfe und einen Superblick zum Cap Canaille haben Sie auch noch. Den Rückweg versüßen Sie sich schließlich mit einem Eis am Hafen.

Auch per Wohnmobil läßt sich die Felsenküste, ein paar hundert Meter weiter östlich, ansteuern: Fahren Sie in Cassis zunächst Richtung '*Calanques*' und später Richtung '*Presque Ile*'. Beim Durchfahrtsverbot biegen Sie links ab und suchen am Straßenrand einen Parkplatz, der Ihnen im Sommer aber nur am nicht zu späten Morgen oder über Mittag einigermaßen sicher ist.

Am besten lassen Sie aber die ganze Zeit Ihr WOMO auf dem Campingplatz, wo es auch weitgehend vor Dieben sicher ist. Hier startet man dann zur **Wanderung**, einem Unterfangen, das ein wesentlicher Grund für die Reise nach Cassis ist. Wenn Sie sich sonst nie aufraffen können, in Cassis müssen Sie einfach eine Ausnahme machen, denn die **Calanques**, ein zerklüftetes Felsengebirge, ist wegen seiner fjordartigen Meereseinschnitte eine der schönsten Natursehenswürdigkeiten Südfrankreichs - und nur mit dem Boot oder zu Fuß zu erreichen.

Die Wanderstrecke beginnt am Hafen und führt, rotweiß markiert, nach Westen. Hinter dem Strand von Bestouan wendet sich der Weg nach schräg rechts in die Gasse 'Traverse du soleil'. Nachdem man ein Villenviertel durchwandert hat, kommt man an den ersten und tiefsten Meeresarm, die **Calanque de Port-Miou***, wo in einem natürlichen Hafen ganzjährig Segelboot neben Segelboot vertäut ist. Die Straße weicht nun einem Pfad, der an diesem Fjord entlang führt und sich an dessen Mündung langsam bergauf schafft. Hier gab es früher auch mal viel Wald, der aber 1990 abgebrannt ist, wovon noch schwarze Strunken zeugen. Das Fehlen von Bäumen hat immerhin den Vorteil, daß wir nun wunderschöne Blicke zurück nach Cassis und auf die Küste genießen. Es folgt nun die* **Calanque de Port-Pin** *(im Sommer schöner Badeplatz), von der man auf eine Art Hochplateau gelangt. Bald sehen wir den schönsten Meeresarm, die* **Calanque d'En Vau** *tief unter uns, und der Pfad verschwindet. Er geht nämlich plötzlich schwindelerregend steil bergab, so halsbrecherisch, daß mein Wanderfreund Muffensaußen verspürt und auch mit gutem Zureden nicht zum Abstieg zu bewegen ist. Da die* Calanque d'En Vau *aber die schönste ihrer Gattung ist, müssen wir einen weniger schwierigen Abgang suchen. Mit der Wanderkarte ist das nicht kompliziert. Wir bleiben auf der Höhe und wandern weiter bis zu einer Zisterne. Dort kann man dann absteigen (der Weg ist auf der Karte grün gemalt) und, wieder auf dem rot-weiß markierten Weg, gemütlich an den bezaubernden Strand der* Calanque d'En Vau *schlendern.*

Hier ist erst mal Mittagspause angesagt, ehe wir ein kleines Stück in das Tal zurück laufen, uns aber dann links halten, um zum Belvédère d'En Vau *aufzusteigen,*

Wanderung in den Calanques

das seinem Namen alle Ehre macht. Die Strecke ist hier blau markiert und auf der Wanderkarte ebenfalls eingezeichnet, genauso wie der weitere Weg nach Norden zum Col de L'Oule, *wo wir uns dann rechts halten, ein Stück Richtung* Calanque d'En Vau *stiefeln, um dann einem rot-weiß markierten Waldweg nach Nordosten zu folgen, der ausweislich der Wanderkarte durch den* Vallon de la Gardiole *führt. Wer besonders gut zu Fuß ist, kann auf diesem Weg bis zum* Col de la Gardiole *weiterwandern, um sich von dort zurück nach Cassis zu begeben. Diese Strecke ist uns aber zu weit, weshalb wir westlich der Jugendherberge (auf der Karte als* A.J. La Fontasse*) einen nicht markierten Fahrweg aussuchen, der in einigen Windungen hoch zur Herberge führt. Die Karte zeigt Ihnen nun zwei Alternativen, auf denen Sie zurück nach Cassis gelangen, beide stoßen nach einiger Zeit wieder auf eine markierte Strecke, die Sie sicher an den Hafen zurück bringt. Meine Beschreibung klingt komplizierter, als sie in Wirklichkeit ist, allerdings ist die Wanderkarte des ign, 'Les Calanques', im Maßstab 1:15.000, die Sie in Cassis überall kaufen können, unverzichtbar! Sie ist derart präzise, daß Sie im Gelände der Calanques, einer Mischung aus ruhigen Wegen und schwindelerregenden Pfaden, unbesorgt einen ganzen Urlaub lang wandern könnten.*

Nichts liegt Ihnen ferner als wandern. Aber die **Calanques** möchten Sie dennoch erleben. Immerhin handelt es sich um den einzigen, fast unbebauten Abschnitt der Côte d'Azur, der wegen des Bauverbotes auch hoffentlich so bleibt und der erahnen läßt, wie es früher auch weiter westlich ausgesehen hat. Dann bleibt nur das Boot. Sie können sich in Cassis ein Motorboot mieten (auch ohne Führerschein), oder Sie besteigen eines der zahlreichen Ausflugsboote, das Sie durch alle Fjorde schippert.

Oder Sie verbinden die Bootstour mit dem Fußweg. Im Juli/August dürfen nämlich wegen der Waldbrandgefahr nur Anlieger mit dem Auto die auf der Michelin-Karte eingezeichneten Sträßchen im westlichen Teil befahren. Sie können sich von den Ausflugsbooten in jeder Calanque absetzen lassen und heim laufen. Gute Schuhe sind aber nötig. Das gilt sogar, wenn Sie sich zu vereinbarter Uhrzeit in einer bestimmten Calanque wieder an Bord nehmen lassen. Die Boote halten nämlich nicht am Strand, weshalb man etwas klettern muß. Getestet haben wir die Überfahrt zur ***Calanque d'En Vau***, von der wir zurück gewandert sind (Weg siehe oben). Der Heimweg dauert gemütliche 1 ½ Stunden (kaufen Sie sich die Wanderkarte). Diese Calanque ist wegen ihres türkisgrünen, klaren Wassers vor einem Kiesstrand allein schon die Reise nach Cassis wert, wenn man morgens beizeiten aufbricht; ab dem frühen Mittag liegt die Meerenge nämlich im Schatten!

Calanque d'En Vau

Die westlichen, von Marseille erreichbaren Calanques, kenne ich selbst noch nicht. Wie erwähnt, kann man im Juli/August nicht mit dem WOMO dorthin fahren. Ob dieses in den anderen Monaten geht, müssen Sie selbst testen (und mir davon per Postkarte berichten). Ganzjährig kann man natürlich, wie auf der Wander- oder Michelin-Karte eingezeichnet (es gibt in Marseille auch Wegweiser), in den Vororten von Marseille parken und zur *Calanque de Sormiou*, zur *Calanque de Morgiou* oder zur *Calanque de Sugiton* laufen. Nur würde ich mein WOMO nicht auf den dazugehörigen Parkplätzen allein lassen, die auf der Erfolgsliste der Autoknacker angeblich ganz oben stehen.

Nach den mehr oder weniger langen Fußmärschen von Cassis legen wir erst einmal wieder einen ruhigeren Tag ein und nehmen uns **Marseille** vor. Das machen wir allerdings kurz. Marseille ist mit 800.000 Einwohnern die zweitgrößte Stadt Frankreichs, und wenn man alle Sehenswürdigkeiten abklappern möchte, reicht ein Tag bei weitem nicht. Für mehrere Tage ist uns der Moloch aber dann doch nicht schön genug, und so muß ich wieder mal den Mut zur Lücke in meinem Reiseführer beweisen. Ein zeitraubender Programmpunkt ist die Parkplatzsuche in der Nähe des alten Hafens (*vieux port*), zumal ich dort unsere fahrende Behausung eini-

Marseille - der alte Hafen

germaßen sicher abstelle. Der Altstadtbereich ist nämlich so, wie man es erwartet und überall liest, ein Schmelztiegel der unterschiedlichsten Volksgruppen, vor allem vieler Afrikaner. Es wird uns schon ein wenig unheimlich, als wir durch den Souk, das Viertel hinter dem Hafen, spazieren, das mich mehr an eine frühere Reise nach Marokko als an Frankreich erinnert, das dennoch sehenswert ist. Zum Hafen hin kommen wir dann an einer großen Anzahl von Fischständen vorbei, einem Feinschmeckertraum, der uns die Grenzen unseres Zweiflamm-Kochers aufzeigt. Der alte Hafen ist trotz eines nachgebauten und zur Besichtigung freigegebenen Segelschiffs aus nachmittelalterlicher Zeit eher eine Enttäuschung. Man sucht dort nach alten Häusern, die es aber nicht mehr gibt, nachdem sie im 2. Weltkrieg von den Nazis einfach in die Luft gesprengt wurden. Man wollte den Partisanen in den verwinkelten Gassen den Unterschlupf erschweren. Vergebens suchen wir das romantische Café mit Fischgeruch, tätowierten Seemännern und deren Bräuten. Und als wir das braune Getränk dann in einer Eckkneipe rühren, die sich durch nichts von Tausenden ähnlicher in der französischen Provinz unterscheidet, pfeifen wir auf weitere Highlights. Wir verkneifen uns den Blick von der hochgelegenen Kirche Notre-Dame-de-la-Garde, auf das Haus, wo zum ersten Mal die 'Marseillaise', die französische Nationalhymne, gesungen wurde und auf alle anderen im Grunde doch nur mittelmäßigen Sehenswürdigkeiten, die uns die Literatur empfiehlt. Wir suchen wieder unser WOMO und sind froh, als wir am frühen Nachmittag wohlbehalten das städtische Getümmel hinter uns lassen können.

Auf der A 501 gewinnen wir wieder schnell Boden, um bei Auriol auf der D 45 A wieder in eine ganz andere Welt einzutauchen. Plötzlich ist es wieder unvorstellbar einsam, das beschauliche Frankreich hat uns wieder. Unser Tagesziel ist ein Kaff am Fuß des **Massif de la Sainte Baume**, der Hauptort, wenn man so will. Das Dörfchen **Plan-d'Aups** besteht aber nur aus wenigen Häusern, es kann aber mit einem tollen **Übernachtungsplatz** aufwarten. Sie können den Parkplatz neben dem Tennisplatz gar nicht verfehlen, ein überzeugendes Argument für die Fahrt hierher. 700 Höhenmeter garantieren ein angenehmes Klima, der Blick auf den langgestreckten Kamm des Gebirgsmassivs könnte schöner nicht sein, Häuser stehen in der Nähe und Wasser sowie Toilette gibt es auch noch. Wer es einsamer liebt fährt von Plan-d'Aups die D 80 noch 3 km nach Osten zur auf der Michelin-Karte eingezeichneten *Hôtellerie*, dem Ausgangspunkt unserer morgigen Wanderung. Dort stellt man sich dann nicht direkt neben die Kneipe, sondern noch 300 m weiter östlich - sehr einsam - zwischen das Buschwerk. Der dahinter aufragende, steile Berg garantiert ein grandioses Naturerlebnis.

Stellplatz in Plan d'Aups

Wir ziehen die Nähe zur Zivilisation vor und bleiben in Plan-d'Aups allein schon des Restaurants wegen. Das darf man nicht verwechseln mit dem danebenliegenden Etablissement, einer Mischung aus Café und Zeitschriftenladen, das mit einem handgeschriebenen Pappschild an der Tür unübersehbar darauf hinweist, bei welcher Warengattung man besonders gut sortiert ist. Es sind Sexhefte, die keineswegs hinter vorgehaltener Hand oder unter der Ladentheke gehandelt werden. Nein, wir befinden uns in einer Gegend höchster Frömmigkeit, schon Päpste und Könige sind zu jener Grotte im Ste. Baume Massiv gepilgert, in der Maria Magdalena auf ihr Ende wartete (dazu gleich unten). Und das schmale Sträßchen ist nun wahrlich keine Lkw-Route. Wer also sind die Kunden, die sogar mit einer an der Ladentüre hängenden, aufblasbaren Plastikpuppe (der von der unanständigen Sorte) angelockt werden? Wir sind es nicht, und wir werden auch nicht schlauer, als wir am Abend neben wenigen Gästen im **Restaurant** ***Lou Pèbre d'Ai*** ein sehr schmackhaftes und preislich akzeptables Menü verspeisen (*Tel. 04 42 04 50 42; montags Ruhetag*).

Die **Wanderung** am nächsten Tag ist eher ein ausgedehnter **Spaziergang**, mit 2 1/2 Stunden kommt man hin. Und sie lohnt sich. Wir parken bei der *Hôtellerie de la St. Baume*, östlich von Plan-d'Aups, und folgen dem südöstlich weisenden Wegschild zur Grotte. Man kann sich nicht verirren, zumal der Weg sogar auf der Michelin-Karte eingezeichnet ist. Als Hinweg wählen wir die westliche der beiden Alternativen, wo man auf einem bequemen, schattigen Waldweg (deshalb auch im Sommer geeignet) langsam an Höhe gewinnt. Kurz unterhalb des Gipfels, man kann es nicht verfehlen, schickt uns dann ein bestens gepflegter Plattenweg auf Serpentinen und auf einer Treppe zur berühmten ***Grotte Sainte-Marie-Madeleine*** (870 m). Die Sage erzählt, daß Maria Magdalena, eine der Begleiterinnen Jesu (näheres siehe im Neuen Testament) nach Stes. Maries-de-la-Mer verschlagen wurde (Tour 14). Mit an Bord waren der Jünger Maximin und auch Sarah, die in Saintes-Maries verehrte Zigeunerheilige. Das frühchristliche Boat-People ging dann in der Provence unterschiedliche Wege, um sein missionarisches Geschäft zu erledigen. Nach getaner Arbeit zog sich Maria Magdalena dann für ihre letzten Tage in die Grotte am Ste. Baume Massiv zurück. Nur zum Sterben schleppte sie sich ins Tal, zu Maximin, ihrem Reisebegleiter. Sie wurde dann in der heutigen Stadt St. Maximin beigesetzt (siehe unten).

Die Tage in der Grotte dürften nicht sehr abwechslungsreich gewesen sein, denn die Gegend hier oben war und ist reichlich abgelegen. Dafür wurde es im Mittelalter lebhafter. Könige und sogar Päpste kamen ziemlich genau auf der

Strecke hierher, die wir gewandert sind. Vermutlich in einer Sänfte oder auf dem Rücken irgendwelcher Tiere und keineswegs so still, wie wir. Denn auf der ganzen Strecke begegnen uns keine zehn Wanderer.

Von der Madeleine-Grotte ist es dann höchstens noch eine halbe Stunde hinauf auf den Kamm zur kleinen Saint-Pilon-Kirche (1.134 m), wo man bei klarer Sicht einen extrem tollen Ausblick bis hin zum Meer hat. Oder haben müßte. Bei unserer Visite tauchen wir nämlich oberhalb der Grotte leider in die Wolken ein, und so schwärme ich aufgrund des Gelesenen.

Für den Rückweg geht man entweder bei der Saint-Pilon-Kapelle ein kleines Stück nach Osten, um dann bei nächster Gelegenheit wieder ins Tal abzusteigen, oder man wandert zurück zur Grotte, um dort den östlichen Abgang zu suchen. Die Wege sind gut beschildert und markiert, man kann sich auch ohne Karte nicht verlaufen.

Nachdem wir uns die Grotte Maria Magdalenas zu Gemüte geführt haben, ein eher dunkles mit etwas Kitsch angereichertes, feuchtes Loch, darf natürlich die Kirche, in der die Überreste der Heiligen aufbewahrt werden, nicht fehlen. So beenden wir unsere Tour, indem wir über Nans-les-Pins nach **St. Maximin-la-Ste. Baume** weiterfahren. Schon im 12. Jahrhundert kam dieses Städtchen zu christlichen Ehren, als man glaubte, hier die Sarkophage von Maximin und Magdalena gefunden zu haben. Ein stattliches Gotteshaus war die zwangsläufige Folge. Die am Ende des 13. Jahrhunderts erbaute Kirche ist zwar der größte gotische Sakralbau der Provence und war im Mittelalter auch ein stark besuchter Wallfahrtsort, ihm fehlen jedoch fast alle üblichen Attribute gotischer Kathedralen. Zu früh ist den Erbauern das Geld ausgegangen. Unser Kunstreiseführer schwärmt zwar vom ausgewogenen Verhältnis der Breite zur Höhe im Innern der dreischiffigen Basilika, letztendlich ist das hallenartige Gebäude aber doch eher enttäuschend. Und auch die Grabkammer in der Krypta, der Aufbewahrungsort der heiligen Knochen, ist kaum mehr als eine fromme Legende.

Aber dafür begegnen wir fast keinen anderen Touristen, und als wir nach der kunsthistorischen Pflicht in einem der Cafés der kleinen Stadt unseren Milchkaffee schlürfen, haben wir auch diesen Umweg kaum bereut. Zumindest haben wir einen der Orte abgehakt, dem der DuMont-Kunst-Reiseführer beinahe drei Seiten widmet.

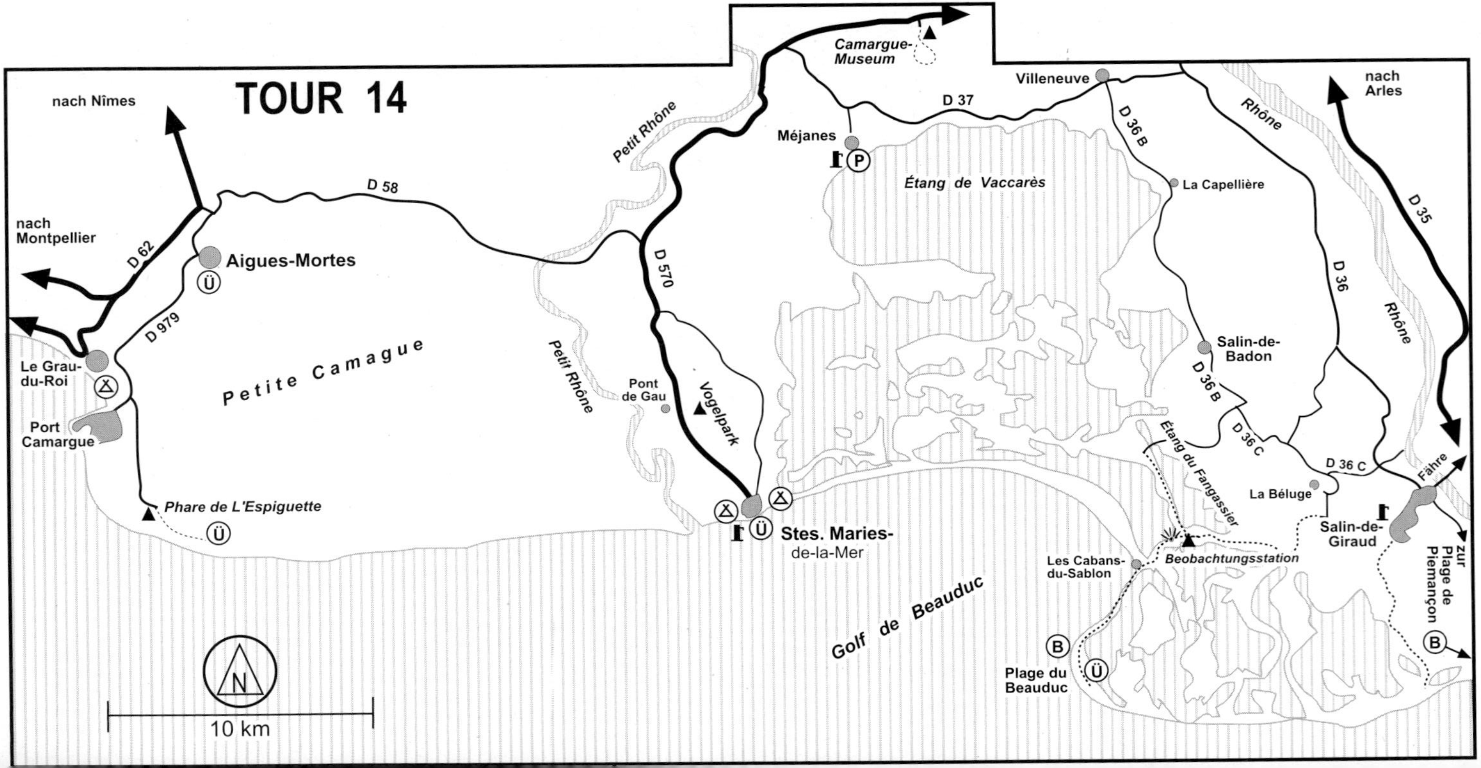
TOUR 14
nach Nîmes
nach Montpellier
D 62
Aigues-Mortes
D 979
Le Grau-du-Roi
Port Camargue
Phare de L'Espiguette
Petite Camague
D 58
Petit Rhône
Petit Rhône
Pont de Gau
D 570
Vogelpark
Stes. Maries-de-la-Mer
Camargue-Museum
Méjanes
D 37
Étang de Vaccarès
Villeneuve
D 36 B
La Capellière
Salin-de-Badon
D 36 B
D 36 C
D 36 C
Étang du Fangassier
Beobachtungsstation
Les Cabans-du-Sablon
La Béluge
Salin-de-Giraud
Fähre
zur Plage de Piemançon
Rhône
Rhône
D 36
D 35
nach Arles
Golf de Beauduc
Plage du Beauduc
10 km
N

Tour 14: Flamingo-Road

Camargue - Stes. Maries-de-la-Mer - Aigues-Mortes

Übernachten:	in Méjanes; in und bei Stes. Maries; am Strand von Beauduc; am Strand von Piémanson; in Aigues-Mortes
Besichtigen:	Wehrkirche von Stes. Maries; Vogelpark bei Stes. Maries; Camargue-Museum; Flamingobeobachtungsstation; Hüttendorf Cabanes du Sablon; Saline von Salin-de-Giraud; Aigues-Mortes
Essen:	*Hostellerie Pont de Gau* bei Stes. Maries; Restaurant *La Goulue* in Aigues-Mortes

Einige Dinge wollen wir von vornherein einmal klarstellen: In die Camargue fährt man nicht während der Hochsaison, schon gar nicht an ihre Strände. Und die Bildbandidylle werden Sie nirgends finden. Keine Cowboys jagen durch spritzende Tümpel der untergehenden Sonne entgegen. Die wilden Pferde sind eine Legende. Und Sie werden auch nicht deren wehende Mähnen vor einem glutroten Sonnenball fotografieren. Die schwarzen Stiere weiden nur hinterm Stacheldraht, und wenn Sie keine Frustrationen ertragen können, lassen Sie Ihre Fotoausrüstung am besten im Geheimfach. Nur in einem Punkt muß ich Sie nicht enttäuschen: Wir führen Sie zu Schwärmen von Tausenden von Flamingos, aber das sparen wir uns noch etwas auf.

Zuerst sollen Ihre Erwartungen noch weiter gedämpft werden: Der größte Teil der Camargue ist nämlich nichtssagend, die Langeweile wird touristisch aufgepäppelt. Die Camargue ist außerhalb der Schutzzonen, die man gar nicht oder nur schlecht betreten bzw. befahren kann, hauptsächlich Reisanbaugebiet, das Größte in der EU. Im zweiten Weltkrieg hatte der Pastis-Fabrikant Ricard eine Schnapsidee und witterte das Reisgeschäft. Die französische Regierung sprang nach dem Verlust der Reisanbaugebiete in den Kolonien schnell mit Fördermitteln ein, so daß sich bis Anfang der 60er Jahre die Reisanbaufläche verhundertfachte. Aus Sumpfland wurde wäßriges Agrarland. Als in der Folgezeit die Reisnachfrage zurückging und in deren Folge eine systematische Be- und Entwässerung unterblieb, drohten weite Teile der Camargue zu versalzen. Die Reisbauern mußten daher erneut kräftig subventioniert werden, um das ökologische Gleichgewicht wiederherzustellen. Dabei setzt man energisch auf die Chemie, denn um den Reis an Ort und Stelle aussähen zu können, müssen alle anderen Pflanzenarten energisch ausgemerzt werden.

Aber auch die Weinbauern gehen nicht leer aus. Der sogenannte Sandwein (*vin de sable*) ist aber nur von mäßiger Qualität, weshalb die Nachfrage stetig sinkt. Da aber Reis- und Weinfelder nun mal den touristischen Charme eines Betonsteins besitzen, da andererseits die typische Camargue rund um den großen Lagunensee **Étang de Vaccarès** nur von Wissenschaftlern betreten werden darf und eingezäunt ist, mußten die Produzenten der Tourismusindustrie kräftig nachhelfen. Am schlimmsten bei **Méjanes**, an der Nordwestecke des Étang, wo Monsieur Ricard eine Vorzeigefarm aus dem Boden stampfte: Eine Arena für unblutige Stierkämpfe, Reitställe, Restaurants, einen ausgedehnten Parkplatz mit **Übernachtungsmöglichkeit** für WOMOs (viele Moskitos), eine Toilettenanlage (die man mit dem WOMO bestens anfahren kann) und ein Eisenbähnchen, das vorgaukelt, ins Naturschutzgebiet zu fahren, aber nur eine höchst uninteressante Runde dreht. Aller Orten werden „Safari-Touren" angeboten, bei denen kamerabewaffnete Urlauber auf Jeeps durch die Lande kutschiert werden. Mir wäre es peinlich, ein solches Gefährt zu besteigen, weshalb ich auch nicht beurteilen kann, ob mir deshalb bislang das wahre Camargue-Erlebnis entgangen ist. Auch einen Ritt auf einem der kleinen, weißen Pferde würde ich mir nicht zumuten, obgleich unzählige Pferde-Ranchs am Rande der Straße zum naturnahen Abenteuer einladen.

Der Gipfel allen touristischen Unheils ist schließlich das Städtchen **Stes. Maries-de-la-Mer**. Schon außerhalb der Hochsaison drängen sich hier am Wochenende Menschenmengen in Volksfeststärke durch die Gassen. Vorbei an alledem, was Touristenherzen erfreuen könnte (aber meistens gar nicht erfreut) und was Touristenmägen strapaziert. Ein Horror, den man aber mal erlebt haben muß. Im Gegensatz zum stadtnahen **Campingplatz**, der nicht nur wegen der Moskitoschwärme eher an ein Sträflingslager erinnert (eine Spur besser ist der westlich von Stes. Maries gelegene Platz, der jedoch fernab des Ortes am Strand liegt).

Aber es gibt auch Lichtblicke! Zum Beispiel den **Wohnmobil-Übernachtungsplatz** von Stes. Maries. Seitlich der Arena kann man 20 Francs berappen, damit ein Parkplatzwächter eine Schranke hochhebt. Man darf dann direkt hinter die Strandpromenade fahren und hochoffiziell nächtigen. Es gibt sogar eine - nachts geschlossene - Toilette, eine Dusche, und ins Meer sind es nur wenige Schritte. Man steht nämlich direkt am Strand. Und man darf sogar mehrere Tage bleiben, wenn man täglich 20 Francs nachlegt. Eine wirklich lobenswerte Einrichtung, die ich allerdings nur in den Oster- und Pfingstferien getestet habe und bezüglich derer ich erstaunt registriere, daß es sie immer noch gibt.

Man kann bei Ste. Maries sogar am Strand **stehen**, wenn mich einige Leser richtig informiert haben (aus eigener Anschauung ist mir die Situation in anderer Erinnerung). Fahren Sie zur '*Baisse du Radeau*', am genannten Übernachtungsplatz bei der Arena nach Osten und vorbei am ebenfalls erwähnten Campingplatz. Sie müßten dann in der Fortsetzung des festen Sand- und Schotterweges ein weitläufiges Strandgelände finden, wo man ungestört bleiben darf. Vor Jahrzehnten habe ich hier schon gezeltet (und einen aussichtslosen Kampf gegen die Mücken geführt), aber später vor in den Weg gelegten Steinbrocken umkehren müssen. Sehen Sie also selbst nach, wie die gegenwärtige Lage ist, es lohnt sich.

Sehenswert ist auch die alte **Wehrkirche** (*von 12,30 - 14,30 Uhr Mittagspause*), in welcher der - nicht zu besichtigende - Reliquienschrein der beiden Marien, Maria-Jakobäa, einer Tante Jesu, und Maria-Salome, der Mutter der Apostel Johannes und Jakobus, aufbewahrt wird. Die beiden Marien wurden im Jahre 40 n.Chr. in einem kleinen Holzboot in Palästina aufs Meer getrieben und sollen dann wundersamerweise in der Camargue gestrandet sein. Nach ihnen ist der Ferienort benannt. Die Marien hatten auch eine dunkelhäutige Dienerin bei sich, Sarah, die heutige Schutzheilige der Zigeuner. Ihre Reliquien lagern in der Krypta der Kirche, in der es nur hartgesottene Gläubige aushalten. Der niedrige Raum ist nämlich derart von brennenden Kerzen vollgestellt, daß es einem den Atem verschlägt und man sich wundert, daß überhaupt noch ein Quentchen Sauerstoff übrig ist. Dort steht auch eine mit bunten Tüchern bekleidete Statue, die Sarah darstellen soll und von den Gläubigen immer wieder geküßt wird. Trotz der

auf dem Dach der Wehrkirche

vielen Touristen wirkt das dunkle Innere der Kirche feierlich. Lohnend ist auch der Blick vom Dach, von dem man vor allem bei Sonnenuntergang einen schönen Blick über das Touristengewimmel und Teile der Camargue hat. Man sieht dann auch deutlich den Wehrgang, auf dem sich die Bevölkerung bei Araberüberfällen verteidigt hat.

Sie fragen uns natürlich nach den **Zigeunerwallfahrten**, deren bekanntere am 24. und 25. Mai jeden Jahres Tausende von Zigeunern und noch mehr Touristen anlockt. Eine zweite Wallfahrt steigt an dem Sonntag, der dem 22. Okt. am nächsten liegt, an ihr nehmen hauptsächlich provenzalische Pilger teil. Ich kenne weder die eine noch die andere. Ich habe mir aber sagen lassen, daß der Rummel im Mai die folkloristischen und religiösen Aspekte weitgehend überdeckt. Außerdem ist dann für Langfinger Hochkonjunktur (das hat nichts mit den Zigeunern zu tun, sondern mit den vielen Touristen), und für Wohnmobile soll es keine Stellplätze mehr geben, da jedes freie Fleckchen von den Wohnwagen der Sinti und Roma zugestellt ist.

Sofern Sie in den 60er oder 70er Jahren schon mal in Stes. Maries waren, werden Sie maßlos enttäuscht sein. Einmal ist der Ort explosionsartig gewachsen, zum anderen kann man auch nicht mehr am 18 km langen Sandstrand hemmungslos wild zelten. Der damals völlig zugesch....ßenen Landschaft kommt dies sicher zugute. Aber ein kürzeres Stück des Strandes scheint wieder freigegeben worden zu sein (siehe oben).

Uns reicht eine Nacht auf dem „offiziellen" Übernachtungsplatz, ehe wir am nächsten Morgen weiterfahren. Wir möchten einmal nachsehen, ob es in der **Camargue** nicht doch noch ein paar ursprünglichere Plätze gibt. Dabei bietet sich der **Vogelpark** (*Parc Ornithologique; von 9 Uhr bis zum Ein-*

bruch der Dunkelheit; 30 F), 5 Kilometer nördlich von Stes. Maries, seitlich der D 570 als Einstimmung an. Hier kann man die Wassertiere der Camargue fast hautnahe kennenlernen und fotografieren: Flamingos, Reiher, Löffler, Enten und Raubvögel. Zum großen Teil stelzen die Tiere im natürlichen Lebensraum, so daß wir eine Ahnung davon bekommen, wie es hier vor Jahrzehnten einmal ausgesehen hat. Neben dem Vogelpark liegt übrigens das empfehlenswerteste **Lokal** der Gegend, die ***Hostellerie Pont de Gau***, wo ein erstaunlich preiswertes und gut zubereitetes Tagesmenu serviert wird (*Tel. 04 90 97 81 53; im Winterhalbjahr mittwochs geschl.*).

Bevor wir den Étang de Vaccarès umfahren, genehmigen wir uns zunächst einen etwa 6 km langen Abstecher nach Norden, Richtung Arles. Ziel ist das **Camargue-Museum** (*Musée Camarguais; 10,15 - 16,15 Uhr, dienstags geschlossen; 25 F*), das auf der Michelin-Karte als *Mas du P. de Rousty* eingezeichnet und eigentlich, von der Ausstellung in einer ehemaligen Schäferei abgesehen, gar kein Museum ist. Eher ein Naturlehrpfad durch Felder, Weiden und Sümpfe. 4 km ist die Strecke lang und, wenn man keine spektakulären Vogelbekanntschaften erwartet, ein schönes Zeugnis, wie es früher im Umkreis eines bäuerlichen Betriebes und in der Camargue einmal ausgesehen hat. Ein Programmpunkt für einen trüben Tag und Gift für einen heißen Hochsommermittag!

im Camargue-Museum

Danach kehren wir um und biegen nach Osten auf die D 37 ein. Nördlich des Étang de Vaccarès, eines Binnensees, kommen wir dann tatsächlich an Herden schwarzer Stiere vorbei. Diese grasen zwar hinter Stacheldraht, aber immerhin ähnelt ihr Lebensraum nicht einer Kuhweide. Besonders eindrucksvoll ist die Landschaft am östlichen Teil des Étang, wo es beim Gehöft La Capellière ein Informationszentrum gibt. In der Ferne stehen hier und da Flamingos im Wasser, und zur Freude der Fotografen hat man auch eine Herde weißer Pferde in die Landschaft gestellt.

Richtig lohnend wird die Camargue-Tour, als wir südlich der wenigen Häuser von Salin-de-Badon nach rechts, in westlicher Richtung, von der D 36c abbiegen. Nicht geeignet ist die erste Abzweigung, 3,5 km südlich von Salin-de-Badon, da man hier nach wenigen Kilometern nicht mehr weiterfahren darf. Wir lassen uns aber nicht verdrießen und bleiben weitere 4,5 km auf der D 36c, um dann 8 km südlich von Salin-de-Badon auf eine Straße abzubiegen, die mit '*de la Béluge*' und der Numerierung C 140 bezeichnet ist. Die Abzweigung und das Haus von La Béluge sind sogar auf der Michelin-Karte eingezeichnet. Die Straße ist nur am Anfang asphaltiert und weicht später einer üblen Schotterpiste. Fahren Sie am Ende des Asphalts rechts und erschrecken Sie nicht über den miserablen Wegezustand am Anfang. Die insgesamt 10 km lange Piste wird später besser, bei Regen kann sie aber unbefahrbar werden, zumal Sie dann nicht die Tiefe der Löcher erkennen können. Verzagen Sie nicht, denn es lohnt sich!

Sie werden Wegweiser zur '***Observation des Flaments***' (***Flamingobeobachtungsstation***) erkennen. Es handelt sich hierbei um ein kleines Häuschen seitlich der Piste, wo ein freundlicher Verwalter ein Fernrohr aufgestellt hat (etwa 9 km nach der Abzweigung von der D 36c). Das Teleskop ist auf die größten **Flamingoschwärme** Europas gerichtet. Der nette Herr erklärt uns, daß am dortigen Brackwasser, dem Étang du Fangassier, 12.000 Flamingos leben, deren Nester wir haarscharf erkennen können. Wir sehen sogar die frisch geschlüpften Jungen. Auch direkt neben der Piste stelzen unerwartet viele Flamingos durchs Wasser, mehr als wir uns jemals erträumt hätten.

Aber noch sind wir nicht am Ende der **Flamingo-Road**. Denn ein paar hundert Meter nach der Beobachtungsstation zweigt die Piste nach links zum Meer ab. Man kann den Weg eigentlich nicht verfehlen, zumal auch ein Wegweiser auf das am Strand gelegene Restaurant hinweist. Das ist Bestandteil des **Hüttendorfes Cabanes du Sablon**, von dem man nicht weiß, ob dort nun Obdachlose, Urlauber oder Abenteurer wohnen. Vermutlich trifft alles zu, die meisten der 1.200 Einwohner sind aber hier seßhaft, sie haben sich Behausungen gebaut, die eine Mischung von Behelfsmäßigkeit und Spießertum ausstrahlen und insgesamt wenig einladend wirken. Schon mehrfach sollte das bunte Durcheinander behördlich geräumt werden. Aber die auf Nachbarschaftshilfe angewiesenen Bewohner mobilisierten die Öffentlichkeit, unter deren Druck die Obrigkeit - vorerst - nachgab.

Beim Dorf sollten Sie noch nicht umkehren, sondern sich nach links orientieren. Der Untergrund der Piste besteht nun aus festem, feuchtem Sand, den man gefahrlos unter die Räder nehmen kann. Sie müssen vielleicht etwas herumkurven, um den Weg nach Südosten zu finden, möglicherweise verändert sich die Streckenführung auch von Jahr zu Jahr. Am besten wird es wohl sein, am Hüttendorf bald nach links zu fahren, um dann links hinter den Hütten den Weg zu suchen. Die Ansiedlung scheint nun etwas unterbrochen, ehe man nach wenigen hundert Metern auf die nächsten Baracken stößt. Vor diesen biegt man dann nach rechts zum Meer hin ab, um sich danach bei passender Gelegenheit wieder nach links zu orientieren. Zwischendrin überquert man auch einmal eine flache Meerespfütze. Irgendwann hat man die merkwürdigen Behausungen hinter sich gelassen und steht am weiten **Strand von Beauduc** (ganz gut kann man die Streckenführung auf der Karte des ign '*Serie Vert*', Nr. 66, im Maßstab 1:100.000 erkennen, die es praktisch überall zu kaufen gibt).

An der Plage de Beauduc findet man dann, jedenfalls außerhalb der Hauptsaison, in der wir noch nicht dort waren, gute Bedingungen für ein paar Tage Badeleben. Der Strand ist sehr breit und weitläufig und ist ein beliebtes Ziel französischer Wohnmobilisten. Man darf sich nicht daran stören, daß es verschiedentlich auch ungepflegte Ecken gibt und manch ein Urlauber seinen ausrangierten Wohnwagen hier einfach hat stehen lassen, oder ihn nur am Wochenende benutzt. Besonders bei Windsurfern scheint diese Ecke sehr beliebt zu sein. Aber auch hier darf man nicht endlos lange am Strand entlang fahren, denn bald wird die Piste wieder durch Felsbrocken versperrt. Ich möchte mir nicht ausmalen, wie es hier im Juli/August zugeht, aber sogar dann dürften sich hier noch ordentliche **Stellplätze** finden lassen. Für mich ist der Strand von Beauduc der beste Ort für freies Übernachten an den Stränden der Provence. Sie sollten wegen der schwierigen Anfahrbedingungen aber unbedingt ausreichend Vorräte und Wasser bunkern und nur bei stabilem Wetter losfahren.

Plage de Beauduc

Einen ähnlichen Strand gibt es auch noch an der **Plage de Piémanson** (auch *Plage d'Arles* genannt) südlich von Salin-de-Giraud, deren 10 km lange Zufahrt auf der Michelin-Karte eingezeichnet ist und die wegen ihres Asphaltbelages problemlos bewältigt werden kann. Dieser Strand liegt allerdings noch näher an der Rhône-Mündung, die allerlei Gift ins Meer schwemmt, weshalb dort das Baden ein zweifelhaftes Vergnügen ist. Jedenfalls darf man auch hier „frei" stehen.

Versorgungsmöglichkeiten (am Platz in der Ortsmitte finden Sie Wasser und eine Toilette) gibt es im interessanten Arbeiterdorf **Salin-de-Giraud**, wo man im 19. Jahrhundert Meersalzgewinnungsanlagen erbaut hat. Die aus halb Europa und Nordafrika zusammengetrommelten Werktätigen wohnten in einer quadratisch und hierarchisch angelegten Siedlung, fast jedes Haus hat einen Garten und einen kleinen Stall. Die Saline, die größte in Europa, ist auch heute noch in Betrieb. Man kann sich ansehen, wie Meerwasser, teils gepumpt und teils auf natürlichem Wege, in flache Teiche geleitet wird, wo es infolge Verdunstung eindickt. Zum Teil kommt das Meerwasserkonzentrat zur Weiterverarbeitung in die angeschlossene Fabrik, zum Teil werden die Salztafeln auch an Ort und Stelle geerntet

Nordöstlich des Ortes können Sie auf einer Autofähre für rund 30 Francs die Rhône überqueren falls Sie von hier aus zu unserer 13. Tour weiterfahren und die Gegend um Marseille, Frankreichs größtem Mittelmeerhafen, oder östlich davon erkunden möchten. Wir hingegen bleiben eine Nacht am Strand von Beauduc, um am nächsten Tag nach Westen vorzustoßen.

Insoweit ist unsere Camargue-Tour möglicherweise literarisch etwas gekünstelt, denn nach **Aigues-Mortes** werden Sie im wirklichen Leben eher von Norden her kommen. Nur eines scheint uns sicher zu sein: Sie werden den mittelalterlichen Ort am Rande eines Salzsees bei Ihrer Südfrankreich-Reise nicht ausklammern. Nicht ohne Grund, denn die Stadt (4.500 Einwohner) gilt als eine der besterhaltenen mittelalterlichen Wehranlagen Europas.

Aigues-Mortes

Zu Beginn des 13. Jahrhunderts, als sich die Macht des französischen Königs erstmals bis an die Mittelmeerküste erstreckte, gab es hier nur ausgedehnte Sümpfe. Und das Meer lag noch näher, denn die Rhône hatte vor annähernd 700 Jahren noch nicht so viel Material an die Küste geschwemmt. Ludwig IX. mußte daher nur einen kurzen Kanal graben lassen, um bei Aigues-Mortes einen Hafen zu bauen, der wichtig war, um von dort mit bunt zusammengewürfelten Mannschaften, die man später Kreuzfahrer nannte, in See zu stechen. Die Heiden auf der anderen Seite des Mittelmeers, in Nordafrika, sollten zu Christen umgekrempelt werden, und außerdem erhoffte man sich reiche Beute. Kreuz*fahrer* waren keine Kreuz*ritter* und nur zum Teil gelernte Soldaten. An einem Kreuzzug beteiligte man sich damals nicht nur des Krieges wegen, sondern um dem Herrgott zu gefallen, um Vergebung für die Sünden zu erhoffen. In noch früheren Zeiten war man weiter im Norden, beispielsweise in St. Gilles, losgefahren, aber der Zulauf an gottesfürchtigen Kriegern forderte größere Schiffe und einen meernahen Hafen. Den mußte man mit einer Wehranlage befestigen, und so entstand am Reißbrett eine Stadt, die noch im Bau war, als sie nur für kurze Zeit geschichtliche Bedeutung erlangte. Ludwig schiffte sich dort in den Jahren 1248 und 1270 zu zwei Kreuzzügen ein, was ihm den Beinamen „*der Fromme*" einbrachte. Daß diese Feldzüge, bei denen es sich um den 6. und 7. und damit um die beiden letzten Kreuzzüge handelte, gar nicht so heilig waren, sondern dem Herrscher in erster Linie politischen und wirtschaftlichen Zwecken dienten, habe ich schon angedeutet. Auch für Ludwig waren sie weniger erfreulich: Beim ersten geriet er in ägyptische Gefangenschaft und konnte nur durch ein hohes Lösegeld befreit werden, während des zweiten starb er an der Pest.

Seiner Hafenstadt ging es nicht viel besser, denn Mitte des 14. Jahrhunderts nahm die Einwohnerschaft von damals 15.000 wieder rapide ab. Die Versandung der Hafenanlage war nicht aufzuhalten, die ungesunde Umgebung der nahen Sümpfe tat ihr Übriges. Die Stadt, die zu keiner Zeit militärisch angegriffen worden war, wurde wieder geräumt und ihrem Schicksal inmitten der toten Gewässer (lateinisch: *aquae mortuae* - daher der Name!) überlassen. Auch in der näheren Umgebung mochte niemand siedeln, so daß die Befestigungsanlagen nicht mal als Steinbruch herhalten mußten.

Nur der gewaltige Befestigungsturm, die **Tour de Constance**, in dem Ludwig schon gewohnt haben soll, wurde später wieder in Betrieb genommen. Er diente als politisches Gefängnis, vor allem für lebenslänglich inhaftierten Hugenotten. Die berühmteste von ihnen, Marie Durand, wurde als 17-jährige hier eingekerkert und erst mit 52 Jahren wieder freigelassen - mit ungebrochenem Glauben.

Tour de Constance

Der Turm ist heute Hauptanziehungspunkt der Stadt, und bietet den besten Überblick über das Freilichtmuseum. Man läßt sich diesen auch hoch bezahlen, mehr als 25 Francs pro Person, um ein paar steinerne Treppen emporklettern zu dürfen. Durch die Kasse (*Juni - August von 9 - 19 Uhr, sonst kürzer und mit Pause zwischen 12 - 14 Uhr*) führt aber auch der Weg auf die mächtige **Stadtmauer**, die zwar rundum noch lückenlos erhalten ist, jedoch nur etwa zur Hälfte begangen werden darf. Der Spaziergang auf dem Wall ist aber ein touristische „Muß", weil man dabei den besten Eindruck davon bekommt, wie die Stadt auch heute noch hinter den Salzseen liegt. Südlich der Mauer sieht man die weißen Haufen der Salinen, aber auch die Weinfelder der Kellerei Listel, die es verstanden hat, ihr mäßiges Produkt in ganz Frankreich gut zu vermarkten. Überraschend ist in der anderen Richtung der Blick zwischen die Häuser, weil man sich wundert, daß in dieser Stadt wenige Meter abseits der fast schon unerträglichen Tourismusaufbereitungsgassen noch richtige Menschen wohnen. Mit Hinterhöfen, kleinen Gassen, Werkstätten und allem, was zum normalen Leben dazugehört.

Der Bummel, bzw. das Geschiebe durch die Hauptgassen ist weniger angenehm, hier schlägt die Geschäftswelt gegenüber den Touris erbarmungslos zu. Nur der baumbestandene und von Kneipen gesäumte Platz im Südteil der Stadt kann außerhalb der Hauptsaison ein wenig Atmosphäre ausstrahlen. In seiner Mitte steht ein Denkmal Ludwigs; rabenschwarz lackiert, was mich an den Pesttod des Königs erinnert.

Seit ein paar Jahren hat Aigues-Mortes nun auch seinen **offiziellen Wohnmobilstellplatz**, ein geräumiges Stück Asphalt, das in der Nachbarschaft der berühmten Sehenswürdigkeit gerne und gut besucht wird. Nur die Zufahrt irritiert mich, denn sie wird durch eine Parkplatzschranke behindert, an der man kein Geld einwerfen kann. Das macht nichts, fahren Sie einfach drauf zu, die Schranke öffnet sich automatisch. Bezahlt wird an einem Kästchen der Ausgangsschranke, und zwar 16 Francs. Leider ist der Gegenwert bescheiden, es gibt weder Wasser noch Toiletten (zu letzteren muß man quer durch die Stadt laufen, sie befinden sich genau auf der gegenüberliegenden Seite der Stadt, außerhalb der Mauer). Der Parkplatz ist auch völlig ohne Schatten und am hellichten Tag eher abschreckend. Man kann sich den Abend allerdings um einen Hauch stimmungsvoller gestalten, wenn man auf einem Weg am Rande der Parkfläche noch ein paar Meter ins Schilf fährt. In der Nacht wird das ganze zum Hit, wenn nämlich die eindrucksvolle Mauer angestrahlt ist. Ich habe mich lange gegen diesen Übernachtungsplatz gewehrt, ihn aber dann doch, in einem anderen Urlaub, so positiv verbucht, daß ich ihn - für die reine Übernachtung - für einen der interessantesten Stellplätze in Küstennähe halte. Sie müssen allerdings vor Dieben auf der Hut sein.

Blick vom Stellplatz bei Nacht

Vor allem, wenn Sie von hier am Abend noch einmal in das Städtchen laufen, in dem dann fast nur noch Einheimische den Dreck der Touristen zusammenkehren - und das Geld zählen. Dann ist auch Platz im **Restaurant** ***La Goulue*** in der Rue Rochereau (durch das ganz linke Stadttor gegenüber dem Wohnmobilstellplatz, dahinter geradeaus und in der zweiten Querstraße nach links; das Lokal liegt dort am Anfang gleich rechts). Das Etablissement besitzt einen schönen Innenhof, in dem mittags meist nur die sitzen, die rechtzeitig vorbestellt haben. Am Abend ist es besser, gleichwohl rate ich Ihnen auch dann zur Reservierung (*eine Stunde vorher reicht in der Regel; Tel. 04 66 53 69 45; vom 26. März bis 2. Oktober geöffnet*). Nicht so schwierig ist es übrigens, wenn Sie mit einem Platz im engen, aber gemütlichen Speisesaal vorlieb nehmen möchten. Die Küche bekommt sicher nie einen Stern, aber das Essen schmeckt gut, und die Preise sind, jedenfalls gemessen an dem Nepp diverser anderer Abfütterungsstätten, akzeptabel.

Vielleicht haben Sie nun Lust auf die weitere Languedoc-Küste bekommen, auf Le Grau-du-Roi oder den langgezogenen Strand am Leuchtturm von Espiguette, wo man „frei" stehen kann. Hoffentlich haben Sie sich dann mit Band 22 der WOMO-Reihe eingedeckt, *Mit dem Wohnmobil ins Languedoc und Roussillon*, in dem ich bei meiner obigen Beschreibung von Aigues-Mortes von mir selbst abgeschrieben habe. Als kleinen Bonus. Obwohl nämlich Aigues-Mortes schon westlich der Rhône, und damit im Languedoc liegt, kann kaum ein Provence-Reiseführer auf dieses Touristen-Mekka verzichten.

TOUREN 15 - 16 - 17

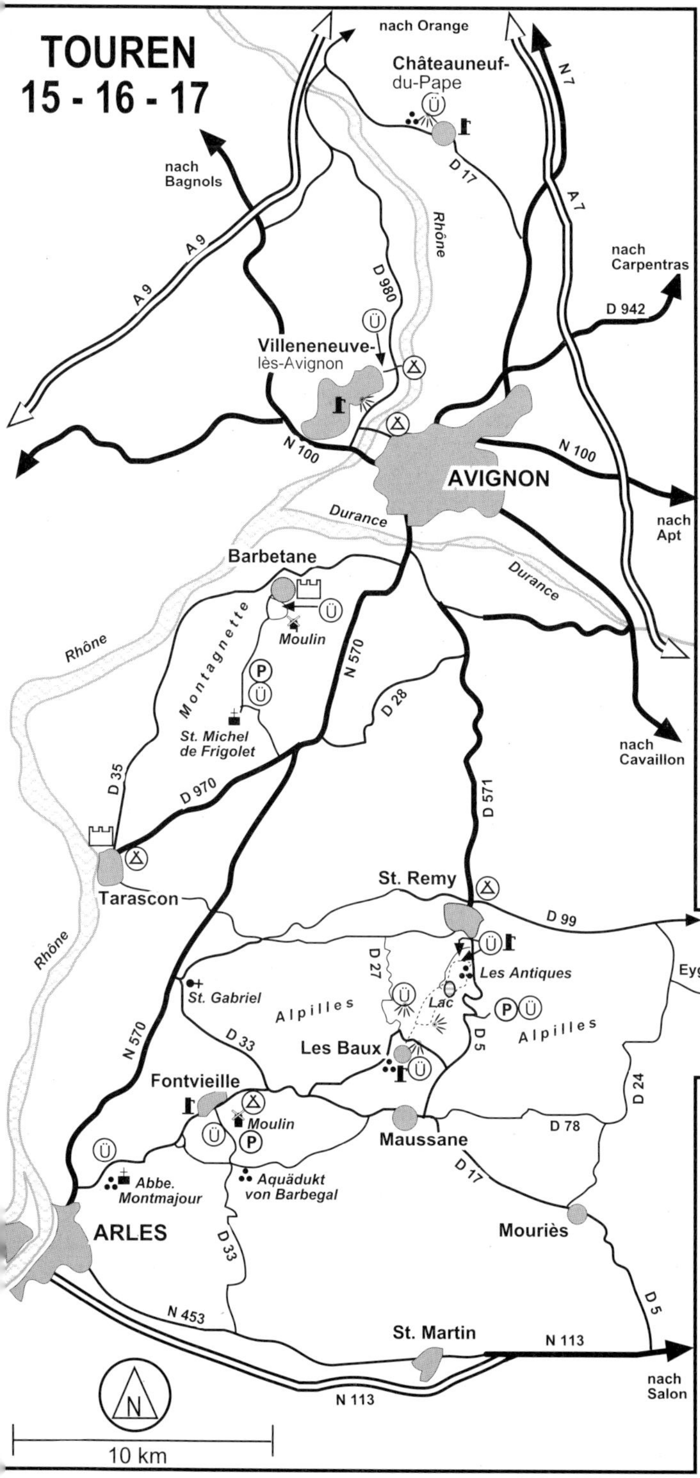

Tour 15: Arles - Frankreichs größte Gemeinde

Arles - St. Gilles - Kloster Montmajour

Übernachten:	in St. Gilles; beim Kloster Montmajour
Besichtigen:	in Arles: Arena, antikes Theater, Kathedrale St. Trophime, Altertumsmuseum, Kryptoportikus, Musée Réattu, les Alyscamps; Zugbrücke von Langlois; Kirchenportal von St. Gilles; Kloster Montmajour;
Essen:	*Hostellerie des Arènes* in Arles
Karte:	Seite 195

Es ist schon später Vormittag, als wir nach längerem Suchen in **Arles** (50.000 Einwohner) einen Parkplatz in Altstadtnähe ergattert haben (günstige Parkmöglichkeiten gibt es an der Stadtmauer oder in Bahnhofsnähe). 21 Jahre war ich nicht mehr in dieser mehr als 2.500 Jahre alten Stadt, und ich spüre deutlich eine bange, innere Unruhe, als ich durch die erste Altstadtgasse laufe. 21 Jahre haben andernorts das Gesicht einer Stadt verändert, es touristisch glattgebügelt. Werde ich in Arles noch diese eigentümliche Mischung antreffen, von geschichtlicher Bedeutsamkeit und ganz normalem Alltagsleben, von zur Schau gestellter Kunst und Gammeligkeit, von Touristentrubel und stillen Winkeln? Welche Schneisen wurden von den Urlauberlawinen auf dem Weg nach Les Stes. Maries und La Grande Motte geschlagen? Es ist kaum zu glauben, aber mir ist, als wäre ich gerade gestern noch hier gewesen; die erwarteten Wunden finde ich nicht. Und als ich am Nachmittag auf den breiten Rundbögen der **Arena** sitze, vor dem unvergleichlichen Panorama der blaß-roten Dächer mit der breiten, grauen Rhône dahinter, kehrt sogar die Begeisterung zurück, die mich überkam, als ich mit 17 Jahren zum erstenmal hier saß. Über kaum eine provenzalische Stadt wurde so viel geschrieben wie über Arles, aber der Platz auf den Arkaden der Arena kommt überall zu kurz. Noch grandioser ist die Sicht von einem der im Mittelalter angebauten Wachttürme, aber dort kann man nicht sitzen und die Stadt auf sich wirken lassen.

Natürlich ist auch die Innenseite des Amphitheaters sehr eindrucksvoll, wenn man bedenkt, daß hier einst 26.000 Menschen Platz fanden. Zu deren Belustigung wurden Tiere aufeinander gehetzt, Gladiatoren töteten sich gegenseitig mit

Arles - auf der Arena

dem Schwert, oder es wurden Minderheiten wie die Christen zur Zerstreuung des Volkes hingerichtet. Blutig geht es in les Arènes bisweilen auch heute noch zu, wenn im September spanische Stierkämpfe stattfinden. Diese wechseln sich ab mit der unblutigen provenzalischen Spielart, bei der geschickte und mutige Akteure dem Stier eine Blumenkokarde zwischen den Hörnern wegschnappen müssen. Dauerhafte Stahlgerüste ersetzen die im Laufe der Jahrhunderte weggebrochenen steinernen Zuschauerränge, auf denen im Mittelalter, wie auch auf dem elliptischen Grund der Arena, Häuser erbaut waren, zu deren Schutz die Türme dienten, die man heute noch sieht. Erst im 19. Jahrhundert wurde die kleine Stadt im Inneren des Amphitheaters wieder entfernt.

Passen Sie auf, wenn Sie mit Kindern unterwegs sind, auf den Arkaden gibt es keinerlei Sicherungen, weshalb ich diese auch bei starkem Mistral lieber meiden würde.

Wenn Sie in Arles einiges besichtigen wollen, kaufen Sie sich möglichst die Sammeleintrittskarte (*billet global*), mit der man eine Menge Geld sparen kann, zumal sie auch für die Museen gilt.

Mit ihr kommt man auch in das **antike Theater**, wo in römischer Zeit hauptsächlich Schauspiele und Tragödien aufgeführt wurden. In der Provence sind wir aber von der gewaltigen Bühnenwand des Theaters von Orange (1. Tour) verwöhnt, mit der das von Arles nicht mithalten kann.

Angenehm überrascht bin ich von der **Kathedrale St. Trophime**, denn die schönste romanische Kirchenfassade der Provence wurde inzwischen vom Dreck der Jahrhunderte

und vom Ruß der Autoabgase befreit. Zwar sind die Restaurierungsarbeiten noch nicht ganz abgeschlossen, ein Großteil der kunstvollen Figuren läßt jedoch wieder den Stein erkennen, aus dem sie gemeißelt sind. Das Kirchenportal wird in Südfrankreich nur einmal übertroffen, nämlich in St. Gilles, das wir am Ende dieser Tour bereisen werden und das, weil westlich der Rhône, schon im Languedoc liegt. Kaiser Barbarossa schritt hier in Arles durch jenes Tor, als er in St. Trophime zum König der Provence gekrönt wurde. Leicht vergißt man nach dem großartigen Erleben der Skulpturen den **Kreuzgang** der Kathedrale, den viele vergeblich von deren Inneren aus suchen. Den Eingang findet man statt dessen ein paar

Meter seitlich des Kirchenportals, wenn man dem Wegweiser 'Cloître' folgt (*9 - 19 Uhr, im Winter kürzer; 15 F*). Sie dürfen in der Provence viele Sehenswürdigkeiten auslassen - aber niemals den Cloître von St. Trophime, den schönsten Kreuzgang der Provence. Ausdrucksstarke Kapitelle erzählen Geschichten aus der Bibel, und vor allem bei Sonnenschein entsteht ein reizvolles Licht- und Schattenspiel. Man fühlt sich sofort entrückt in eine stille, eigene Welt, in die erstaunlich wenige Touristen eintauchen. Achten Sie einmal darauf, ob Ihnen aufgefallen wäre, daß der schönere Teil des Kreuzgangs romanisch ist, während die beiden weniger interessanten Flügel aus der Zeit der Gotik stammen.

Kreuzgang von St. Trophime

Als ich wieder aus dem Kreuzgang heraustrete auf den sonnenüberfluteten Platz davor, zieht es mich schon sehr nach links in Richtung zum Boulevard des Lices und den dortigen Straßencafés. Oder soll ich mir noch ein Museum antun? Zum Glück überwinde ich die Urlaubsträgheit, wenngleich der Weg weiter geworden ist. Wo früher nur ein paar Schritte quer über den Platz, vorbei am ägyptischen Obelisken, genügten ist heute schon ein kleiner Fußmarch angesagt. Denn das **Musée de Arles Antique (Altertumsmuseum)** wurde zwischenzeitlich in einen kühnen dreieckigen Neubau auf einer Halbinsel zwischen Rhône und Arles-Fos-Kanal verlegt. Am besten gehen Sie an der Rhône entlang nach Süden. Das Museum liegt dann jenseits der großen Straßenbrücke, der N 113. Wenn man schon in der ehemals römischen Hauptstadt Galliens weilt, sollte man auch die bedeutsamste Sammlung römischer Kunst in Frankreich anschauen. Obwohl der berühmteste Fund, das 2 m hohe Standbild der

Venus von Arles, nur ein Gipsabdruck ist, deren Original in Paris im Louvre steht. Man hatte sie Ludwig XIV. geschenkt. Sehr interessant sind auch die Sarkophage, die ursprünglich alle einmal an der Gräberallee Les Alyscamps aufgestellt waren. Da man in Arles diesen antiken Friedhof ebenfalls besichtigen sollte, ist es wirklich sinnvoll, sich im Museum ein paar der steinernen Särge anzuschauen (*April - Sept. 9 - 20, sonst tägl. außer dienstags 10 - 18 Uhr; 35 F*).

Nur kurze Strecken muß man bewältigen, will man in den sogenannten **Kryptoportikus** herabsteigen, eine unterirdische Säulenhalle aus antiker Zeit. Vermutlich bunkerten die Römer hier Getreide, bevor sie dieses aus der fruchtbaren Provinzia ins heimische Reich weitertransportierten. Der Kornspeicher liegt mitten im Zentrum, seitlich des Rathauses (*April - Sept. 9 - 19, sonst 10 - 16,30 Uhr*).

Nur der Vollständigkeit halber, weil wir gerade bei den Museen sind, und weil es unmittelbar an den Kryptoportikus grenzt: Das provenzalische Heimatkundemuseum ***Museon Arlaten*** (*Mittagspause von 12 - 14 Uhr; 15 F*) wurde von dem Schriftsteller Frédéric Mistral gestiftet. Der bekam nämlich im Jahre 1904 den Literatur-Nobelpreis und spendierte das damit verbundene Geld für eine Sammlung aus Hausrat, Möbel, Trachten, Spielzeug und Grippefiguren. Sogar die Wiege Mistrals ist zu sehen, und zum Teil stammen die Beschriftungen noch von seiner Hand; etwas für Regentage und leider ziemlich verwahrlost.

Und noch ein Museum: Ich muß gestehen, daß ich es ins **Musée Réattu** am Rhône-Ufer (von St. Trophime geradeaus) bislang selbst noch nicht geschafft habe. Was mich eigentlich wundert, denn dort gibt es eine größere fotografische Abteilung, die unter anderem dazu beigetragen hat, daß Arles Sitz der französischen Nationalschule für Fotografie wurde und daß alljährlich im Juli in der Stadt ein Festival der Photographie stattfindet. Außerdem beherbergt das Museum 57 Picasso-Zeichnungen aus den Jahren 1970/71 und ein paar Werke weiterer moderner Künstler (*Pause von 12,30 - 14 Uhr; 15 F*).

Vermutlich werden viele von Ihnen es nach St. Trophime und der Arena nicht bis hinunter an die Rhône schaffen, zumal die Cafés am Boulevard des Lices zur Einkehr animieren. Vor allem mittwochs oder samstags, wenn unter den Platanen des Boulevard Marktstände französisches Vivre vermitteln. Nur eines muß Ihnen klar sein: Die vielzitierten schönen Frauen von Arles werden Sie nicht entdecken, denn das weibliche Geschlecht ist hier nicht hübscher als anderswo.

Vom Boulevard des Lices ist es nicht weit zu einer anderen bekannten Allee von Arles, zur Gräberstraße **Les Alyscamps**.

Die Einheimischen nennen sie auch *Allée des Sarcophàges*, womit auch schon gesagt wäre, was es hier zu sehen gibt: Die Römer bestatteten einstmals ihre Toten in einem riesigen Friedhof außerhalb der antiken Stadt. Später wurde hier ein Heiliger, der hingerichtete Genest, beerdigt und an seinem Grab eine Kapelle errichtet. Viele fromme Christen hatten nun den Wunsch, in der Nähe des Himmlischen ihre letzte Stätte zu finden. So wurden die Toten von weit her gebracht und in teilweise prächtige Steinsärge gebettet. Angeblich wurden die Leichen sogar einfach in Holzsärgen ins Rhônewasser gelegt, damit die Totenfischer von Arles die Verstorbenen aus dem Wasser angeln und besagtem Friedhof übergeben konnten. Das Beerdigungsgeld klemmte man den Verblichenen kurzerhand zwischen die Zähne. Die kostbaren Steinsärge und Grabmale sind heute in alle Winde verstreut (zum Teil im Altertumsmuseum - siehe oben). Aber einen schwachen Eindruck bekommt man auch noch heute beim Gang durch die von Sarkophagen gesäumte Pappelallee. Die Kapelle am Ende der Gräberstraße, sie heißt heute St. Honorat, ist unvollendet und wird zur Zeit restauriert.

Ursprünglich war der Friedhof viel größer als heute. Aber der Bau einer Eisenbahnlinie ließ ihn im 19. Jahrhundert auf die heutige Größe schrumpfen. Man kann von der Altstadt zu Fuß hierher laufen (beschildert, südlich des großen Boulevard bergab) oder auch fahren. Meist ist direkt vor dem großen Friedhofstor ein Parkplatz frei (*9 - 19 Uhr, im Winter kürzer; 12 F*).

Sie werden im Zusammenhang mit Arles noch den Maler **Vincent van Gogh** vermissen, von dessen Bildern so viele Postkarten überall in der Stadt verkauft werden. Zurecht, denn Vincent malte, nachdem er im Februar 1888 von Paris hierher kam, rund 400 Bilder, ehe er sich im Mai 1889 in die „Irrenanstalt“ von St. Rémy (16. Tour) begab. Aber von ihm sind in Arles nur Postkarten zu sehen. Nicht ein einziges Bild von ihm befindet sich in der Stadt, woran sich vermutlich angesichts der heutigen Preise auch nichts mehr ändern wird. Das '*gelbe Haus*', in dem er wohnte (in der Nähe des Bahnhofs), wurde im 2. Weltkrieg zerbombt. Nur das alte Krankenhaus, das ehemalige Hôtel Dieu, ist heute ein Haus der Künste und scheint der einzige Bezugspunkt zu Vincent zu sein. Denn als er sich in Arles ein Ohr abschnitt (manche Quellen erwähnen nur ein Ohrläppchen, was aber gewiß unbedeutsam ist), wurde er hier verbunden. Grund genug, um dem Gebäude heute van Gogh's Namen zu geben.

Und ob es sich beim **Pont de Langlois** tatsächlich um die hölzerne Ziehbrücke handelt, die van Gogh vielfach gemalt hat, wird auch bezweifelt. Tatsächlich habe ich den Eindruck, daß die heutige Brücke deutlich anders aussieht als die auf den Bildern. Natürlich fahren auch wir an den kleinen Kanal im Süden von Arles, zu dem wir von der D 35 beim Wegweiser nach links abbiegen (die Brücke ist auf der Michelin-Karte eingezeichnet), um eine leicht angegammelte Ziehbrücke am Rande eines häßlichen Industriegebiets zu finden. Und dann, provenzalischer Alltag: Ein Reisebus entlädt seinen Inhalt, ein paar Männer pinkeln an die nahen Büsche, der Rest strebt mit knipsbereiter Kamera der Brücke zu; man bittet mich, das WOMO wegzufahren, es steht nämlich in der Schußlinie. Genau sieben Minuten später hupt der Busfahrer, die Leute steigen ein, und weiter geht's - ich wette, zur Mühle von Daudet (Tour 16). Das sind Momente, an denen ich genau weiß, warum ich den Wohnmobilurlaub so schätze, denn jetzt ist es ganz still an dem kleinen Kanal und der Pont de Langlois gehört nur uns.

Pont de Langlois

Es ist später Nachmittag und an einem Randweg des Kanals hat sich nahe der Brücke tatsächlich ein WOMO schon nachtfertig gemacht. Etwas einsam und kein richtiger **Übernachtungsplatz**, aber auch keine schlechte Idee. Einen anderen, empfehlenswerten Stellplatz kenne ich in Arles sonst nicht, obgleich wir schon ausgiebigst gesucht haben. Als Notlösung kommt außerhalb der Sommermonate noch der geräumige Parkplatz nahe Les Alyscamps in Frage. Auch der Campingplatz an der Straße nach St. Martin-de-Grau ist eine Enttäuschung: Unschön gelegen und von der Altstadt relativ weit entfernt. Man fährt am besten zum Kloster Montmajour (siehe unten) oder weiter nach Osten bis nach Fontvieille (siehe 16. Tour).

In ganz Arles haben wir uns jedoch zugegebenermaßen noch nicht auf die Stellplatzsuche gemacht. Denn die Stadt ist die flächengrößte Gemeinde Frankreichs. Bis ans Meer und über die halbe Camargue hat der Herr Bürgermeister das Sagen.

Wegen der fehlenden Übernachtungsmöglichkeiten sind auch unsere Restauranterfahrungen in Arles beschränkt: Die ***Hostellerie des Arènes*** (*Tel. 04 90 96 13 05; die letzten Tage im Juni, im Dezember und Januar, mittwochs und außerhalb der Saison auch dienstags abends geschlossen*) ist leicht zu finden, und zwar, wie der Name vermuten läßt, östlich der Arena, unmittelbar an der Straße, die um dieselbe herum führt. Die Plätze auf der Terrasse sind leider meist ausgebucht, von ihnen blickt man nämlich auf das Amphitheater. Auch sonst ist das Lokal sehr gut besucht, weshalb man unbedingt reservieren sollte, die Preise sind erfreulich niedrig, und die Art des dort aufgetischten Essens habe ich schon mal an anderer Stelle als „ehrlich“ bezeichnet.

Zur Übernachtung empfiehlt sich auch, 16 km westlich und schon im Languedoc, das Städtchen **St. Gilles** (10.000 Einwohner), trotz nach unserer Erstauflage eingetretenem Stellplatzexitus. Aber seine Funktion als Etappenort hat Tradition, als nämlich hier vom 11. bis zum 13. Jahrhundert die Jakobspilger auf dem Weg ins spanische Santiago-de-Compostela eine Pflichtrast einschoben. Nicht ohne Grund:

Im 7. Jahrhundert lebte an dieser Stelle ein gottesfürchtiger Einsiedler mit Namen Ägidius (französisch: *Gilles*), der es sich zum Lebensinhalt gemacht hatte, die Tiere im Rhône-Delta vor den adligen Jägern zu schützen. Dabei traf ihn, so erzählt es die Sage, ein Pfeil des jagenden Königs und durchbohrte die Hand. Majestät bereute und baute ein Kloster, in dem der später heilig gesprochene Ägidius seine letzte Ruhestätte fand. Die Krypta mit dem Grab des Heiligen, sie gibt es heute noch, zog bald darauf die Massen an und brachte den Ort auf Platz 4 der Pilgerweltrangliste (Jerusalem, Rom, Santiago-de-Compostela und St. Gilles). Für manche endete dort die Reise, andere schleppten sich auf dem Jakobsweg weiter bis nach Santiago. Sogar viele Kreuzfahrer versammelten sich in der Stadt, die damals einen der östlichsten Häfen Frankreichs aufzuweisen hatte, von dem man sich per Schiff ins heilige Land auf den Weg machte.

Jedenfalls muß in dieser Zeit wesentlich mehr los gewesen sein als heute. Soviel, daß man über dem Grab des

heiligen Einsiedlers eine große **Basilika** errichtete und deren Hauptportal reich mit Figuren schmückte. Diese Kirchenfassade ist weltberühmt und gilt als Hauptwerk der Bildhauerkunst in Frankreich. Mit einer großen Anzahl von lebensnahen Skulpturen werden Bibelszenen von Kain und Abel bis zu Judas dargestellt. Fünf verschiedene Künstler mußten 20 Jahre lang meißeln, um ein wirklich beeindruckendes Kunstwerk zu schaffen. Leider ist ein Teil der Gestalten schon reichlich verwittert oder zerstört. Daran ändert auch das milde Nachmittagslicht nichts, die beste Zeit für das obligatorische Foto. Aber der Gesamteindruck der Fassade ist zu allen Zeiten großartig. Romanisch im reinen Wortsinne, denn die Bögen der Tore und die Anordnung der Säulen erinnert stark an die Bauweise der Römer. Zudem erhebt sich die Kirchenwand hinter dem davorliegenden Platz wie die Bühne eines antiken Theaters. Auch der Sarg des Heiligen ist in der Krypta noch zu sehen; daneben, in Stein, eine Hirschkuh, die Ägidius

Kirchenfassade von St. Gilles

dereinst mit Milch versorgt haben soll. Und alles haben Sie fast alleine für sich.

St. Gilles ist nämlich ein verschlafenes Provinznest mit Cafés und ordinären Eckkneipen, vor denen die Kids lungern und von der aufregenderen Welt träumen. Es ist auch gar nicht so lange her, da konnte man auf dem großen Parkplatz mitten in der Stadt hervorragend „frei" übernachten. Aber das ist leider vorbei. Kaum sind wir nämlich mit unserem Wohnmobil dorthin eingebogen, werden wir auch schon von einem grimmigen Wächter auf den **Campingplatz** geschickt, der in unmittelbarer Nachbarschaft, ebenfalls im Herzen des Ortes, anzutreffen ist. Der Eifer des Parkplatzhüters kommt nicht von ungefähr, denn auf dem Zeltplatz gibt es auch in der Hochsaison noch viel Raum, so daß wir dort, wenn auch zögernd, unser Nachtlager aufschlagen. Ich muß allerdings zugeben, daß der Campingplatz recht gefällig und - ein unschätzbarer Vorteil - mitten in der Stadt, aber doch ruhig gelegen ist . Wer unbedingt das Geld sparen möchte, kann sich auch **„frei"** an den auf der Michelin-Karte eingezeichneten Kanal stellen, den man am Ortseingang, von Arles kommend, überquert. Biegen Sie gleich nach der Brücke links ab und folgen Sie dem Schild zum Hafen ('*Port*'). Auch rechts der Brücke ist meistens noch Platz. Man steht wegen der nahen Häuser sicher, und auch von hier ist es ins Stadtzentrum nicht weit. Bestimmt tuckert auch bald das eine oder andere Mietboot an Ihrer Wohnmobiltür vorbei, denn der Hafen von St. Gilles ist eine beliebte Versorgungsstation für die Bootsurlauber.

Von Arles aus findet sich aber auch nach 6,5 km in umgekehrter Richtung, bei den Ruinen der **Abtei Montmajour**, ein **Stellplätzchen**, Denn die Parkplätze rechts (also nördlich) der Straße liegen ruhig, und im dortigen Buschwerk finden sich gemütliche Stellen . Es gibt dort ein kleines Restaurant, aber die Stelle ist eher einsam und wegen der nahen Straße zudem etwas laut. Die guten „freien" Stellplätze sind in diesem Teil Südfrankreichs jedoch rar, und da die Klosterruine sowieso zu der Sorte von Sehenswürdigkeiten gehört, an der man auf keinen Fall vorbeifahren darf, bietet sich hier die Übernachtung an. Außerdem hält so ziemlich jeder Reisebus auch beim Kloster, so daß dessen Gelände tagsüber ziemlich intensiv von Touristen belagert ist. Dadurch gehen die Reize des Bauwerkes, die ohnehin eher im stimmungsmäßigen Bereich liegen, etwas verloren. Die beste Zeit für die Visite sind daher der späte Nachmittag und der frühe Morgen.

Dann liegt das Gemäuer wie ein Klotz in der Landschaft. Eine (zum Teil restaurierte) Ruine, deren Schönheit gerade vom Ruinendasein lebt. Wenn die milde Abend- oder Morgensonne mit den Fensterlöchern spielt und das Buschwerk drumherum lange Schatten wirft, wenn die Frösche im Brackwasser offener Gräber quaken und wenn beim Einbruch der Dunkelheit ein leichter Schauer den Buckel raufkriecht, ist es die beste Besuchszeit für die Abbaye. Man steht dann zwar vor Zäunen, aber die Besichtigung im Innern kann mit dem äußeren Eindruck ohnehin nicht konkurrieren. Manche sehen das anders und schwärmen von der Stimmung in den Hallen und Gängen der im 19. Jahrhundert teilweise wieder aufgebauten Benediktinerabtei. Aber bei aller baulichen Klarheit umfängt uns auch eine gewisse Nüchternheit. Ganz im Gegenteil zum Blick vom hohen Turm der Anlage, der zu den überwältigenden Provence-Erfahrungen gehört. Denn von dort erlebt man wieder die Lage in der Landschaft: Auf einem 40 m hohen Felsen inmitten von Zypressen, Pinien und kleinen Kirchen. In der Ferne sieht man die Alpilles, auf der anderen Seite Arles und dazwischen ausgedehnte Reisfelder (*April - Sept. 9,oo - 19 Uhr, sonst 9 - 12 und 14 - 17 Uhr; 27 F*).

Ursprünglich lebten hier Einsiedler; im 10. Jahrhundert wurde dann das Kloster gegründet, dessen Anlage im 12. Jahrhundert in etwa das heutige Aussehen hatte. Die Benediktiner begannen die umliegenden Sümpfe trockenzulegen und richteten Ablaß-Wallfahrten ein. Jeweils im Mai pilgerten die Menschen in Scharen nach Montmajour, das inzwischen auch einen Splitter vom Kreuze Christi sein eigen nannte. Und einmal sollen es gar 150.000 Gläubige gewesen sein, die sich simultan in mehreren Kapellen Befreiung von der Schuld ihrer Sünden erhofften. Die Teilnehmer strömten damals noch in Kähnen herbei, denn das Kloster lag auf einer Insel in den zu dieser Zeit noch nicht trockenen Sümpfen. Später kam die Abtei wegen ihrer Sittenlosigkeit in Verruf - kein Wunder bei den Anfechtungen und dem Geldsegen von außen. Mit Waffengewalt wurden die Mönche von sittenstrengeren verjagt, die aber ihrerseits in einen Hofskandal, die berühmte Halsbandaffäre, verwickelt wurden. Der König selbst verfügte im Jahre 1786 die Schließung, die wenig später in der Revolution wohl ohnehin erfolgt wäre. Die Anlage diente fortan als Steinbruch, ehe man sich ihrer im 19. Jahrhundert wieder annahm.

Versäumen Sie auch nicht - 300 m östlich - die Kapelle St. Croix, eine romanische Friedhofskapelle inmitten von Gräbern!

Sie sind nun auf Besichtigungen programmiert? Gut so, bei den nächsten Touren geht es noch mehr zur Sache.

Tour 16: Licht und Schatten

Les Baux - St. Rémy - Fontvieille

Übernachten:	oberhalb von Les Baux; auf dem Parkplatz von Les Baux; mehrere Stellplätze in oder bei St. Rémy; Campingplatz von Fontvieille, uU. „frei“ in Fontvieille
Besichtigen:	Ort und Ruinen von Les Baux; in St. Rémy: römische Monumente *Les Antiques*, das antike Glanum, Museum, van Gogh-Erinnerungsweg; das Dorf Eygalières; Kapellen St. Sixte und St. Gabriel; *Moulin de Daudet* in und römische Wassermühlen bei Fontvieille
Essen:	Restaurant *Mas d' Aigret* in Les Baux; *Hôtel des Arts* in St. Rémy
Wandern:	von St. Rémy nach Les Baux; Spaziergang in den Alpilles
Karte:	Seite195

Es ist Pfingstsonntagnachmittag. Genauso könnte es auch Ostern sein oder ein beliebiger Wochentag Anfang August: Ich lese in einem Reiseführer: „Doch *trotz alledem* gehört **Les Baux** immer noch zu den bedeutendsten Sehenswürdigkeiten der Provence“. Was steht hinter '*trotz alledem*'?

Es sind nicht etwa wanderbegeisterte Urlauber, die ihr Auto schon ganz unten, im Tal, am Rand der Zufahrtsstraße parken, um sich in der Hitze einen knappen Kilometer zu Fuß den Berg hinauf zu schleppen. Auch wenn Sie großmütig an der parkenden Schlange vorbeiziehen, wird es Ihnen wenig helfen. Denn oben werden Sie und alle die anderen, die den Fußmarsch auch noch nicht wahr haben wollen, von gestreßten Polizisten weitergewunken. Sie werden, je nach Länge Ihres WOMOs, mehr oder weniger verzweifelt einen Wendeplatz suchen, Sie werden zurückfahren und sich unten im Tal an die parkenden Autos anschließen - 100 m weiter hinten, als noch 15 Minuten vorher. Dafür kostet das Parken nichts, was Sie durchaus noch werden zu schätzen wissen, zieht man Ihnen doch in Les Baux noch genug Francs aus der Tasche.

Sie fühlen sich wie auf dem Rummelplatz! Alles, was Ihnen jemals an Touristenkitsch in Südfrankreich begegnet ist, in Les Baux wird es feilgeboten. Zugegeben, der Rahmen ist stilvoll, aber sind Sie wegen keramischer Klopapierhalter, wegen bunter Seifenstücke, Scherenschnitte, Lavendelsäckchen oder Ihrem mittels Computergraphik gezeichneten Konterfei hierher gefahren? Sie halten links Ihre Kamera und rechts die Kinder fest an der Hand und erinnern sich verzweifelt an Ihre letzte Reise nach Les Baux. Vor 30 Jahren, im 2 CV per Auto-Stop, als Sie hier oben noch antrafen, was Sie sich vorgestellt haben, wenn Sie hörten, daß hier nur 60 Menschen leben. Vorbei, Vorbei!

Les Baux

Sie packen die Kinder noch fester und streben eilends der Kasse am Eingang zur oberen Ruinenstadt zu. Sie entrichten Ihren Obolus, der Betrag ist Ihnen schon egal (das Geld fließt übrigens in die Kasse der Grimaldi, ihres Zeichens Fürsten von Monaco und Eigentümer der Burg von Les Baux), und Sie glauben es kaum, Les Baux kann auch an solchen Tagen wunderschön sein. Ein Verdacht, den Sie schon anderenorts in Europa im Schatten berühmter Sehenswürdigkeiten hatten, bekommt weiter Nahrung: Die Touristenströme versiegen eher an den Eintrittskassen als an den Nippes-Buden. Es ist zwar im großen Areal der Felsenburg nicht menschenleer. Aber hier verlaufen sich die Touristen. Auch im größten Trubel wird man eingefangen, fast erschlagen von Landschaft, Natur und Himmel. Die Aussicht ist phantastisch, selbst wenn man sich nicht auf die obersten Bastionen traut. Dort befällt empfindlichere Naturen schon mal der Höhenkoller, besonderes bei Mistral. Wenn der scharfe Nordwind einen schier vom Sockel bläst, hat das einen doppelten Effekt: Die unter dem Himmel vorüberfliegenden Wolkenfetzen sind so nah, daß das Gefühl von Höhe noch verstärkt wird, und am Horizont glitzert in unglaublicher Klarheit das Mittelmeer. Aber auch der Felsklotz an sich und die mit ihm verwachsenen Ruinen der Burg haben soviel Geheimnisvolles an sich, das selbst von Hunderten Besuchern nicht kaputt getrampelt werden kann. Sogar dann steht man vor dem berühmten Taubenhaus, das an eine steinerne, überdimensionale Honigwabe erinnert, meist noch alleine.

Taubenschlag

Aber um die Zukunft ist mir bange. Man hat nämlich mit der Restaurierung des Burggeländes begonnen, was an sich schon dauerhaft den Reiz des Ortes abtöten könnte. Dazu wird noch eine Freilichtbühne geschaffen - zur Komplettierung des Sommertheaters. Als ob Les Baux nicht schon genug vermarktet wäre. Hoffentlich ist das nicht der Beginn der jüngsten Ruinierung!

Die bis dahin letzte Zerstörung der Festung ließ übrigens Richelieu bewerkstelligen, dessen Name mir aus dem Geschichtsunterricht noch irgendwie positiv im Hinterkopf haftet. Zu Unrecht, denn die Spuren seines Wirkens sind Ruinen, überall in Frankreich. Auch hier wurde im 17. Jahrhundert ein protestantischer Zufluchtsort auf Geheiß des Königs unbewohnbar gemacht, geschleift, wie man so gerne schreibt, wenn heute nur noch Steinbrokken und ein paar Treppchen übrig sind. Zu jenem Zeitpunkt war die Stadt noch nicht lange wieder aufgebaut, nachdem zuvor ein anderer König ebenfalls hier schleifen ließ. Die Herren von Les Baux, die einstmals Troubadoure, also Minnesänger, um sich scharten, waren nämlich zu Raubrittern entartet, und es bedurfte einer Allianz von Papst, König und Graf der Provence, um den schlimmsten Räuber, Raymund von Turenne, zu vertreiben. Über ihn wird die schaurige Legende berichtet, er habe seine Gefangenen vom oberen Felssporn in den Tod springen lassen und sie wegen ihrer Angst verspottet.

Die Ansiedlung wurde nach Richelieus „Erfolgen“ nie mehr wieder aufgebaut und Ende des 18. Jahrhunderts vollständig verlassen. Es ist heute kaum vorstellbar, daß Les Baux in der Mitte des 20. Jahrhunderts noch fast unbewohnt war. Und wenn man einmal außerhalb der Saison und bei miesem Wetter - oder abends - durch die Dorfstraße läuft, wenn die Läden geschlossen sind und man sich auf die wiederaufgebauten Häuser konzentrieren kann, bleibt noch eine Ahnung von der Ausstrahlungskraft auf unsere Großväter.

Zu deren Zeiten brauchte man für eine Visite auch schon sonniges Wetter, außerdem hatte man damals in der Umgebung noch Bauxit gewonnen, den Aluminiumrohstoff, der im Jahre 1822 hier erstmals gefunden und nach dem Felsenhorst benannt worden ist.

Les Baux

Und vermutlich war auch schon zu Großvaters Zeiten der interessanteste Weg nach Les Baux ein **Wanderweg**. Denn nur auf ihm lernt man das zerklüftete Kalkgebirge der **Alpilles** rundum richtig kennen: Es ist mein liebster provenzalischer Wanderweg, der auf dem Parkplatz von *Les Antiques* in St. Rémy beginnt. Man überquert dabei den flachen, aber zackigen Höhenzug der Alpilles, der die Rhône-Ebene von der Camargue trennt. So hat man nach Norden wie auch nach Süden faszinierende Ausblicke, die am Ende mit einer schönen Sicht auf die Burg von Les Baux gekrönt werden. Nur sind Hin- und Rückweg der wenig schattigen Strecke leider fast identisch:

Wir lassen uns ab St. Rémy von der rot-weißen Markierung leiten, die erst ein Stück entlang der D 5 in Rich-

tung Les Baux führt. In der ersten Kurve zweigt nach rechts ein Pfad in den Kiefernwald, der bald an einem steinernen, natürlichen Schlot endet. Auf ein paar Eisenstiegen klettern wir hinab zum Stausee von Peiroou (Näheres siehe dazu unten). Dieses ist das einzige etwas schwierige Stück der Strecke, das aber auch Ungeübte schaffen. Nachdem man sich an einem Stahlseil entlanggehangelt hat, darf man nicht weiter zum See absteigen, die Markierung zeigt vielmehr nach links um das Ufer herum. Nun beginnt der Anstieg auf einem kommoden Fahrweg, und bald belohnen uns auch die ersten Panoramablicke für die Mühe. Der weitere Weg ist gut markiert: An einer Gabelung mit vielen Wanderzeichen nimmt man den linken Weg, den man bald wieder auf einem Pfad durch die Machie verläßt und den man leicht übersieht.

Man taucht dann langsam ein in die Unruhe des Bergnestes, die man ebenso plötzlich wieder verlassen kann. Man steht danach wieder in schönster Landschaft und hört nur noch wie der Wind um die Kalkzacken der Alpilles und durch die spärlichen Kiefern rauscht. Wenn Sie sonst nie wandern, machen Sie hier eine Ausnahme, die einfache Strecke dauert bei gemütlicher Gangart 2 ¼ Stunden.

Wanderung nach Les Baux

Beim Rückweg können Sie sich das Klettern beim Stausee sparen, wandern Sie einfach auf der Teerstraße in Richtung St. Rémy und nach dem See, den Kurven und dem Gefälle nach rechts querfeldein durch ein Kiefernwäldchen. Sie werden dann bald das Dach des Julierdenkmals entdecken und vor Ihrem WOMO stehen (Karte: ign, 3042 ouest).

Blick auf St. Rémy

Kommt man mit dem Auto nach Les Baux, rentiert sich die Anfahrt von Westen auf der D 27. Weniger wegen des Budenzaubers, der hier in einer Art Felsenhöhle veranstaltet wird,

Stellplatz in den Alpilles

man fährt vielmehr nördlich des Dorfes an einem Aussichtspunkt vorbei, den die Michelin-Karte kennt und an dem sich das Aussteigen wirklich lohnt.

Hier kann man vor einem grandiosen Panorama auch sehr einsam, aber „frei" **übernachten**.

Blick vom Stellplatz auf Les Baux

Falls Ihnen die oben geschilderte Wanderung von St. Rémy nach Les Baux zu viel ist, gehen Sie hier **ein paar Schritte** auf dem auf der Michelin-Karte südlich des Aussichtspunktes eingezeichneten Sträßchen. Sie erleben dort schon nach wenigen Metern die Faszination der Alpilles. Sie können den Spaziergang beliebig, sogar bis nach Les Baux, ausdehnen.

Die sonstige wohnmobilistische Seite von Les Baux ist erfreulicher als erwartet. Der Parkplatz oben vor dem Ort ist zwar großen Teils schräg, aber erstaunlicherweise ist hier bei unserer letzten Visite, wenn auch an Ostern, das **Übernachten** in keiner Weise reglementiert. Von der tollen Sicht muß ich Ihnen nicht mehr vorschwärmen, jedoch vom abendlichen Bummel durch ein menschenleeres Les Baux. Tagsüber kostet hier das Parken Geld, aber abends hat sich der Kassierer verdrückt. Außerdem gibt es Toiletten und Wasser, am Eingang zum Ort.

Vor der stimmungsvollen Nacht haben wir ebenso fein und leider nicht ganz billig gespeist. Dazu konnten wir das WOMO in den Hof des **Restaurants *Mas d' Aigret***, an der D 27A

(*Tel. 04 90 54 33 54*), stellen. Gerüchteweise ist mir zu Ohren gekommen, daß der Besitzer, ein überaus freundlicher Engländer, aufgehört hat oder irgendwelche Veränderungen vornimmt. Hoffen wir, daß dieses schöne Lokal, das sich auch wegen seiner Nähe zum Stellplatz anbietet, mit seinem hohen kulinarischen Niveau erhalten bleibt. Denn die Nobeladressen von Les Baux, alle auf der anderen Seite, unten im Tal, liegen preislich und mit dem nach außen gekehrten Luxus eindeutig jenseits meiner Schallgrenze. Trotzdem soll der Vollständigkeit halber das vielleicht beste Restaurant der Provence nicht unerwähnt bleiben: Das ***Oustau de Baumanière***, unten im Val d'Enfer (*Tel. 04 90 54 33 07*), war einmal einer der berühmtesten Gourmet-Tempel Frankreichs. Die extrem hohen Preise der Nobelherberge sind geblieben, die Sterne stehen allerdings nicht mehr so gut, denn bei Michelin gibt es deren nur noch zwei.

Wo aber bleibt man, wenn man nicht in Les Baux schlafen möchte oder wenn die Aufsteller von Verbotsschildern , was mich übrigens nicht wundern würde, dort aktiv waren, wenn man aber dennoch in diesem schönen Stück Provence wenigstens eine Nacht bleiben, wenn man vielleicht sogar nach Les Baux wandern möchte? Ganz einfach, man nächtigt in **St. Rémy**, einer unserer provenzalischen Lieblingsstädte (8.500 Einwohner). Das Städtchen ist nämlich ziemlich genau so, wie man sich die Provence vorstellt, außerdem gibt es tolle „Sehenswürdigkeiten"; und komischerweise fahren die meisten Urlauber durch bis nach Les Baux oder wenigstens bis zum Parkplatz bei den römischen Altertümern. Außerdem gibt es mehrere **Übernachtungsplätze** und ein sehr gemütliches Restaurant. Lassen Sie mich der Reihe nach berichten:

Es dämmert schon, als wir in einem Pfingsturlaub von Les Baux herunterkommen. Wir beherzigen eine alte WOMO-Fahrer-Regel, wir suchen noch vor dem Abendessen und vor Einbruch der Dunkelheit ein Schlafplätzchen. Dazu kurven wir einmal rund um St. Rémy, bevor wir an der D 5, Richtung Les Baux und etwa 200 m vor dem Ortsende von St. Rémy, nach rechts einen in westlicher Richtung zeigenden Wegweiser zur '*Barrage*' entdecken. Gibt es hier einen Stausee? Tatsächlich entdecken wir auf unserer Michelin-Karte bei genauem Hinsehen eine klitzekleine, blaue Wasserfläche. Wir kommen in ein Wäldchen und zweigen dort links ab, die Straße endet dann unmittelbar am schilfrigen Ufer (von der Abzweigung etwa 1,5 km), wo ein paar Angler ihr Glück versuchen. Der See liegt geradezu verwunschen zwischen Felswänden der Alpilles, aber leider steht auf einem Schild '*Camping sauvage interdit* ('*wildes Camping verboten*'), und es stellt sich wieder die Frage, ob die Nacht im Wohnmobil hierunter fällt. Wie meist bei solchen Schildern entscheiden wir uns für die wohnmobilfreundliche Interpretation (die uns auch immer wieder von Franzosen bestätigt wird) und beschließen, nach dem Abendessen hierher, in die Einsamkeit, zurückzukehren. Auf dem Rückweg in die Stadt entdecken wir aber eine zweifelsfrei legale Alternative, und als wir in stockdunkler Nacht aus dem Wirtshaus kommen, ist es uns ganz recht, daß wir nicht mehr an den sehr einsamen See müssen. Denn auf dem Weg dorthin fährt man an einem schönen Stellplätzchen vorbei: Wenn Sie von der Innenstadt kommend von der Straße nach Les Baux beim oben genannten Wegweiser '*Barrage*' nach rechts abgebogen sind, stoßen Sie nach etwa 150 m auf eine rechts des Weges liegende Wiese. Darauf wachsen ein paar Bäume vor einer auffällig großen Mauer. Hier steht man total ruhig, eben und wegen der nicht weit entfernten Häuser auch sicher. Die Umgebung könnte zwar schöner sein, aber es ist ohnehin dunkel, und wir schlafen; außerdem fahren wir zum Frühstück einfach weiter ans Seeufer. Der See heißt übrigens Lac des Peiroou, das Baden ist verboten und wäre wegen des Schilfs sicher auch unangenehm.

Es gibt aber noch Übernachtungsalternativen: Gut eignet sich auch der Parkplatz bei den römischen Monumenten *Les Antiques.* Man steht, wie wir in einem anderen Urlaub selbst getestet haben, ruhiger als man denkt, und vor dem zu Bett Gehen kann man noch ein überaus romantisches Glas Wein auf den Mäuerchen am Rand der angestrahlten römischen Bauwerke trinken. Dort findet man am stadtnahen Ende des Platzes auch einen öffentlichen Wasserhahn.

Wer es ohne Campingplatz nicht aushält, findet bei St. Rémy gleich drei Plätze, die beschildert sind.

Es wäre ein Fehler gewesen, hätten wir abends selbst gekocht. Denn das **Restaurant *Hôtel des Arts*** muß man einfach kennenlernen. Weniger wegen der Küche, die zwar auch nicht übel ist, mehr aber noch wegen des urigen Gastraums mit seinen altertümlichen Bildern (*30 Bd. Victor-Hugo; Tel. 04 90 92 08 50; in der ersten Novemberhälfte und im Februar geschlossen; von Mitte März bis Ende September kein Ruhetag, sonst mittwochs*). Der Boulevard Victor-Hugo ist übrigens die platanengesäumte Straße, auf die man unweigerlich stößt, wenn man von Les Baux auf der D 5 in Richtung Ortsmitte fährt. Das Lokal finden Sie dann gleich rechts.

Einer der Reize von St. Rémy liegt gerade bei diesen Platanen, jenem Baum, der neben der Zypresse so typisch für Südfrankreich ist. Leider sind die Platanen inzwischen häufig von einem Schädling befallen, der im Holz amerikanischer Munitionskisten eingeschleppt wurde. In St. Rémy sehen die Bäume aber noch gesund aus, wie überhaupt der ganze Altstadtkern.

Bestens erhalten sind auch die beiden römischen Edelmonumente, die so trefflich ***Les Antiques*** heißen: Das Stadtgründungstor und das Mausoleum der Julier. *La mausolée* enthält aber gar kein Grab, vielmehr wurde das turmartige Gebäude zur Erinnerung an die bereits in der Jugend verstorbenen Enkel des Kaisers Augustus, Lucius und Caius, erbaut. Es gilt als das besterhaltene römische Denkmal in der Provence, dem lediglich auf dem Dach ein steinerner Pinienzap-

St. Rémy - *Les Antiques*

fen fehlt. Nicht mehr ganz so gut in Schuß ist das rund 10 Jahre jüngere Tor. Nur Ignoranten betiteln dieses, wie uns die heutige Reiseliteratur lehrt, als Triumphbogen. Über den Unterschied zwischen einem solchen und einem Stadtgründungstor habe ich mich bereits bei der 1. Tour angesichts des berühmtesten gallisch-römischen Stadtgründungstores, dem von Orange, ausgelassen.

Die beiden Monumente von *Les Antiques* zierten einstmals die römische Stadt Glanum. Außerdem standen sie tiefer im Boden. Wie man gerade am Tor gut sehen kann, sind dessen Fundamente, die in römischer Zeit noch im Erdboden gründeten, inzwischen freigespült. Während man Turm und Tor mangels Umzäunung rund um die Uhr betrachten kann, muß man sich bei den gegenüberliegenden **Ausgrabungen von Glanum** an die Öffnungszeiten halten (*täglich von 9 bis 12 und 14 bis 17 Uhr, von April bis September durchgehend bis 19 Uhr, an manchen Feiertagen geschlossen; 32F*). Hier siedelten erst Griechen, später übernahmen die Römer die Stadt, deren Ruinen seit 1921 ausgebuddelt werden. Das Ausgrabungsgelände wird hochtrabend 'Pompeji der Provence' genannt, was angesichts der eher bescheidenen Mosaike und der für einen Laien schwer zu deutenden Mauern eine ziemliche Übertreibung ist. Nach meinem Eindruck kann man auch schlecht die einzelnen Bauten oder gar den kelto-ligurischen Ursprung des bis zu 2.500 Jahre alten Mauerwerks erkennen. Entweder kauft man sich an der Kasse einen deutschsprachigen Führer und trotzt entsprechend lange der provenzalischen Sonne, oder man verschiebt den Rundgang bis zum nächsten Jahr. Und man begnügt sich dann auch nicht mit halben Sachen und besucht zusätzlich noch das **Museum** im Hôtel de Sade in St. Rémy, wo diverse archäologische Funde der Ausgrabungsstätte zu sehen sind (*im Sommer von 9 bis 18 Uhr geöffnet, im Winter kürzer; 15F*).

Beeindruckender als die ausgegrabenen Steine und „Trümmer" finde ich den 'van Gogh-Weg', einen Rundgang den man am Tor von Glanum beginnen kann, und der an verschiedenen Schaukästen vorbeiführt. Dort ist dann jeweils ein Gemälde des Künstlers abgebildet, das Vincent an dem Standort der Schautafel gemalt haben könnte. Man ist erstaunt, wie wenig sich die Landschaft seit den Jahren 1889 und 1890 bis heute geändert hat. In jener Zeit nämlich lebte van Gogh freiwillig in der Nervenklinik des ehemaligen Klosters St. Paul de Mausole, das direkt neben dem Ausgrabungsgelände liegt. Eine Reihe der bedeutsamsten Bilder sind hier entstanden, so fast alle berühmten Darstellungen der flammenartigen Zypressen oder der eigentümlichen Olivenbäume. Auch das berühmte Motiv von der Iris wurde hier geschaffen, es war eine Zeitlang das teuerste Bild der Welt, und kein Mensch - außer dem Besitzer natürlich - weiß heute, wo es überhaupt aufbewahrt wird (zu van Gogh siehe auch bei der 15. Tour). Das ehemalige Kloster war bei unseren Urlauben nicht zu besichtigen, auch wenn man manchmal Gegenteiliges liest. Offenbar pilgern aber Kunstfreunde hierher, denn unter den heute eher kränklichen Olivenknorzen sitzen mehrere Maler vor ihren Staffeleien.

Bevor wir von St. Rémy in Richtung Avignon weiterfahren, genehmigen wir uns noch einen Abstecher nach Osten, der sich vor allem für unsere Leser eignet, die ohnehin den Lubéron als Etappenziel im Visier haben. Wir finden in **Eygalières** ein wenig von dem, was andere Touristen in Les Baux erwarten. Beide Dörfer thronen nämlich auf einem Fels, auch Eygalières (1.400 Einwohner) ist teilweise verfallen, nur hat der Massentourismus es noch nicht entdeckt.

Sehr schön liegt auch östlich davon auf einem kleinen Aussichtsplateau die **Kapelle St. Sixte**. Dieses Kirchlein und das Dorf Eygalières sollten Sie ansteuern, wenn Sie in diesem Teil der Provence der touristisch ausgelaugten Plätze überdrüssig sind.

Das gilt auch für die romanische **Kirche St. Gabriel** (12. Jahrhundert) am westlichen Ende der Alpilles und an der D 33 nach Tarascon. Die meist verschlossene Kapelle ist für Kunstkenner recht interessant, das Entscheidende an ihr ist aber ihre Lage inmitten eines naturbelassenen Olivengartens. Wenn Sie im Turnus unserer Touren reisen, werden Sie St. Gabriel erst nach Fontvieille fotografieren, da es auf dem Weg von dort nach Avignon liegt.

St. Gabriel

Szenenwechsel! Wie heißt es in der Überschrift zu unserer 16. Tour? Licht und Schatten. Diese liegen auch beim nächsten Ziel wieder dicht beieinander. **Fontvieille** ist ein rechter Urlaubsort, ein fast rein französischer zwar, aber bei Autobusentladungen spielt die Nationalität ohnehin eine untergeordnete Rolle. Busse kommen aber zuhauf in dieses Städtchen. Denn mit Fontvieille (3.400 Einwohner) bringt man den Schriftsteller Alphonse Daudet (1830 bis 1897) in Verbindung und mit ihm die Windmühle auf dem kahlen Hügel über dem Ort. Auch wenn man diese als ***Moulin de Daudet* (*Mühle von Daudet*)** bezeichnet, und obwohl sich in ihr die Massen in

einem kleinen Daudet-Museum drängen, der ***Moulin de Daudet*** ist eine clevere Erfindung irgendwelcher Leute, die in Fontvieille den Tourismus ankurbeln wollten. Denen war immerhin klar, daß fast jeder französische Schüler Daudet's '*Lettres de mon moulin*' ('*Briefe aus meiner Mühle*') liest. Da sich der Dichter eine Zeitlang in Fontvieille, wenn auch nicht in einer Mühle, aufgehalten hat, und da hier eine ganze Anzahl verfallener sowie eine recht gut erhaltene Windmühle anzutreffen sind, konnte man den Schwindel erfinden, die Briefe seien in diesem einen Rundbau geschrieben worden - und nicht in Paris, wo sie wirklich entstanden sind. Zweifelhaft ist auch, ob der Meister überhaupt je eine Mühle besessen hat. Die ihm zugeschriebene gehörte ihm jedenfalls nicht. Aber das tut deren Berühmtheit keinen Abbruch, und ich würde gerne wissen, ob die Urlauberscharen eigentlich an die Täuschung glauben. Es lohnt sich trotzdem, zum *Moulin* zu fahren, denn der Blick ist schön. Und wann sieht man heute noch eine Windmühle mit vier Flügeln?

Fährt man am Windmühlenparkplatz auf der D 35 weiter und an der nächsten Kreuzung links, kommt man nach 4 km zu einer Besonderheit, die erfreulicherweise im touristischen

Windschatten der Mühle schlummert: Zum römischen **Aquädukt von Barbegal**. Über ihn wurde nicht, wie bei seinem berühmten Verwandten, dem Pont du Gard, (siehe Band 22 der WOMO-Reihe) Trinkwasser herangeschafft, die Wasserleitung von Barbegal diente vielmehr dem Antrieb von 16 Wassermühlen, deren Fundament wir entdecken, wenn wir am Aquädukt entlang gehen bis dieser in eine steile Felswand gehauen ist. Auf dem Hang darunter befanden sich 8 Mühlräder, die 16 Mühlen antrieben. Der Mechanismus der aus dem 3. nachchristlichen Jahrhundert stammenden Anlagen ist auf Schaubildern nachvollziehbar dargestellt. Der Mühlenkomplex gilt als eine der wenigen bekannten römischen Industrieanlagen, die erforderlich wurden, als den Römern die Sklaven ausgingen.

Aquädukt von Barbegal

Nach einem erlebnisreichen Tag stellt sich in Fontvieille wieder die **Übernachtungsfrage**: In meiner Kladde habe ich mir im Vorjahr den Windmühlenparkplatz und das Wäldchen <u>links</u> der Straße von Fontvieille dorthin als ideale Übernachtungsplätze notiert. Aber ein Jahr später ist das passiert, was vielleicht auch anderen Plätzen dieses Buches zustößt: Man hat unübersehbare Verbotsschilder aufgestellt. Schade, denn dieser Teil der Provence ist mit freien Stellplätzen nicht gerade übersät. Aber wieder zwei Jahre später ist mir aufgefallen, daß das Verbot von französischen WOMOs ungeniert mißachtet wird, weil das Schild nur einen Wohnwagen und kein Wohnmobil darstellt. Außerdem kann man noch unterhalb, näher am Ort, „frei" stehen und zudem, deutlich einsamer, auf kleinen Picknick-Parkplätzen <u>rechts</u> der oben genannten Straße. Die beste Möglichkeit scheint mir aber der **Campingplatz** von Fontvieille zu sein. Der gehört nämlich zu den schönsten der Provence. Er liegt - gut beschildert - völlig ruhig am Rande eines Pinienwaldes, der einen würzigen Geruch verbreitet (*Municipal les Pins; Ostern bis 15. Oktober*). Für einen Spaziergang in den Ort ist er allerdings schon fast zu weit entfernt (*25 Minuten*). So müssen unsere Notkonserven den Kneipentest ersetzen. Und der beschauliche Bummel durch das Städtchen und seine zahlreichen Antiquitätenläden fällt den wohnmobilistischen Beschränkungen, die ich als Autor eines Wohnmobilführers ernst zu nehmen habe, zum Opfer. Wie heißt es so schön in der Überschrift zu dieser Tour? Licht und Schatten!

Tour 17: Wie Gott in Frankreich ?

Avignon - Villeneuve-lès-Avignon - Tarascon - Barbetane

Übernachten:	Campingplätze auf der Rhône-Insel in Avignon oder neben dem Schloß von Tarascon; „frei" beim Kloster Michel-de-Frigolet oder in Barbetane
Besichtigen:	in Avignon: Papstpalast, Kathedrale, Petit-Palais, Pont d'Avignon, Kirche St. Didier, den Osten der Altstadt; in Villeneuve: die Hauptstraße, Chartreuse Val de Bénédiction, Fort St. André, Tour Philippe le Bel, Museum; Schloß von Tarascon; Schloß von Barbetane
Essen:	in Avignon: die Restaurants *La Fourchette*, *Trois Clefs* und *Hiély-Lucullus*; in Barbetane: Hôtel *St. Jean*
Karte:	Seite 195

An einem Nachmittag Ende Mai: Der Kellner klatscht mir lieblos das Wechselgeld auf die Marmorplatte des kleinen Tischchens; der Milchkaffee ist ihm zu billig. Und mir sind die Eisbecher zu teuer. Aber auch die anderen Kellner in den Straßencafés, gleich nebenan, gehen ihrer beruflichen Tätigkeit nicht freudvoller nach. Wenn ich mich umschaue, ich sitze hier ausschließlich, um mich umzuschauen, Popcorn, Pizza, Hamburger. Ich kann kaum glauben, daß es hier entstanden ist, das geflügelte Wort vom lieben Gott in Frankreich!

Der liebe Gott war der Papst, und **Avignon** (heute 87.000 Einwohner) war Frankreich. Sogar sieben Päpste residierten zwischen 1309 und 1377 in der Stadt an der Rhône, die späteren Gegenpäpste noch nicht mitgerechnet. Ein Papst lebte im Mittelalter nicht schlecht; war er doch einer der mächtigsten Männer Europas.

Nachdem die Päpste in der Mitte des 13. Jahrhunderts den Machtkampf mit den deutschen Stauffern siegreich beendet hatten, gewann der französische König an Einfluß in Europa. Papst und König, die Anfang des 13. Jahrhunderts noch gemeinsam gegen die Sekte der Albigenser und den diese schützenden Grafen von Toulouse zu Felde gezogen waren, gerieten nun zunehmend in Konflikte. Man stritt um Macht und um das Recht zur Besteuerung des Klerus (wann in der Geschichte stritt man eigentlich nicht um Macht und Geld?). Der französische König Philipp ließ den Papst gefangen nehmen. Dieser konnte sich zwar befreien, er starb jedoch bald. Auch seinem Nachfolger war kein langes Leben beschieden.

Der nächste Papst, Clemens V., wurde nicht nur in Lyon gewählt, er war auch der erste Franzose auf dem Stuhl Petri. Und als in Rom zwischen den Adelsfamilien blutige Fehden ausbrachen, floh der Papst auf Zureden des auf Machtzuwachs bedachten Königs und samt seinem Gefolge ins heimatliche Frankreich, in die Provence, nach Carpentras. Das gehörte, wie die Grafschaft Venaissin, bereits der Kirche und war der Lohn des Königs für die Beteiligung am Kreuzzug gegen die Albigenser.

Die Stadt lag aber nicht so günstig wie Avignon und so siedelte man bald im Dreieck zwischen Rhône und Durance, das damals Gianna, der Königin von Neapel und Gräfin der Provence, gehörte. Gianna stand im Verdacht, ihren Mann gemeuchelt zu haben und zeigte sich dankbar, als der Papst sie von Schuld freisprach: Sie verkaufte ihm deshalb Stadt und Umland für einen lächerlichen Preis. Die Päpste hielten in Avignon nun prachtvoll Hof. Und mit ihnen Kardinäle, Diplomaten sowie alles, was zu einem Hofstaat gehörte. Kritik aus den eigenen Reihen blieb nicht aus, eine Pestepidemie raffte in der Umgebung von Avignon mehr als 10.000 Menschen dahin und in Rom beruhigte sich das Klima, so daß Gregor X. im Jahre 1377 nach Rom zurückkehrte.

Damit war aber die Zeit der Päpste in Avignon noch nicht vorbei. Der Nachfolger Gregors, Urban VI., wurde von den Franzosen nicht anerkannt, die ihrerseits einen Gegenpapst kürten. Zeitweilig gab es in Pisa sogar einen dritten heiligen Vater. Jeder war päpstlicher als der Papst. Erst das Konzil von Konstanz beseitigte die Verwirrung, ein Papst trat zurück, die beiden anderen wurden abgesetzt und ein vierter als nunmehr einziges Kirchenoberhaupt eingesetzt. Man schrieb das Jahr 1417, und die Zeit der Päpste in Avignon war endgültig vorbei.

Ich wette, die wenigsten Urlauber, die heute vor den gewaltigen Mauern des **Papstpalastes** stehen, wissen, daß die Nachfolger Petri nicht nur als Gegenpäpste, sondern auch als einzige ihres Berufes in Avignon weilten. Der *Palais des Papes* ist eigentlich gar kein Palast, sondern ein verschachtelter Festungskomplex, bestehend aus zwei ziemlich verschiedenen Teilen, dem *Palais-Vieux* (*alter Palast*) und dem *Palais-Neuf* (*neuer Palast*). Der alte Palast läßt mit seiner nüchternen und strengen Architektur noch erkennen, daß sein Erbauer, Papst Benedikt XII., Zisterzienser-Mönch war (und letzter Verfolger der Albigenser), während der weltoffene Clemens VI. (bevor er Papst wurde, war er Kanzler des Königs) mehr die schönen Künste liebte und nach Süden und Westen den gotischen, neuen Teil des Palastes anbauen ließ. Ansprechend ist weder der alte noch der neue. Nur gewaltig und

Avignon - Papstpalast

imposant, fast schon erdrückend; von außen wie von innen. Aber das Bauwerk ist architektonisch wie auch historisch einmalig und zieht alljährlich eine halbe Million Menschen in sein Inneres - trotz geführter Besichtigung. Und dennoch wage ich die Behauptung, es sind bestimmt nicht die kurzweiligsten 90 Minuten Ihrer Provence-Reise, wenn Sie durch die meist kahlen, abweisenden und letztlich auch etwas uninteressanten Räume geschleust werden. Die Teppiche an den Wänden haben mit der Geschichte des Palastes ohnehin nichts zu tun und dienen nur der Auflockerung - was eigentlich schon alles sagt.

Richtig schön finde ich nur das **Hirschzimmer** (*Chambre du Cerf*), in dem die Fischfänger am Rande eines Bassins besser zur Geltung kommen als die Hirschjäger. Es fehlen dem Bild noch die Perspektive und die Klarheit der späteren Renaissance, auch wurde nicht in den feuchten (fresco) Putz gemalt, sondern 'al secco'. Trotzdem sind die Jagdmotive dieses Zimmers sicher der Höhepunkt der Führung. Ursprünglich war ein großer Teil des Bauwerkes derart ausgemalt, aber ein Brand im 15. Jahrhundert und die spätere Verwendung haben Narben geschlagen, an denen man noch heute restauriert. Denn zeitweise war das Palais Gefängnis und nach 1818 sogar Kaserne. Spektakulär ist auch der riesige Speisesaal, der größte Raum des Palastes. Warten Sie unbedingt auf eine deutsche Führung (*ohne Führung April - Okt. 9 - 19 Uhr, sonst 9 - 12,45 u. 14 - 18 Uhr; Führungen 1½ Std.; 42 F ohne und 53 F mit Führung*); wenn man nämlich den Führer und seine Witzchen nicht versteht, können 90 Minuten verdammt langsam vergehen. Wollen Sie angesichts stundenlanger Warterei und stolzer Eintrittspreise auf die Innenansicht ganz verzichten, braucht Sie auch kein schlechtes Gewissen zu plagen!

Kurz noch zum sonstigen „Muß" der Stadt: Neben dem Papstpalast die **Kathedrale N. D. des Doms**, romanisch mit kitschiger Bronzemadonna aus dem 19. Jahrhundert. Links davon, am Ende des Platzes, liegt das **Petit-Palais** (*außer Juli/Aug. Mittagspause von 12 - 14 Uhr; 18 F*). Der ehemalige Bischofssitz war die Behausung der Päpste vor Fertigstellung des Papstpalastes, er beherbergt heute eine bei Kunstkennern vor allem wegen ihrer Geschlossenheit hochgeschätzte Sammlung italienischer Malerei, darunter einen Boticelli (Saal XI) und die berühmte 'Sacra Conversazione' des venzianischen Malers Carpaccio (Saal XVI B).

Bis zur Fassade des Petit-Palais dringen noch die meisten Touristen vor, die Treppenstufen hoch zum Papstgarten, dem **Rocher des Doms**, sind der Mehrzahl schon zuviel. Dabei schießt man von hier eines der klassischen Fotos Südfrankreichs, der vier noch vorhandenen Bögen der **Brücke St. Bénézet** in der träge dahinfließenden Rhône. Besser wird das Bild übrigens, wenn man den *Pont d' Avignon* von halber Höhe aufnimmt, und gut macht sich die Zeit kurz vor Sonnenuntergang. Ursprünglich hatte das sich dem Fluß entgegenstemmende Brückenbauwerk mit dem kleinen Kapellchen 22 Bögen bei einer Gesamtlänge von rund 900 Metern. Der *Pont* überspannte nicht nur die beiden Arme der Rhône, sondern auch die dazwischen liegende Insel, jenseits derer die Brücke leicht nach Süden abgeknickt war. Der Turm Philipps 'des Schönen' auf der anderen Seite (Näheres siehe unten), war ein bewachtes Brückentor. Welches französische Kinderlied geht Ihnen momentan im Kopf herum? Natürlich! '*Sur le pont d' Avignon*'. Und vermutlich wissen Sie auch schon, daß der Text im Laufe der Jahrhunderte verfälscht wurde: Man tanzte nicht '*sur*' (*auf*), sondern '*sous*' (*unter*) den Brückenbögen auf der Insel, weil nämlich dort Tanz- und Vergnügungslokale einluden. Die Brücke wurde durch Hochwasser zerstört und wird schon seit dem Jahre 1660 nicht mehr benutzt.

Genauso unvermeidlich wie der Papstpalast ist die Erfrischung auf der **Place de l' Horologe**, dem zentralen Platz am Rathaus, wo das Leben, vor allem das touristische, pulsiert. Wie das im Allgemeinen so aussieht, erwähnte ich bereits eingangs. Hinzu kommen noch Gaukler und Feuerschlucker, lebende Puppen und Penner. Und wer in der ersten Reihe sitzt, sieht bestimmt irgendwann ein von zu Hause bekanntes Gesicht zum Papstpalast eilen.

Als ich im Jahre 1968 zum erstenmal in Avignon war, stand am Ende des Platzes noch ein großes Denkmal mit einem kolossalen Löwen davor. Das Monument mußte (mußte es wirklich?) einem einträglicheren Karussell weichen, und insgesamt ist der ganze Platz touristisch geglättet, fast wie das übersanierte Stadtviertel dahinter. Wie oft habe ich von diesem Platz geträumt? Und wie nüchtern ist er heute! Wie die von hier aus schnurgerade nach Süden verlaufende Hauptstraße, die Rue de la République. Die mitteleuropäische Einheitsgeschäftswelt ist von solchen Straßen nicht mehr hinwegzudenken ist, und eine Stadt gleicht der anderen.

Zwei Ausnahmen gibt es: Das Restaurant *Hiély* nahe der Place de l' Horologe und die **Kirche St. Didier**, auf derselben Seite, ein Stück weiter südlich; fast unveränderte Gotik seit 1359 und in der ersten rechten Seitenkapelle ein berühmtes Relief des Bildhauers Francesco Laurana. Erbauer der Kirche war übrigens Benedikt XII., der auch den älteren Papstpalast errichten ließ.

Von Gott in Frankreich aber, von dem, was man heutzutage darunter versteht, kann in Avignon nur noch in wenigen Häusern die Rede sein; das *Hiély* erwähnte ich bereits (Genaueres siehe unten), die anderen werden Sie gleich kennen lernen. Ansonsten macht sich südfranzösische Lebensart erst dort breit, wo kaum ein Tourist mehr hinkommt. Im **Osten der Altstadt**, bei den **Markthallen**, an der Place Pie oder in der **Rue des Teinturies**, der Hauptstraße des einstigen Gerberviertels. Der kleine Bach seitlich der Straße ist, man glaubt es kaum, die Sorgue, deren wasserreichen Oberlauf wir anläßlich der 3. Tour bestaunt haben. Eines ist sicher: Wer nicht innerhalb der Stadtmauer ein wenig ziellos durch die einzelnen Altstadtquartiere streift, versäumt zwar nicht das besternte Avignon, jedoch das sehenswerte.

Der liebe Gott en France: Zum Essen sitzen wir wegen des hervorragenden Preis-/Leistungsverhältnisses am liebsten im **Restaurant *La Fourchette***, in der 17 Rue Racine (*Tel. 04 90 85 20 93; die ersten drei Wochen im Aug. sowie samstags und sonntags geschlossen*). Gehen Sie am obersten Ende der Place de l' Horologe, etwa beim Karussell, nach links in westlicher Richtung und an der nächsten Querstraße - es ist die Rue Racine - rechts; das Lokal liegt dann gleich links. An den ziemlich dicht stehenden Tischen sitzen fast nur Einheimische, was ja bekanntlich kein schlechtes Gütezeichen ist. Bedauerlich ist nur, daß man ohne Voranmeldung kaum Platz findet, denn preiswert ist *Die Gabel* obendrein. Ein Stück feiner und dementsprechend auch teurer ist das ***Trois Clefs*** in der 26 Rue Trois Faucons (*etwas südlich der Kirche St. Didier; Tel. 04 90 86 51 53; in der ersten November- und ersten Februarhälfte sowie sonntags geschlossen*). Noch gediegener und ebenfalls häufig nur nach Voranmeldung (*Tel. 04 90 86 17 07; von Mitte Juni bis Anfang Juli sowie - montags und, außer von Juli - Sept., dienstags mittags geschlossen*) sitzt man im ***Hiély-Lucullus***, dem berühmtesten Avignoner Eßtempel, beinahe schon einer Institution. Dafür sind die Preise noch niedrig; relativ gesehen und gemessen an den anderen Nobelkneipen der Stadt (dem Restaurant *Christian Étienne*, und den *Hotels Mirande und Europe*). Die Kellner lassen mir eine Spezialbedienung angedeihen. Ich bin nämlich zu Recherchen für dieses Buch ein paar Tage alleine unterwegs und sitze abends *tout seul* an einem Zweiertisch, was offenbar suspekt ist. Mit der Bestellung eines seltenen, offenen (!), weißen (!) *Châteauneuf-du-Pape* weise ich mich scheinbar als Weinkenner aus - und mit ein paar Notizen als bedrohlich. Nach dem Bezahlen platzt der Ober schier vor Neugier und fragt höflich, ob ich für einen Restaurantführer schreibe. Nicht ohne Stolz darf ich mich als Abgesandter der berühmten WOMO-Reihe outen und sein wirklich erstklassiges Menü loben.

Wenn Festspielzeit ist - von Mitte Juni bis Mitte August - bekommt man überall in Avignon Reservierungsprobleme, dann läuft die Stadt ohnehin über. Ich gehe mal davon aus, daß Sie für die interessanten Theatervorführungen ohnehin keine Karten besitzen, da man diese Monate vorher bestellen muß (ich habe es noch nie versucht, angeblich muß man zur Information und Reservation die Nr. 04 90 86 24 43 oder 04 90 82 67 08 anrufen. Auch die Fremdenverkehrsämter in Deutschland können informativ aushelfen). Wahrscheinlicher ist es schon, daß Sie auf den Straßen und Plätzen der Stadt oder im Garten des Papstpalastes kleinere, manchmal sogar spontane Vorführungen erleben. Für das alternative '*Festival off*', an dem sich hauptsächlich freie Theatergruppen beteiligen, kann man die Karten nämlich nur vor Ort erstehen.

Wie überall stellen sich auch in Avignon die Fragen, nach einem Park- und nach einem **Übernachtungsplatz**. Avignon hat mit das höchste Touristenaufkommen aller südfranzösischen Städte. Demnach sind auch organisierte Autoknackerbanden unterwegs, und ein im Dunkeln parkendes WOMO gehört zu deren liebster Beute. Wir wurden bisher zwar verschont, mir ist es aber in solchen Städten schon tagsüber mulmig, erst recht natürlich am Abend. Weniger, wenn ich drin liege, wohl aber wenn das Auto in einer finsteren Parkplatzecke steht. Fahren Sie also aus der Stadt heraus oder gehen Sie auf den **Campingplatz**. Der ist nämlich in Avignon, jedenfalls von der Lage her, wirklich empfehlenswert. Man hat teilweise einen schönen Blick auf den Papstpalast und den *Pont d'Avignon*. Und man kann bequem zu Fuß die Altstadt erreichen. Wenn Sie aus Richtung Altstadt kommen, fahren Sie über die nördlichere der beiden Rhône-Brücken, also den Pont E. Daladier (Sie müssen auf jeden Fall zuvor ein Stück an der Stadtmauer vorbeigefahren sein). Wenn die Brücke Land berührt, sind Sie auf der Rhône-Insel, wo Sie bei erster Gelegenheit nach rechts fahren. Es gibt hier vier Campingplätze hintereinander, auf den ersten stoßen Sie gleich nach der Brückenabfahrt. In der Nähe sehen Sie ein größeres Schwimmbad, außerdem diverse Parkplätze, die für WOMOs Tag und Nacht gesperrt sind. Auch sonst sucht man auf der Rhône-Insel leider vergeblich ein gemütliches Stellplätzchen. Nachdem wir bei früheren Urlauben die Vorzüge des ***Camping Bagatelle*** (*so heißt der erste Platz; ganzjährig offen; spätestens am frühen Nachmittag anreisen; die hinteren Zeltplätze sind gepflegter, aber 600 m weiter von der Brücke entfernt*) erleben durften, sind wir zuletzt nach Barbetane oder zum Kloster St. Michel-de-Frigolet herausgefahren. Dort gibt es Übernachtungsplätze, die in etwa dem entsprechen, was man sich vorgestellt hat, als man zum erstenmal an einen Wohnmobil-Urlaub dachte. Bis wir aber dort unser Haupt betten, müssen wir uns doch mit Parkplatzproblemen (auch deshalb empfehle ich den Campingplatz) in Avignon herumschlagen und auch noch einiges besichtigen (siehe also am Ende dieser Tour).

Für die **Parkplatzsuche** gilt: Bleiben Sie außerhalb der rundum verlaufenden Stadtmauer, die übrigens von den Päpsten im 14. Jahrhundert gebaut wurde. Gegen die Raubritter, heißt es. Imponiergehabe dürfte der wirkliche Grund gewesen sein, denn sehr widerstandsfähig ist sie nicht. Man stößt, egal woher man kommt, immer auf die Mauer und die Straße führt rundherum. Zwischen derselben und der Mauer gibt es Parkplätze, nehmen Sie den ersten, denn es könnte der letzte sein! Die größten Parkplätze sind an der Rhône nahe der oben erwähnten Brücke angelegt. Dort stehen auch meistens irgendwelche Prospektverteiler, außerdem ziemlich viele Wohnmobile (auch viele während einer lauten Nacht), so daß es die Autoknacker nicht ganz so leicht haben. Und wenn Sie im Sommer drei Runden um die Stadt gedreht haben, verzweifeln Sie nicht, Sie sind erst am Anfang der Parkplatzsuche.

Probleme dieser Art sind in **Villeneuve-lès-Avignon** (9.500 Einwohner) selten. Trubel und Nepp lassen wir auf der östlichen Rhône-Seite zurück, statt dessen tauchen wir am anderen Ende der Brücke ein in stille Beschaulichkeit, in ein Stück provinzielles Frankreich. Das war im 14. Jahrhundert nicht anders, als die Päpste kamen und Avignon zu dem wurde, was Petrarca einmal als *„Abfallgrube, in der sich aller Unrat der Welt sammelt“* bezeichnet hat. Manch kirchlicher Würdenträger oder Kardinal setzte sich daher ans andere Ufer ab, das man zu dieser Zeit schon bequem über die Brücke St. Bénézet erreichen konnte. So entstanden eine Reihe stattlicher Paläste (sogenannter *Livrées*), die heute in sympathischer Weise vor sich hin gammeln.

Schon als wir in Villeneuve auf dem großen Platz vor der Altstadt parken, zweifeln wir, ob wir überhaupt richtig sind. Verirren sich tatsächlich so wenige Touristen über die Rhône in ein derart interessantes Städtchen? Dabei offenbart ein Spaziergang durch die Hauptstraße des Ortes, die Rue de la République, ein Höchstmaß von Charme, zu dem Frankreich fähig ist. Wenn sich vielleicht in ein paar Jahren Denkmalschützer und Altstadtsanierer auf die Schultern klopfen, wenn es aus den Palästen nicht mehr modrig riecht, wenn Fensterscheiben und Dachkandel repariert sind, wenn nicht mehr die Armen in den Häusern der einstmals Reichen wohnen, wenn in den malerischen Innenhöfen keine Autos mehr rosten dürfen, wenn dort, wo heute noch die unterschiedlichsten Plastikklingelknöpfe die Vorderansicht verunstalten, eine kleine Gedenktafel hängt, wenn die Stadt nicht mehr nur den Bewohnern gehört, dann wird es hier aussehen wie überall in Europa. So wie in Deutschland, Italien oder Spanien, wenn Altstadterneuerer ganze Straßenviertel entkernt und touristisch aufpoliert haben. Von Frankreich wird dann nicht mehr viel übrig sein, allenfalls ein schwacher *Haut-goût*.

Aufgebaut und restauriert ist heute schon der größte Palast der Stadt, die **Chartreuse Val de Bénédiction**. Man kann wieder nachvollziehen, wie das einst bedeutendste Kartäuserkloster Frankreichs funktioniert hat. Drei Kreuzgänge gibt es zu sehen und das prunkvolle Grabmal von Papst Innozenz VI., der zur Klostergründung beitrug: Er schenkte nämlich dem Kartäuserorden seinen Kardinalspalast,. Aus Dankbarkeit, weil der an seiner Stelle eigentlich zum Papst bestimmte Kartäuser-Kardinal Jean Birel den Stuhl Petri im Hinblick auf die strengen Regeln des Ordens ausgeschlagen hatte (*täglich 9 - 18,3o Uhr; im Winter kürzer; 27 F; angenehm sind die schriftlichen Erklärungen in deutscher Sprache*).

Zu einer Besichtigung von Villeneuve gehört auch das **Fort St.-André** (*9,3o - 12,3o und 14 - 18 Uhr; im Juli /August keine Mittagspause; 21 F*). Die Festung wurde im 14. Jahrhundert

Fort St. André

gebaut, um die Benediktiner-Abtei des Klosters St.-André zu schützen, denn ursprünglich endete am linken Rhône-Ufer das französische Königreich. Die massigen Tortürme wurden in unserem Jahrhundert renoviert, dabei hat man auch verschiedene Pechnasen zugemauert um Unfälle zu verhindern. Das Fort besucht man nämlich der schönen Aussicht wegen, die man von den beiden Rundtürmen hat. Unser Besuch, nach der Mittagspause, ist dazu eigentlich noch zu früh, denn der Papstpalast von Avignon, auf den sich alle Blicke richten, wirkt am späten Nachmittag am besten. Das gilt genauso für den fast noch schöneren Blick vom **Turm Philipps** 'des Schönen' (*Tour Philippe le Bel; Öffnungszeiten wie das Museum; 10 F*). Der französische König Philipp hatte hier das westliche Ende der Rhône-Brücke mit einem Kastell gesichert, um den Zugang zum ursprünglich deutschen Ostufer der Rhône zu kontrollieren.

Blick von Villeneuve nach Avignon

Fast hätten wir nach Festung und Turm die Stadt wieder verlassen, ohne einen Blick in das **Musée Pierre-de-Luxembourg** zu werfen. Schon die bemalte Elfenbeinmadonna im Erdgeschoß (14. Jahrh. - beachten Sie auch die leichte Krümmung des Stoßzahns auf der Rückseite) ist den Eintritt wert, erst recht das Bild der berühmten 'Marienkrönung' im ersten Stock, das der DuMont-Reiseführer als ein „Kunstwerk von Weltrang" würdigt. Die Mutter Gottes von Enguerrand Quarton gilt als eines der schönsten Gemälde französischer Gotik und wurde Mitte des 15. Jahrhunderts für die Kartause gemalt. Es lohnt sich wirklich, auch hier das Ende der Mittagspause abzuwarten (*10 - 12,3o und 15 - 19 Uhr; im Winter kürzer; außer von Mitte Juni - Mitte Sept. dienstags und im Februar vollständig geschlossen; 20 F*).

Inzwischen kennen wir in Villeneuve lès Avignon auch fabelhafte **Übernachtungsplätzchen** für WOMOs aller Größen. Jene liegen westlich, am Fuß des Fort. Fahren Sie auf der Umgehungsstraße, der D 980, zwischen Ort und Rhône. Genau gegenüber dem in Richtung Fluß zum **Campingplatz** (der auch nicht übel und ortsnah ist) abzweigenden Weg nehmen Sie eine Straße in Richtung Ort. Sie folgen nun der Mauer (der Kartause) und erspähen bald links den ersten Stellplatz. Circa 200 m weiter geht nach links eine Einbahnstraße ab, hoch zum Fort. An deren Anfang gibt es eine schöne, größere Fläche. Wenn Sie sich dann noch trauen, etwa 100 m entgegen der Einbahnstraße zu fahren, kommen Sie auf einen zweiten Platz, dem ich à la Michelin einen Stern zuerkennen könnte (weitere Sterne würden durch die fehlende Toilette und die etwas einsame Lage durchkreuzt). Der Blick auf die Kartause und das Fort könnte nicht besser sein.

Vor der Heimreise empfehle ich Ihnen noch einen kleinen Ausflug zur **Montagnette**, dem Landstrich südwestlich von Avignon, den man sich sinnvoll auch gleich im Anschluß an unsere 16. Tour vornehmen kann. Alleine schon wegen eines der berühmtesten Schlösser der Provence am südlichen Rand. Die **Burg von Tarascon** gehört zu jeder Bildungsreise. Entsprechend langatmig ist auch die französische Führung (*täglich zur vollen Stunde, von April - Sept. keine Mittagspause; 27 F*). Das beste am Schloß ist der Blick von der Dachterrasse. Das Château gilt als besonders gut erhalten, zumal man in den 30er Jahren die Umbauten wieder entfernt hat, die notwendig waren, um die 1449 vollendete Burg als Gefängnis zu nutzen. Mindestens so eindrucksvoll wie von innen ist das Schloß von außen, vor allem von Norden.

Tarascon

Wer gerne auf Campingplätzen schläft, weilt in Tarascon (11.000 Einwohner) richtig. Denn der ***Camping Tartarin*** liegt direkt neben dem Schloß, am Ufer der Rhône (*15.3. - 30.9.; einfache Ausstattung*). Der Name des Platzes geht zurück auf Alphonse Daudet. Der schrieb nicht nur die berühmten '*Briefe aus meiner Mühle*' (siehe 16. Tour), sondern auch den Roman des '*Tartarin von Tarascon*', in dem die Bewohner der Stadt nicht gut wegkommen. Ursprünglich hieß der Held '*Barbarin*', so wie eine alteingesessene Familie. Die zog erfolgreich vor Gericht und Daudets Romanfigur mußte in '*Tartarin*' umgetauft werden.

Eine Nacht in der Stadt empfiehlt sich vor allem am letzten Juni-Sonntag, wenn beim **Tarasque-Fest** ein Drache aus Holz, Pappe und Segeltuch durch die Stadt gezogen wird. Der Sage nach soll so ähnlich das Ungeheuer ausgesehen haben, das Jahr für Jahr aus der Rhône aufgetaucht ist, um Schiffer und Kinder zu fressen. Bis die Heilige Martha aus Stes. Maries einflog, um dem Reptil den Garaus zu machen. An die Schutzheilige erinnern nicht nur ihr Grab in der nach ihr benannten Kirche, schräg gegenüber der Burg, sondern auch die zu ihren Ehren abgehaltenen Umzüge mit einem künstlichen Nachkommen des Untiers. Die Pappatrappe soll zugleich die bösen Wassergeister vertreiben, die den Fluß immer wieder über die Ufer treten lassen.

Diesmal gibt es weder einen Drachen-Umzug, noch gelüstet es uns nach einem Campingplatz, so daß wir wieder nach Norden zurückfahren, zur **Abtei St.-Michel-de-Frigolet** und damit an einen der besonders angenehmen Plätze in der Provence. Zugegeben, die Klosterbauten samt Kirche sind eher uninteressant und ziemlich kitschig (hauptsächlich aus dem 19. Jahrhundert; im nördlichen Seitenschiff der Kirche gibt es den Rest einer Kapelle aus dem 11. Jahrhundert; *9 - 11 u. 14 - 18 Uhr*). Wegen der weißgekleideten Mönche des Prämonstratenserordens würde ich Sie auch nicht hinter die kleine Gebirgskette, die Montagnette, ködern. Und Kräuterlikör wird auch anderswo von geschäftstüchtigen Ordensbrüdern verkauft. Aber ein Kloster in einer derart anmutigen Landschaft und würzigen Luft gibt es selten.

Erstaunlich ist auch das kleine, aber dennoch fast unbewohnte Gebiet, das man im dichtbe- und vor allem zersiedelten Rhônetal gar nicht vermutet. So wurde das Kloster zu einem beliebten Ausflugsziel der Avignonesen und ihrer Nachbarn. Erschrecken Sie nicht, wenn in der Woche noch am Nachmittag busweise Schulklassen Ballspiele veranstalten, oder wenn am Sonntag halb Avignon hier picknickt. Die Stunden von St.-Michel-de-Frigolet liegen zwischen Tag und Dämmerung. Dann steht man unter ausladenden Schirmkiefern, oder man hat sich auf einem verschwiegenen Weg ein stilles, von der Straße nicht sichtbares **Plätzchen** gesucht. Man lauscht dem Abendgesang der Vögel und vergißt den Radau der nahen Städte. Ungeniert kann man Tisch und Klappstühle auspacken, das Federballspiel genauso, und wenn schon ein paar andere Wohnmobile dastehen, stellt man sich unter eine andere Pinie. Platz gibt es genug! Der Parkplatz vor dem Kloster ist einer meiner liebsten Provence-Übernachtungsplätze. Allerdings kann ich für das Wochenende meine Hand nicht ins Feuer legen, und die Stelle ist nachts ziemlich einsam.

Stellplatz beim Kloster

Aber es gibt Alternativen, zum Beispiel in **Barbetane**. Dort glaubt man sich auch eher in der Mitte von Frankreich, als 10 km vom Zentrum Avignons entfernt. Zu sehen gibt es vor allem ein kleines Schloß vom ehemals französischen Gesandten beim Großherzog der Toskana, einem Marquis de Barbetane (*Führungen ½ Std., 10 bis 12 und 14,oo bis 18 Uhr; von Dezember bis März und, außer von Juli bis September, am Mittwoch geschlossen; 30 F*). Lohnend ist insbesondere die schöne Inneneinrichtung. Nett ist aber auch das Städtchen selbst, mit Rathaus, Kirche und viel Flair.

Am Abend sitzen wir im ***Hôtel St. Jean*** und freuen uns an einem einfachen, eher deftigen Essen bei freundlichen Leuten. Hier versucht man sich nicht an komplizierten Speisen, die dann doch mißlingen, und zum Nachtisch gibt es, was schon Generationen schmeckt: Karamellpudding oder *Tarte des pommes* (Apfelkuchen). Daß die Rechnung uns dann schließlich auch nicht die Stimmung verdirbt, versteht sich fast von selbst (*Tel. 04 90 95 50 44; außer im Juli und August montags geschlossen*).

Überdies gibt es direkt bei Barbetane einen besonders schönen **Schlafplatz**. Auch auf die Gefahr hin, daß ich selbst in Zukunft keinen Platz mehr finde: Man verläßt Barbetane nach Süden, Richtung St. Michel d.F. Im Ort fährt man erst in ein Tal, dann leicht bergauf und biegt hinter einer Linkskurve nach links zu einer ehemaligen Windmühle (*moulin*) ab. Die Straße wird nun bald zur Einbahnstraße, die rund um den kleinen, bewaldeten Hügel führt. Wir fahren bei der Windmühle wieder links und treffen nun am oberen Ortsrand von Barbetane auf einen alten Wachtturm. An dessen Fuß kommt man an einem schmalen, asphaltierten Parkplatz vorbei. Hier werde ich mich hinstellen, wenn die schönere Alternative, auf die nur ein WOMO paßt, bereits besetzt ist: Die liegt schräg gegenüber und ist nichts anderes als eine Ausbuchtung der Straße, die vom Turm zur Windmühle führt. Oberhalb eines Hangs mit herrlichem Blick auf Barbetane und das Rhônetal können wegen der nahen Häuser auch ängstliche Naturen ein Auge zu machen. Man darf auch rechts am Turm hoch in das Wäldchen fahren, wo man an diversen Picknick-Plätzen - nun deutlich einsamer - ebenfalls nächtigen kann.

Der Kreis unserer Provence-Reise schließt sich nun fast. Barbetane wäre für die letzte Nacht auch durchaus geeignet. Vielleicht fragen Sie sich aber, wo unsereiner den Abend vor der Heimreise verbringt. Es ist nie ein Autobahnrast- oder Supermarktparkplatz, und ich hoffe, daß mit diesem Buch auch in Ihrem WOMO-Leben diese lauten Notlösungen ausgemerzt sind. Ansonsten unterscheidet sich unser Urlaub wenig von Ihrem. Auch wir fristen gelegentlich miserable Nächte und haben schlechte Stimmung. Auch unsere Kinder nörgeln und streiten, und bisweilen wünschen auch wir uns ein gemütliches Hotelbett, eine Flugreise oder auch mal, aber selten, den Büroschreibtisch. Es geht mir also nicht anders als Ihnen. Als Autor von WOMO-Reiseführern idealisiere ich nämlich ab und an das wohnmobilistische Leben mehr als es der Wirklichkeit entspricht.

Wo aber stehen wir nun wirklich in der letzten Nacht? Vor dem Schwimmbad von Châteauneuf-du-Pape, wo wir schon bei der 1. Tour geschlafen haben. Am Freitagmorgen müssen wir uns von der Provence verabschieden. Und von den fluchenden Markthändlern, die uns schon wieder mit Ständen und Sonnenschirmen zugebaut haben.

Die Tips und Infos

Boules - Pétanque

Sicher bleiben auch Sie immer wieder fasziniert stehen, wenn gegen Abend auf irgend einem Sandplatz in Südfrankreich die Eisenkugeln (*boules*) gestreichelt, gerollt oder geschossen werden. Nirgendwo anders sind die Gesichter charakteristischer als auf dem *Boulodrôme*, dem staubigen Spielfeld, auf das kein südfranzösisches Dorf verzichten kann. Ich könnte Stunden damit zubringen, den Kugelwerfern zuzuschauen.

Nur muß man fürs Kiebitzen die Regeln kennen: Es spielen immer zwei Parteien gegeneinander, wobei zu jeder Partei ein bis drei Spieler gehören, natürlich müssen es gleich viele sein. Jeder Spieler wirft zwei oder drei Eisenkugeln. Sinn des Spieles ist es, möglichst viele *Boules* näher als der Gegner an die kleine Holzkugel, den *Cochonnet* heranzubringen. Das *Schweinchen* ist eine arme Sau, ist es doch Ziel sämtlicher Attacken. Der Werfer der Holzkugel setzt seine erste Eisenkugel nun möglichst nahe. Jetzt kommt die andere Partei an die Reihe und muß versuchen, dem Schwein noch näher auf die Pelle zu rücken. Dabei muß die Gegenpartei solange werfen, bis sie eine Kugel dichter am Ziel hat als die andere Partei. Ob dies der Fall ist, wird häufig durch pedantisches Nachmessen und lange Diskussionen über die Meßtechnik ermittelt. Man achtet peinlich darauf, daß bei allen Würfen die Spieler genau im Kreis stehen, und daß von jeder Partei - solange diese noch Kugeln hat - immer der Spieler wirft, dessen spezielle Fähigkeiten gerade gefordert sind. So gibt es in jeder Mannschaft meistens einen *Tireur*, dessen Aufgabe darin liegt, die unerwünscht nahe *Boule* des Gegners wegzuschießen. Geschickte Spieler können dem Eisen einen derartigen Effet geben, daß die fremde Kugel meterweit weg fliegt, daß aber die eigene genau an der Stelle der fremden liegen bleibt. Sind alle Kugeln gespielt, bekommen die Kugeln einen Zählpunkt, die näher am Ziel liegen als die beste Kugel des Gegners. Das Spiel gewinnt die Mannschaft, die auf diese Weise als erste 13 Punkte erreicht hat.

Ursprünglich wurde in Südfrankreich auf größere Distanz gespielt, wobei die Zielkugel bis zu 21 m weit geworfen wurde. Die Akteure mußten dann die Spielkugel mit Anlauf oder auf einem Bein stehend zum Ziel bringen. Im Jahre 1910 bahnte sich aber auf dem *Boulodrôme* der Hafenstadt La Ciotat ein Boulo-Drama an: Ein begnadeter *Boulomane* litt unter Rheumatismus, an die Einbein-Wurf-Technik war nicht mehr zu denken, an den Anlauf schon gar nicht. Jules hieß der Bedauernswerte, der irgendwann nur noch traurig den anderen zusehen konnte. Jules hatte aber einen Freund mit Namen Ernest, bei dem es an einem warmen Juniabend funkte: Um *Boules* zu werfen, braucht man doch nur einen gesunden Arm, viel Fingerspitzengefühl und noch mehr Köpfchen (ob man damals auch schon eine *Gitane* im Mundwinkel brauchte, weiß ich leider nicht). Warum also müssen wir anlaufen oder auf einem Bein stehen? Er kreierte den Abwurfkreis und ließ die Zielkugel auf eine kürze Distanz rollen. Fortan boulten die Herren stehend und mit *geschlossenen Füßen*, auf französisch also mit *Pieds tanqués* (prov.: *péd tanco*). Bald nannte man diese Art des Boules-Spieles nur noch *Pétanque*. Eine Gedenktafel in La Ciotat erinnert an den denkwürdigen Sommer.

Das Spiel ist aus Südfrankreich nicht mehr wegzudenken, und vier Boules-Fabriken machen nach wie vor beste Geschäfte. Bessere als die Zahnbürstenhersteller, denn in Frankreich werden mehr Boules-Kugeln verkauft als Zahnbürsten, und kein südfranzösisches Eisenwarengeschäft kann darauf verzichten, verschiedene Qualitäten der etwa 750 g schweren Kugeln im Schaufenster auszustellen. Sogar die Frauenbewegung frohlockt. Längst ist das *Pétanque* keine reine Männersache mehr, geschlechtlich gemischte Mannschaften nehmen zu. Und auf den nackten Po von *Fanny* küßt man heute auch nicht mehr. *Fanny* war nämlich ein Pin-up-Girl mit einem auffälligen, womöglich sogar nackten Hintern, das irgendwo am Rande der Boules-Plätze aufgehängt war. Wenn eine Mannschaft mit 0:13 verloren hat, durften sich die Spieler damit trösten, *Fanny* auf den Allerwertesten zu küssen - zum Gespött der Gewinner, versteht sich.

Campingplätze

In kaum einer Region Europas werden Sie mehr Campingplätze finden als in der Provence. Von den Zeltplätzen am Meer soll hier noch gar nicht die Rede sein (näheres siehe unter dem Stichwort *Strände*), wo ein Campingplatz neben dem anderen liegt. Frankreich hat, aufs Ganze gesehen, vermutlich das weltweit dichteste Netz unterschiedlichster Campingplätze. So daß jeder, der einen Platz sucht, auch in der Hochsaison im Landesinneren fündig wird. Allerdings nicht unbedingt dort, wo man als erstes sucht, insbesondere, wenn der Zeltplatz an einer Badestelle liegt. Aber niemand muß ein abendliches Refugium missen.

Die sanitären Ausstattungen sind jedoch verschiedenartig, am schlichtesten sind sie in der Regel auf den städtischen Plätzen (*Camping municipal*), die aber auch wiederum die preiswertesten sind. Wer häufig auf Campingplätzen nächtigt, kauft sich am besten den grünen Michelin-Führer, *Camping Caravaning France*, der jedes Jahr in Neuauflage erscheint, aber nur einen Bruchteil der französischen Campingplätze verzeichnet. Die Fremdenverkehrsbüros (siehe Stichwort *Fremdenverkehrsbüros*) geben jährlich einen hervorragenden Führer heraus, den man sich gratis zuschicken lassen kann, in dem alle Campingplätze der beschriebenen Region genannt sind.

Auch in Südfrankreich gibt es (relativ wenige) Plätze, die vorwiegend von Dauercampern besucht werden, die ihren Wohnwagen nicht mehr auf Rädern, sondern Backsteinen stehen haben. Die Campingführer weisen dezent auf Dauercamper hin. Wenn Sie in Ihrem Michelin-Führer das Attribut „*Location lonque durée*“ lesen, können Sie sich den Weg zum Campingplatz meistens schenken.

Ich erwähnte bereits, daß die Plätze an den Stränden, sei es am Meer, an Flüssen oder an Seen in der Hochsaison häufig belegt sind. Zumeist hängt dann am Eingang ein Schild mit der Aufschrift '*complet*'. Die glücklichen Urlauber im Inneren haben sich oft schon ein Jahr vorher für den nächsten Urlaub angemeldet - und mit mobilem Reisen nichts am Hut. Wenn Sie unbedingt auf einen derartigen Platz wollen, fragen Sie bei der Leitung, ob Sie überhaupt Chancen haben, und reisen Sie am nächsten Tag gegen Mittag oder am besten donnerstags oder freitags an.

Die Nacht auf dem Campingplatz kostet natürlich Geld, Kinder über 6 Jahre zahlen meistens voll, und so legt man für eine 4-köpfige Familie schon mal pro Nacht bis zu 150 Francs auf den Tisch, oft aber auch weniger als 100 Francs. Je aufwendiger die Ausstattung des Campingplatzes ist, um so teurer wird die Chose, wobei die aufgemotzten Plätze meistens nicht die schönsten sind. Und die aufwendigen Sanitäranlagen sind für Wohnmobilfahrer mit eigenem Toilettenraum nicht von Bedeutung. Unsere Campingplatzerfahrungen sind beschränkt, da wir Zeltplätze oftmals nur in Städten aufsuchen oder wenn wir uns längere Zeit zum Baden an einem Gewässer aufhalten (dabei gibt es nach unseren Erfahrungen nur selten Alternativen zum Campingplatz). Wir hatten in Südfrankreich aber noch nie das traurige Erlebnis, daß man uns am Campingplatztor, wegen unseres Wohnmobils diskriminiert hätte, daß man uns für nur eine Nacht nicht aufgenommen hätte.

Dafür läßt man Sie auf einige, wenige Plätze möglicherweise nur mit einem gültigen *Camping-Carnet*, dessen Besitz sich ohnedies lohnt, ersetzt es nämlich die Hinterlegung des Passes in der Schreibtischschublade des Campingplatzbesitzers. Man erhält das Carnet beim ADAC oder dem Deutschen Campingclub für ein paar Mark (und nach meinen Erfahrungen tut es auch die Plastikkarte vom Vorjahr). Da die „freien" Stellplätze zunehmend gesperrt werden, oft zugunsten unschöner „offizieller" Übernachtungsplätze, freunden wir uns immer mehr mit Campingplätzen an - und widmen diesen in unserem Buch auch mehr Raum.

Diebstahl

Niemand von uns ist vor Dieben gefeit - weder in Südfrankreich noch anderswo. Aber leider gehört die Provence seit einigen Jahren zu den Gebieten, in denen man besonders aufpassen muß. Wer so tut, als gäbe es das Problem nicht, lügt sich in die eigene Tasche. Je sorgloser man ist, um so eher schlagen die Diebe zu.

Die oberste Grundregel lautet: Verlasse nie Dein WOMO mit nichts als dem Autoschlüssel in der Hand. Denn Diebe sind nicht blöde und wissen, daß Sie mehr als diesen Autoschlüssel dabei haben: Geld, Schecks, eine Fotoausrüstung, eine Videokamera und die Damen eine Handtasche. Tragen Sie aber nichts unterm Arm, müssen diese Dinge zwangsläufig im WOMO zurückgeblieben sein. Eine Auto- oder Reisemobiltür ist aber für einen Profi ein Klacks. Er öffnet sie in Sekunden. Außer auf Campingplätzen (wo auch geklaut wird, wo aber meine Reisegepäckversicherung gilt) lasse ich meine Fotoausrüstung niemals im Fahrzeug zurück. Das gilt für den Autobahnrastplatz genauso wie für jeden Stadtbummel.

Eine sinnvolle Schutzvorrichtung ist eine Alarmanlage. Man darf von ihr natürlich keine Wunder erwarten, es gibt jedoch Situationen, in denen man nicht weit vom Wohnmobil entfernt ist und schon deshalb das Alarmhupen hören kann, beispielsweise am Strand oder in der Kneipe. Die Alarmanlage leistet auch wertvolle Dienste, wenn das Auto auf einem bewachten Parkplatz steht, immerhin wird darüber dann der Wächter aufmerksam. Gleiches gilt für den Campingplatz oder dann, wenn andere Wohnmobile in der Nähe parken. Aber Voraussetzung ist, daß man die Alarmanlage nicht über die reguläre Autohupe tuten läßt, denn dort kann der Dieb vorher leicht das Kabel abziehen. Und die beste Alarmanlage nutzt auch nur dann, wenn sie im Ernstfall funktioniert (ab und zu an entlegener Stelle ausprobieren).

In den größeren Städten sollte man das WOMO nie an einer abgelegenen, unbeobachteten Stelle parken. Wir suchen nach Möglichkeit bewachte Parkplätze.

Beugen Sie auch für den Fall der Fälle vor: Verstecken Sie Geld und Schecks dort, wo es niemand vermutet, also lieber zwischen den Kochtöpfen als unter dem Kopfkissen. Sinnvoll sind auch fest einbaubare Wohnmobil-Tresore, aber nicht wenn sie lediglich mit irgendwelchen Holzmöbeln oder dem Holzboden verschraubt werden. Für manche Wohnmobile gibt es Tresore, die man in die Sitzkonsole einbauen kann. Damit wird dem Dieb das Handwerk schon ein Stück schwerer gemacht. Aber am besten lassen Sie möglichst wenig Wertsachen im Auto zurück, so lästig das manchmal auch ist. Tragen Sie Ihre Ausweise, Scheck- und Kreditkarten, die Handtasche und die Fotoausrüstung immer - also auch abends in der Kneipe - mit sich herum.

Mit dem Rat, Wertsachen möglichst zu Hause zu lassen, will ich hier gar nicht aufwarten, haben Sie doch Ihre Foto- oder Videoausrüstung hauptsächlich für den Urlaub angeschafft.

Sehr beliebt ist in der Provence der Überfall an der Ampel: Sie halten bei Rot und neben Ihnen ein Motorrad. Der Soziusfahrer reißt Ihre Autotür auf, krabscht die von außen sichtbare Handtasche - und entschwindet mit Karacho. Verriegeln Sie also stets die WOMO-Tür und lassen Sie Wertsachen auch während der Fahrt nie offen rumliegen oder -hängen.

Wenn das Schicksal Sie eines Tages doch doch ereilt, wünsche ich Ihnen eine Reisegepäckversicherung. Lesen Sie von Zeit zu Zeit die Versicherungsbedingungen (ich habe diese in Fotokopie immer dabei), denn Sie werden sich wundern, was alles nicht versichert ist. Ich wünsche Ihnen dann noch kurze Wartezeiten bei der Polizei, denn die Herren von der *Gendarmerie* müssen Sie auf jeden Fall aufsuchen, wenn Sie eine Versicherung in Anspruch nehmen wollen, sei es auch die Kaskoversicherung wegen des Fahrzeugschadens.

Ich kenne keine Statistiken, ich fürchte aber, daß Südfrankreich in punkto Autoknacken ziemlich weit oben steht. Seien Sie dort besonders vorsichtig, wo bevorzugt Touristen aufkreuzen, also auf den Parkplätzen von Sehenswürdigkeiten; der Dieb weiß vermutlich ganz genau, wann Sie Ihr Auto abstellen - und was Sie darin zurücklassen.

Fotografieren/Filmen

Die Provence ist ein ideales Ziel für Lichtbildner. Nicht ohne Grund ist Arles das französische Zentrum der Fotografie. Genauso wie die Maler schwärmen auch wir Fotografen vom „Land im Licht". Wenn im Mai der Mohn in voller Blüte steht, oder wenn die Sonne das Farbenspiel der Ockerbrüche von Roussillon so richtig leuchten läßt, wenn man mit dem Teleobjektiv über einen Markt streift oder wenn der Wind den Dunst weggeblasen hat, wenn sich die Landschaft in einer schier unglaublichen Klarheit vor Ihnen ausbreitet, erlebt der Fotograf wahre Sternstunden. Halten Sie drauf, sparen Sie nicht am Filmmaterial - und sortieren Sie für die heimische Dia-Vorführung wieder großzügig aus.

Die Filme sind in Frankreich wesentlich teurer als in Deutschland, decken Sie sich also zu Hause ein. Und testen Sie Ihre Kamera vor dem Urlaub.

Aber messen Sie sich nicht mit den Profis, deren Kunstfotos heute überall verkauft werden. Die Leute leben vom Fotografieren und machen die meiste Zeit ihres Lebens nichts anderes. Auch denen gelingt nicht jeden Tag ein gutes Bild. Aber sie inspirieren uns an jedem Postkartenstand mit Motiven und den Wirkungen des richtigen Lichtes. Das Ablichten von Kirchen, Schlössern und sonstigen Baudenkmälern sollten Sie nicht selten den Ansichtskarten-Fotografen überlassen.

„Freies" Camping

Die Gretchenfrage lautet: Darf ich, oder darf ich nicht? Unsere Antwort: Im Prinzip ja, aber ....

Ich habe ausführlich recherchiert, den ADAC befragt, verschiedene Fremdenverkehrsbüros in Frankreich und in Deutschland, ich habe französische Rechtsanwälte angeschrieben und Rechtsberater von Wohnmobilzeitschriften. Ist das freie Übernachten in Frankreich nun erlaubt? Die Antworten war ein glasklares Jein. Richtig scheint folgendes zu sein:

Außerhalb geschlossener Ortschaften ist die freie WOMO-Übernachtung in Frankreich grundsätzlich erlaubt, jedoch nicht an Bach, Fluß, See, nicht am Strand, nicht im Wald und nicht in 100 m Nähe von diesem. In einigen Départements soll es weitere Einschränkungen geben, und innerhalb geschlossener Ortschaften hat die Gemeindeverwaltung das Sagen. In vielen Orten ist das Camping durch Gemeindesatzung geregelt, was man gelegentlich am Ortseingang mit einem symbolisierten Wohnwagen und der sinngemäßen Aufschrift, daß das Übernachten reglementiert ist, bekannt gibt. Damit ist aber über den Inhalt der örtlichen Regelung noch gar nichts ausgesagt. Manchmal ist nämlich die freie Übernachtung nur zeitlich beschränkt oder in bestimmten Ortsteilen verboten. Nach den mir erteilten Informationen will man oftmals auch „nur Landfahrer" fernhalten - auf jeden Fall will man eine Handhabe, wenn die WOMOs überhand nehmen und lästig werden.

Sie fragen sich angesichts obiger Aufzählung, wo Sie eigentlich noch „frei" stehen können? In der Praxis sieht man alles nicht so eng, und nach unseren Erfahrungen kann man sich überall dorthin stellen, wo es nicht durch Schilder ausdrücklich verboten ist, oder wo man wegen des berüchtigten Balkens in 2 m Höhe erst gar nicht hinkommt.

Natürlich gibt es auch einige Stellen, an denen ich nie frei nächtigen würde, so zum Beispiel im waldbrandgefährdeten Unterholz, wo man sich im Sommer möglicherweise selbst in Gefahr begibt. Mit der notwendigen Portion Sensibilität erkennt man auch in Südfrankreich, wo man sich als Wohnmobilist unbeliebt macht.

Ob man mit '*Camping interdit*' (*Camping verboten*), das neuerdings immer häufiger an den Einfahrtstraßen der Ortschaften auftaucht, auch ein Wohnmobil meint, wird heiß diskutiert. Französische Wohnmobilisten ignorieren dieses Verbot grundsätzlich. Sie behaupten steif und fest, damit sei nur das Zelten gemeint - und machen sich meist über unseren deutschen Obrigkeitsgehorsam lustig. Wir wurden noch nie von einem Platz vertrieben, obgleich auch wir zunehmend das '*Camping inderdit*' wie die Franzosen interpretieren, wir tolerieren jedoch stets ein Verbot für *Camping-Cars* (*Wohnmobile*) und haben insgesamt das „freie" Camping in der Provence als unproblematisch erlebt. Aber auch an dieser Stelle muß ich noch einmal wiederholen: Ich spreche nicht von der Meeresküste im Sommer. Wer dort „freie" Campingmöglichkeiten erwartet, wird ziemlich enttäuscht sein.

Mehr zu diesem Thema lesen Sie unten unter der Überschrift *Stellplätze*.

Fremdenverkehrsbüros

Jede Stadt oder Gemeinde, die touristisch auf sich hält - das tun die meisten -, hat ein Fremdenverkehrsbüro (*Office de Tourisme* oder *Syndicat d'Initiative*) eingerichtet, wo man die verschiedensten Informationen bekommt, manchmal sogar über Stellplätze. In den örtlichen Büros spricht selten jemand deutsch, außerdem hat man hier nur im Sommer geöffnet. Regional übergreifende Informationen und zumeist auch in deutsch erhält man in den Verkehrsbüros der Départements, von denen ich Ihnen die wichtigsten nenne:

Département 84, *Vaucluse*: Place Campana, BP 147; 84008 Avignon Cedex; Tel. 04 90 86 43 42; Fax 04 90 86 86 08

Département 04, *Alpes-de-Haute-Provence*: 19, rue du Doc. Honnorat, BP 170, 04005 Digne-les B. Cedex; Tel. 04 92 31 57 29; Fax 04 92 32 24 94

Département 13, *Bouches-du-Rhône*: 6, rue du Jeune Anachasis, 13001 Marseille; Tel. 04 91 54 92 66; Fax 04 91 33 01 82

Département 83, *Var*: 1, bd Foch, BP 5147, 83000 Toulon; Tel. 04 94 09 00 69; Fax 04 94 62 90 55

Daß Sie jemals diese Adressen benutzen, darf ich bezweifeln, aber an mir soll es nicht liegen. Informationsmaterial bekommt man auch in den ausländischen Vertretungen des französischen Fremdenverkehrsamtes, *Maison de la France*, wenngleich dort spezielle, regionale Fragen gelegentlich unbeantwortet bleiben:

D-60325 Frankfurt/M., Westendstr. 47, Tel. 069/97581034
A-1033 Wien, Landstrasser Hauptstr. 2A , Tel. 01/7157062
CH-8023 Zürich, Löwenstr. 59, Tel. 01/2213561

Auf jeden Fall hat man beim Brief an diese Büros schon Vorfreude; erst recht, wenn später zu Hause die bunten Prospekte eintrudeln.

Gas

Wohnmobilbesitzer mit fest eingebautem **Gastank** sind in Frankreich vergleichsweise gut dran, dort ist das Gas-Tankstellennetz wesentlich dichter als in Deutschland, außerdem ist das Gas preiswert. Gas-Tankstellen erkennt man an dem Schild '*G.L.P.*'.

Wir haben unsere **Flasche** in Frankreich noch nie füllen lassen, was ich mir auch sehr schwer vorstelle. Denn eine offizielle Umtauschmöglichkeit für die deutschen Flaschen gibt es in Frankreich nicht. Dafür verkaufen vor allem Tankstellen gefüllte französische Gasflaschen. Bei der Tankstelle kann man nach dem Lieferanten dieser Flasche fragen und dann mit viel Glück zu einer Füllstation vordringen. Mit gutem Zureden, einem entsprechenden Adapter (den es in Deutschland im Zubehörhandel, vielleicht auch in Frankreich an der Füllstation gibt) wird einem dann die Flasche aufgefüllt.

Statt dessen kann man sich in Frankreich an einer beliebigen Tankstelle, die mit Gasflaschen handelt, eine 13 Kilo-Butangasflasche leihen, die man am Ende des Urlaubs auch an einer anderen Tankstelle der gleichen Marke zurückgeben kann (Leihschein aufheben). Falls das Flaschengewinde nicht paßt, braucht man auch hier einen - anderen - Adapter, den es im deutschen WOMO-Bedarfsartikel-Laden ebenfalls gibt. Wo man inzwischen die leere, deutsche Gasflasche hinpackt, weiß ich auch nicht, vielleicht kann man sie an der Tankstelle in Aufbewahrung geben, dann muß man aber hierher zurückkehren. Außerdem ist die französische Flasche für die meisten Gasflaschenkästen zu groß.

Sinnvoller ist es dann schon, wenn man sich mit einer blauen *Camping-Gaz*-Flasche mit 3 kg Inhalt behilft, die man in Frankreich an jeder Ecke kaufen und umtauschen kann. Die blauen Flaschen muß man allerdings für teures Geld kaufen, und der Inhalt ist auch nicht billig. Am besten teilt man sich den Gasvorrat jedoch so ein, daß der Notstand erst gar nicht eintritt. Wenn man nur selten heizt und mit heißem Duschwasser auch etwas zurückhaltend ist, reichen die heute üblichen Gasvorräte einer 4-köpfigen Familie für einen 4-wöchigen Sommerurlaub. Fahren Sie aber auf jeden Fall mit weitgehend vollen Gasflaschen von zu Hause los!

Geld

Eine böse Pleite können Sie erleben, wenn Sie sich in einer französischen Bank Geld per Euro-Cheque besorgen wollen. Die Geldinstitute sind den Papierkram leid und nehmen **Euro-Schecks** nur noch ungern, meistens überhaupt nicht mehr an. Sie setzen vielmehr vollkommen auf Elektronik und verlangen, daß die Kunden Bargeld mit Hilfe der Euro-Scheckkarte und persönlicher Geheimzahl (PIN) aus dem Automaten ziehen. Pro Tag bis zu 1.400 Francs. Wehe dem, der seinen Geheimcode vergessen hat (an gut versteckter Stelle aufschreiben, aber nie mit rumtragen und die Notiz nie zugeben, wenn die Karte geklaut wird, sonst tritt die Versicherung nicht ein).

Wer keine PIN-Nummer hat, ist in Frankreich auf den Bargeldwechsel oder **Reiseschecks** angewiesen, die man sich aber schon in Deutschland besorgt haben muß. Sie kosten 1% vom Kaufwert, und möglicherweise wird beim Einlösen nochmals eine Gebühr verlangt. Dafür haben Sie den Vorteil, daß bei Verlust üblicherweise kein Schaden entsteht. Sie können sich die Schecks in französischer Währung oder auch als D-Mark-Schecks in unterschiedlicher Stückelung ausstellen lassen.

Frankreich ist in Europa das Land der **Kreditkarte**. Mit der *Carte bleu* kann man fast überall bezahlen. Zu dieser Kreditkarte zählen die *Visa-Karte* und die *Eurocard*, wobei die *Visa-Karte* unerklärlicherweise eine noch größere Akzeptanz besitzt (bei beiden fällt eine happige Tauschgebühr an). Der bargeldlose Zahlungsverkehr ist in Frankreich wesentlich weiter verbreitet als bei uns, und auch im Supermarkt wechseln kaum noch Geldscheine den Besitzer. Ich brauche inzwischen in Frankreich nur noch für kleine Einkäufe richtiges Geld - und neuerdings wieder in einigen Lokalen, wo man aber erstaunlicherweise Euro-Schecks nimmt (sicherheitshalber vorher fragen!). Schreiben Sie sich vor Reiseantritt die Telefonnummer der Kreditkartenzentrale auf, damit Sie dort im Falle des Verlustes sofort (innerhalb von Minuten nach Bemerken des Verlustes) anrufen können, was unbedingt notwendig ist. Wegen der neuerlichen Wechselprobleme empfehle ich Ihnen dringend die Mitnahme der Euro-Scheckkarte (mit Geheimzahl) und einer Kreditkarte (ebenfalls mit Geheimzahl). Dermaßen ausgerüstet, werden Sie auf keine Geldprobleme stoßen, denn Sie können inzwischen flächendeckend an **Automaten** Geld ziehen, häufiger noch mit der Kreditkarte als mit der Euro-Scheckkarte. Die Öffnungszeiten der Banken kann ich mir daher inzwischen schenken.

Landkarten

Unter allen Straßenkarten gibt es zu den Michelin-Karten im Maßstab 1:200.000 keine echte Alternative. Wir setzen in unserem Buch voraus, daß Sie sich diese Karten angeschafft haben. Man kann sie bei uns in jedem größeren Buchladen, und beim WOMO-Verlag, in Frankreich, wo sie etwas billiger sind, in Buch-, Schreibwarengeschäften sowie an Tankstellen erwerben;. Karten mit kleinerem Maßstab sind ungeeignet, da die in unserem Buch beschriebenen Strecken dort teilweise gar nicht verzeichnet sind.

Falls Sie ab und zu wandern möchten, suchen Sie natürlich nach Wanderkarten, die es in Frankreich inzwischen fast flächendeckend gibt; näheres können Sie unter der Überschrift *Wandern* nachlesen.

Lebensmittel/Getränke

Es gibt auch unter den erfahrensten Wohnmobilisten Leute, die befürchten, in Frankreich zu verhungern. Schauen Sie mal, was Ihre deutschen Campingplatznachbarn zum „Kochen“ aus den Stauräumen des WOMOs herauskramen: Konserven, Tütensuppen, Konserven... Das ist in Südfrankreich wirklich eine Sünde! Nichts gegen ein paar Vorräte. Für Notfälle bei geschlossenen Geschäften oder für die Tage übergroßer Urlaubsfaulheit. Wer möchte aber in einem Land mit allerbesten frischen Lebensmitteln bei konservierter Geschmacklosigkeit bleiben? In Frankreich reiben sich die Hobbyköche die Augen: Schon in kleineren Orten überzeugen Fisch- und Gemüsegeschäfte mit einer Auswahl, die es bei uns nicht mal in der Großstadt gibt. Vom Käse gar nicht zu reden. Nur beim Brot wird es etwas schwieriger, denn so lecker das frische Baguette auch ist, am Nachmittag wird es knatschig, und übermäßig gesund ist es leider auch nicht. In einigen Bäckereien und in den meisten Supermärkten gibt es inzwischen jedoch auch dunkles Brot.

Das **Preisniveau** entspricht im wesentlichen dem hiesigen, so daß Sie auch nichts sparen, wenn Sie sich im Urlaub mit heimischen Konserven ernähren (genaugenommen *ernährt* man sich mit Konserven auch kaum, man wird nur satt). Es gibt inzwischen fast flächendeckend **Supermärkte**.

Dort ist es wie in Deutschland: Das Angebot ist groß, man kauft einiges, was man gar nicht braucht, und die Qualität frischer Produkte, zum Beispiel von Gemüse und Obst, ist schlechter als im Fachgeschäft, aber immer noch besser als bei uns. Die meisten Supermärkte sind an allen Wochentagen einschließlich Samstagnachmittag geöffnet, in manchen Gegenden sogar sonntags. Kleinere Lebensmittelgeschäfte sind in der Regel montags vormittags geschlossen. Andere Geschäfte sind häufig montags den ganzen Tag über zu, es gibt aber keinen einheitlichen Brauch, insbesondere kein Ladenschlußgesetz. Gehen Sie sicherheitshalber davon aus, daß Sie montags allenfalls Brot einkaufen können. Die üblichen **Ladenöffnungszeiten**: Dienstag bis Samstag von 9 bis 12 Uhr und von 14 bis 19 Uhr

Das **Getränkeangebot** ist ebenfalls groß. Als Deutscher nimmt man zufrieden zur Kenntnis, daß es in Frankreich inzwischen auch alle Arten von Gerstensaft gibt, denn die Franzosen legen im Bierkonsum von Jahr zu Jahr zu (was den Produzenten von einfachem Landwein zu schaffen macht). Viel Umweltbewußtsein haben die Franzosen aber noch nicht entwickelt, denn die Getränkebehältnisse sind weiterhin ein Ärgernis: Berge von Plastikflaschen für Mineralwasser, Sprudel und Limonaden füllen die Regale - und die Müllhalden. Die Auswahl an Fruchtsäften ist in Frankreich erstaunlicherweise schlecht, die Säfte sind auch verhältnismäßig teuer. Dem *Wein* widmen wir weiter hinten ein eigenes Stichwort.

Literatur

Sie werden sich vermutlich noch einen Reiseführer kaufen, der sich mit dem beschäftigt, was bei uns zu kurz kommt; dies sind in erster Linie Kunst, Kunstgeschichte und Architektur.

In dieser Hinsicht traut man dem ***DuMont-Kunstreiseführer***, *Die Provence,* von Thorsten Droste mit Recht die meisten Kompetenz zu. Wobei mir allerdings noch nie ganz eingeleuchtet hat, weshalb diese Bücher so einseitig und so trocken sein müssen.

Daß man Kunst und Kultur dem Reisenden auch kurzweiliger, wenn auch längst nicht so detailgenau, näherbringen kann, beweist Christoph Hennig mit seinem *Landschafts- und Erlebnisführer Provence* aus dem ***Oase-Verlag***, Badenweiler; mein liebster Provence-Führer.

Am lockersten formuliert ist der Reiseführer aus der Reihe ***interconnections***, dessen Titel, *Provence,* auch nicht einfallsreicher ist als der unseres Reiseführers. Dafür ist der Inhalt das Resultat einer unglaublichen Fleißarbeit. Das Buch ist die freie Übersetzung eines Werks der in Frankreich weit verbreiteten und sehr beliebten Reihe *Guide Routard.* Die langjährige Erfahrung der Autoren und die ständigen neuen (französischen) Auflagen machen, vor allem im Bereich der Gastronomie, eine Informationsfülle möglich, von der man nur den Hut ziehen kann.

Das gilt auch für das Buch des Rowohlt-Verlages, *Südfrankreich,* von Günther Liehr aus der Reihe ***ANDERS REISEN***, dessen Hintergrundwissen und flotter Stil auf dem Reiseführer-Markt einmalig sind.

Wer sich kurz und anschaulich informieren will, sollte sich den ***HB-Bildatlas*** zur *Provence* mit vielen, recht schönen Fotos, sinnvollen Beschreibungen und brauchbarem Kartenmaterial anschaffen - aber bitte nur für den ersten Appetit. Es gibt aber keinen Reiseführer, mit dem man in kurzer Zeit einen besseren Überblick über eine ganze Region bekommen kann.

Die beste Ergänzung zu unserem WOMO-Führer ist der, beim WOMO-Verlag erhältliche, grüne ***Michelin***, *Provence*, furztrocken, zum Schmökern völlig ungeeignet und wegen der alphabetischen Aneinanderreihung auch unübersichtlich. Aber mit präzisen, in sich hervorragend gegliederten Infos und Stadtplänen sowie Karten, die alles andere in den Schatten stellen.

Die **Wanderführer** erwähnen wir unter dem dazugehörigen Stichwort.

Und aus dem Fach der Belletristik gehört **Peter Mayle** ins Reisegepäck. *Mein Jahr in der Provence*, *Toujours Provence* und *Hôtel Pastis*, mit Abstrichen auch *Trüffelträume*, spielen alle im Lubéron und erzielen einen hohen Wiedererkennungseffekt. Zudem sind die millionenfachen Bestseller humorvoll geschrieben und eine Wonne für unbeschwerte Urlaubstage.

Notfälle

Ärzte

Der von deutschen Krankenkassen ausgestellte Internationale Krankenschein gilt in Frankreich sowohl bei Kassenärzten wie auch in Krankenhäusern. Das Problem besteht eigentlich hauptsächlich darin, vor Reiseantritt daran zu denken. Außerdem muß man den Auslandskrankenschein in Frankreich umtauschen; fragen Sie am besten beim Bürgermeisteramt (*Mairie* oder *Hôtel de Ville*), das ist oft auch zuständig. Manche Krankenkassen ersetzen einem in beschränktem Umfang bei der Rückkehr nach Deutschland Arzt- und Arzneikosten, wenn man eine Quittung (und eine Umtauschquittung der Bank) vorlegt. Wer eine private Krankenversicherung (wenn auch nur für den Urlaub) abgeschlossen hat, braucht sich gar nichts zu merken. Der muß zwar bezüglich aller Leistungen das Geld vorlegen, mit der späteren Erstattung gibt es jedoch in der Regel keine Probleme (auch hier die Umtauschquittung der Bank einreichen).

Adressen deutschsprachiger Ärzte erhält man bei den Konsulaten oder vom ADAC in München (von Frankreich aus Tel. 0049-89-222222), aber auch bei den örtlichen Touristenbüros oder beim Campingplatzverwalter. Auf viele große Campingplätze kommt täglich ein Arzt. Wenn Sie dringend den ärztlichen Bereitschaftsdienst brauchen und mit Hilfe der Zeitung nicht weiterkommen, scheuen Sie sich nicht, zur Polizei zu gehen. .

Apotheken

Französische Apotheken (*Pharmacies*) haben nicht einheitlich geöffnet. Vor allem montags sind die meisten Apotheken dicht. Normalerweise müßte ein Schild an der Eingangstür auf die diensthabende Apotheke hinweisen (*Pharmacie de Garde*), was jedoch nicht immer funktioniert. Die Bereitschaftsapotheke steht auch in der Zeitung; wenn Sie nicht weiterkommen, wenden Sie sich auch diesbezüglich an die Polizei, die Sie angeblich nachts ohnehin brauchen, denn dann öffnet Ihnen möglicherweise kein Apotheker die Tür, weil er Angst vor Überfällen hat.

Konsulate

Generalkonsulat (*Consulat Général*) der Bundesrepublik Deutschland: 388, Av. du Prado; 13008 Marseille; Tel. 04 91 77 60 90; Mo. - Fr. von 9 bis 12 Uhr

Konsulat der Republik Österreich: 27, Cours Pierre-Puget; 13006 Marseille; Tel. 04 91 53 02 08; Mo. - Fr. von 9,3o bis 12,3o Uhr

Generalkonsulat der Schweiz: 7, Rue d'Arcole; 13006 Marseille; Tel. 04 91 53 36 65; Mo. - Fr. von 9 bis 11,3o Uhr

Notrufe

Polizei (*police secours*): 17

Feuerwehr, Unfallrettung (*sapeurs-pompiers*): 18

ADAC-Auslandsnotruf, München: 19-49-89-222222

ADAC-Auslandsnotruf, Avignon: 185, Route des Rémouleurs, Zone Industrielle Courtine Ouest; 84000 Avignon; Tel.: 04 90 86 16 09; von Mai bis September: Mo. bis Sa. von 9 bis 17 Uhr und So. von 9 bis 13 Uhr

ADAC-Auslandsnotruf, Paris: Tel. 01 45 00 42 95; von Mo. bis Fr. 9 bis 15 Uhr, von Mai bis Oktober bis 17 Uhr

Pannendienst

Seit der französische Automobildienst nicht mehr existiert, über den Polizeinotruf (siehe oben), und zwar entweder über die Notrufsäulen an der Autobahn und einigen Nationalstraßen, sonst überall über die Ruf-Nr. 17. Außerdem kann man mittels der Telefonnummer 05 10 61 06 über *AIT-FIPA Assistance* einen Pannenhilfsdienst rufen. Weitere Infos erhalten Sie unter dem Stichwort *Unfall*.

Preise

Das Preisniveau Südfrankreichs entspricht dem unsrigen und, je touristisch orientierter ein Gebiet ist, um so mehr dem Gesetz von Angebot und Nachfrage. Wenn der Einkauf im Supermarkt geringfügig größere Löcher in den Geldbeutel reißt, liegt dies in erster Linie daran, daß man in einem fremden Land nicht so genau weiß, was man wo erstehen sollte. Erstaunlich hoch sind die Eintrittspreise.

Radfahren

Ich bin immer wieder erstaunt darüber, in welch großer Anzahl Fahrräder auf dem Heckgepäckträger nach Südfrankreich transportiert werden. Wer seinen Urlaub hauptsächlich auf einem Campingplatz verbringt, der abseits einer Ortschaft liegt, wer sein WOMO dort wohnwagenmäßig installiert, kann auf einen Drahtesel nicht verzichten. Wer das Fahrrad hingegen mitnimmt, um damit die Provence zu durchstreifen, wird möglicherweise etwas enttäuscht. Denn die Bedingungen sind keineswegs ideal:

Vom Mistral, dem kräftigen Nordwind, wird später noch ausführlicher die Rede sein; hier nur soviel: Wenn er bläst, steigen nur noch die Profis in den Sattel. Leider weht er dort am kräftigsten, wo es die wenigsten Steigungen gibt, im Rhônetal und in der Camargue. Die anderen Strecken sind hügeliger, als man sich dieses zu Hause vorstellt, so daß man für größere Unternehmungen einen entsprechenden Zweiventiler besitzen und trainiert sein muß.

Auf den Nationalstraßen werden Sie ohnehin nicht radeln, die Nebenstraßen sind weniger stark befahren als bei uns, dafür sind sie häufig schmal und nur selten einmal mit einem Radweg versehen.

Gute Bedingungen finden Sie im Lubéron, dem Gebiet im weiteren

Umkreis von Apt (Touren 4, 5 und 6) mit vielen ausgeschilderten Radstrekken. Noch ein Tip: Radeln Sie mal auf der Kammstraße der Montagne du Lubéron (Tour 6).

Uns fehlen eigene praktische Erfahrungen; ich würde mir bei größeren radmäßigen Ambitionen zu Hause einen Radwanderführer kaufen, der von mehreren Verlagen angeboten wird.

Reisezeit/Klima

Bei der Wahl der richtigen Reisezeit spielen das Klima und der Touristenansturm die entscheidende Rolle. Die Angst vor **Überfüllung** der Strände und besonders der Campingplätze ist nur in der Zeit zwischen dem 15.7. und dem Samstag nach dem 15.8 (in Frankreich ein Feiertag) berechtigt. Schon Ende August sind viele Zeltplätze allenfalls noch halbvoll. Nur während des eben genannten Monats steht man, liegt der Platz an Badestellen oder nahe den Hauptsehenswürdigkeiten, gelegentlich vor dem Schild '*complet*', was bedeutet, daß der Platz belegt ist.

Differenzierter ist das **Wetter**. Unser Reisegebiet fällt zum größten Teil in den Bereich des Mittelmeerklimas. Was schreibt ein ordentlicher Reiseführer über die beste Reisezeit in dieser Klimazone? Sie ahnen es, aber wir enttäuschen Sie: Wir teilen Ihnen nämlich nicht mit, daß die günstigsten Reisemonate Mai und September sind, daß Sie die Provence im Juli und August meiden sollen. Vermutlich gehören Sie nämlich zu denjenigen Leuten, die just dann in ein südliches Land reisen, wenn Ihnen unsere Zunft abrät. Weil Sie nur dann Urlaub bekommen oder die Kinder Ferien haben. Außerdem wäre eine solche Aussage für unser Reisegebiet teilweise auch gar nicht zutreffend, denn es gibt Landstriche, die ich Ihnen im Juli oder August besonders empfehle. Wir müssen also bezüglich der Reisezeit zwischen den einzelnen Landschaften unseres Buches unterscheiden:

Januar und **Februar** sind keine Wohnmobilmonate, praktische Südfrankreicherfahrungen für diese Zeit besitzen wir nicht. Obwohl unsere Ahnen zur Zeit der Jahrhundertwende gerade im Winter die Côte d' Azur als Urlaubsziel entdeckt haben. Auch heute noch schwärmt mancher von den klaren Wintertagen in der Provence, die erstaunlich sonnig und regenarm sind.

Zum **Frühjahr** hin nehmen leider die Niederschläge kräftig zu. Wenn es dann in der zweiten Märzhälfte auf Ostern zugeht erlebt man garantiert ein klimatisches Wechselbad. Man hat traumhaft schöne Tage, mit blühenden Bäumen unter tief blauem Himmel, man legt sich in das schon sichtbar gewachsene Gras und döst in der Sonne. Oder, allerdings viel seltener, man schlägt sich an grauen Tagen die Zeit um die Ohren, die Wohnmobilheizung ist unverzichtbar und der Regen trommelt stundenlang aufs Dach. Sie werden während 10 Tagen **Ende März/Anfang April** normalerweise beides erleben. Fahren Sie zu dieser Zeit möglichst ins Rhônetal, in die angrenzenden Regionen und an die Calanques. Trotz der unsicheren Wetterlage sind mir die Wochen um Anfang April fast die liebste Zeit in Südfrankreich, denn man reist schon merklich in den Sommer. Schrauben Sie Ihre Erwartungen aber nicht zu hoch, eine Wettergarantie gibt es mit Sicherheit nicht.

Ende April kann man bei gutem Wetter schon mal im Meer baden, die Küste liegt dann aber noch im Winterschlaf. Campingplätze und Kneipen sind vielfach noch zu, aber dafür werden Wohnmobile fast überall noch geduldet. April und Mai sind die Monate, in denen man auf irgendwelchen Parkplätzen am Meer nächtigen darf, an Hafenmolen, am Ende von Stichstraßen, die zum Strand führen, und vielleicht auf dem einen oder anderen Geheimplätzchen, das einen Monat später zugeparkt, abgesperrt oder gar nicht mehr da ist.

Im **Mai**, wenn Klatschmohn und Ginster blühen, wenn die Regentage seltener werden, wenn noch keine drückende Schwüle über dem Land liegt, ist - ich kann es mir doch nicht verkneifen - die beste Zeit für den größten Teil unseres Gebietes: für das Rhône-Tal, besonders für das Plateau de Vaucluse und den Lubéron. Aber auch für die Küste, wo man um Pfingsten erleben darf, wie angenehm ein Campingplatz sein kann. Die schönsten Plätze direkt am Strand sind dann noch gähnend leer, Sie liegen in der Sonne und kommen sich vor wie im Sommerurlaub. Und als Tourist sind Sie manchmal sogar noch ein Individuum. Das Wetter ist um Pfingsten leider weniger stabil als Sie es sich wünschen. Wir haben schon fast zwei Wochen lang unter wechselhaftem, gewittrigem Klima gelitten.

Ab Mitte **Juni** rollen dann die ersten Sommerurlauber heran, die Küste wird für uns allmählich tabu. Jetzt beginnt aber auch das bekannt beständige Klima, in Meeresnähe sind Regentage nun selten (in manchen Jahren gibt es Ausnahmen). Ab Anfang **Juli** kann man in den Flüssen des Hinterlandes baden. Der Verdon und seine Stauseen bekommen allmählich zivile Temperaturen, und man muß nicht mehr befürchten, daß die Wolken tagelang an den Bergen hängen bleiben. Obwohl wir schon an Ostern wunderbar am Verdon entlang gewandert sind, sind die Stauseen nur interessant, wenn Badewetter herrscht, also bis Mitte September. Im Hochsommer wird es hier auch öfters mal regnen oder gewittern, aber insgesamt werden Sie in unserem gesamten Beschreibungsgebiet im Sommer keinen dauerhaften Wetterschiffbruch erleiden. Das Rhône-Tal ist dann allerdings weniger attraktiv, es kann dort nämlich glühend heiß und vor allem auch schwül werden.

Wettermäßig beständig sind auch **September** und **Oktober**. Wir haben Anfang September schon wunderbare Sommertage erlebt, die nur durch ihren kühleren Abend die Nähe zum Herbst verraten haben. In vielen Jahren kann man bis Anfang November noch baden. Ein schöner Monat soll der **Dezember** sein, aber jetzt sind wir schon fast wieder bei der Theorie.

Zu allen Jahreszeiten gilt übrigens, daß nicht selten über einem relativ schmalen **Küstenstreifen** das Wetter deutlich besser ist als im gebirgigeren Landesinneren.

Während des ganzen Jahres, also leider auch im Hochsommer, kann Sie der **Mistral** ganz schön nerven. Der „Herr der Winde" ist ein überaus rauher Geselle, der aus nordwestlicher Richtung kräftig das Rhône-Tal hinunterbläst, aber auch auf den Landstrichen seitlich davon noch sturmartig die Zypressenreihen hin und her schüttelt, welche die Felder vor dem Wind schützen sollen. Der Mistral weht, wenn sich über dem Golf du Lyon (das ist das Meer südlich der Rhône-Mündung) ein Tiefdruckgebiet aufgebaut hat. Dessen Sogwirkung zieht die kalte Luft im Norden an, wobei das Rhône-Tal den Luftstrom richtig in Fahrt bringt. Dort pustet der „Herr der Winde" dann die Wolken weg, weshalb nicht selten das Phänomen entsteht, daß im Rhône-Tal und in den angrenzenden Gebieten ein tiefblauer Himmel strahlt, während anderswo das Wetter schlecht ist. Maître Mistral kann verdammt unangenehm werden und ihren eingeölten Körper mit Sand panieren, sofern man wegen mitunter empfindlicher Kühle überhaupt an den Strand geht. Wenn man den Wind am nötigsten braucht, an glutheißen Sommertagen, weht er am wenigstens, da dann die für die Sogwirkung verantwortlichen Tiefdruckgebiete fehlen.

Der Sturm rüttelt mitunter brutal an Ihrem WOMO, und wenn Sie nicht aufpassen, weht Sie ein Seitenwind auch mal in den Graben. Sein großer Vorteil aber besteht darin, daß er den Dunst aus dem Rhône-Tal pustet und Ihnen ideale, klare Lichtverhältnisse beschert. Jetzt ist die Zeit der Fotografen. Aber auch die der Gipfelstürmer, die dann vom Mont Ventoux das Meer sehen können. Vorbei sind dafür die lauen Abende, an denen Sie vor Ihrem WOMO den Grillen lauschen. Und so sind Sie froh, wenn das nervige Winden wieder aufhört. Angeblich weht der Mistral 3, 6 oder 9 Tage, und damit hat er einiges mit dem Schnupfen gemeinsam: Wie lange er dauert, weiß kein Mensch. Und wenn Sie nicht genügend Pullover dabei haben, lernen Sie schnell die Gemeinsamkeiten mit dem Katarrh kennen.

Der ideale Südfrankreich-Urlaub beginnt wettermäßig übrigens mit einem kräftigen Mistral; der Rückenwind wird Ihre Treibstoffrechnung fast halbieren, aber wehe wenn er Ihnen auf der Heimfahrt ins WOMO-Gesicht bläst! Dann lobe ich mir schon eher den in Südfrankreich gar nicht so seltenen Südwind, der bisweilen bräunlichen Saharasand auf Ihrem Dach ablädt.

Insgesamt macht man sich bei der Wohnmobilreise leider viel zu abhängig vom Wetter, was auch daran liegen mag, daß wir zu inflexibel sind. Achten Sie also darauf, daß Sie Ihre Aktivitäten dem Wetter anpassen. Bei Regen haben Sie nichts von der Landschaft, aber viel von den Städten, den Kirchen und den Museen. Und Sie freuen sich dann erst recht auf das gemütliche Restaurant. Bei Sonne und klarer Luft müssen Sie aber raus, auf die Berge und Hügel. Planen Sie also kurzfristig und dem Wetter angepaßt.

Alle französischen Radio-Sender verbreiten einen ausführlichen **Wetterbericht** nach den 13-Uhr-Nachrichten, außerdem gibt es eine telefonische Wettervorhersage. Sie finden die Nummer unter dem Stichwort *Météo* im Telefonbuch. Und nach einigen Urlaubstagen werden Sie auch gelernt haben, daß die meisten regionalen Zeitungen über einen umfangreichen Wetterbericht verfügen mit mittelfristigen Vorhersagen.

Restaurants

In keinem Land Europas hat das Essen die Bedeutung wie in Frankreich. Von der reichhaltigen Auswahl an Lebensmitteln sprach ich bereits oben. Ein richtiger Franzose knausert auch nicht außer Haus, ein frankophiler Tourist ebenso wenig. Wohin aber soll man gehen?

Das Essen in den von uns bei den Tourenbeschreibungen erwähnten Restaurants ist sicher sein Geld wert (gelegentlich berichten wir auch nur vom Hörensagen, was wir Ihnen aber nicht verschweigen). Gehen Sie aber bitte nicht davon aus, daß wir immer die preiswertesten Lokale empfehlen, und verwechseln Sie andererseits unseren WOMO-Führer schon gar nicht mit einem Schlemmeratlas.

Nun möchten Sie aber nicht nur das nachschmecken, was wir Ihnen vorkauen, Sie werden vielmehr selbst auf Entdeckungsreise gehen, meistens ins **Restaurant**. So nennt sich das normale Speiselokal, in dem man niemals nur ein Getränk zu sich nimmt. Ein Restaurant sollte nur betreten, wer Zeit, Lust und Geld für ein richtiges Essen hat. Für einen kurzen Happen ist es ungeeignet. Mit Ausnahme von ganz einfachen Gasthäusern ißt man an gedeckten Tischen mit entsprechendem Drumherum. Das Preisniveau ist ähnlich dem deutschen, nur muß man einkalkulieren, daß in der Regel mehrere Gänge serviert werden. Ist das Essen preisgünstig, zahlt man 75 Francs pro Person, in den Spitzenrestaurants muß man aber für eine Mahlzeit zwischen 180 und 300 Francs/Person einplanen. Hinzu kommen noch die Getränke, wobei man sich nicht scheuen sollte, auch in besseren Lokalen nach offenem Wein zu fragen (*vin ordinaire* oder *vin au pichet*). Wenn man natürlich zu einem gepflegten Essen auch den entsprechenden Wein trinken möchte, kann der Abend schnell zu einem sehr teuren Vergnügen werden, wenngleich Flaschenwein in Frankreich, jedenfalls bei einfacheren Sorten, eher billiger ist als in Deutschland (Achtung: In Frankreich gilt die 0,5-Promille-Grenze).

In den Restaurants kann man meistens zwischen einem oder mehreren Menüs und Speisen *à la carte* wählen, wobei die Menüs wesentlich billiger sind, selbst wenn darin einzelne Speisen der regulären Karte zusammengestellt sind. Ich empfehle Ihnen dringend, zu den Menüs zu greifen, bei denen auch die Qualität häufig besser ist; denn die Küche ist auf die Menüfolge vorbereitet. Einige teurere Restaurants bieten abends leider keine Menüs an. Das sieht man nicht von außen an der Speisekarte, die zwar in Frankreich aushängen muß, nicht aber immer alle Menüs enthält, die der Wirt anbietet.

Mögen Sie kein *menu*, können Sie in Frankreich ungeniert auch nur einen Hauptgang bestellen. Ich glaube auch nicht, daß man Sie schief anschaut, wenn Sie nur eine Vorspeise ordern. Eigene Erfahrungen fehlen mir jedoch insoweit. Sehr oft werden auch spezielle Kindermenüs angeboten (*menu enfant*), die leider gelegentlich etwas lieblos sind, unsere Töchter aber trotzdem immer wieder beeindruckt haben. Ißt Ihr Nachwuchs nur Pommes-Frites? Auch hiernach können Sie allzeit fragen. Sie werden zwar dabei nicht auf Übersetzungsprobleme stoßen, jedoch längst nicht in jedem französischen Restaurant *frites* bekommen. Aber man wird Sie wegen dieses Wunsches nicht schief anschauen, auch wenn eine solch kärgliche Mahlzeit für das französische Kind restaurantmäßig undenkbar ist. Das tritt nämlich, so bald es richtig kauen kann, in die Fußstapfen der Eltern: Es sitzt stundenlang artig bei Tisch, verdrückt mehrere Gänge, darunter nicht selten ein blutiges Steak - und trinkt dazu Wasser, niemals Limo. Aber ich schweife ab, zurück zu Ihnen:

Wie finden Sie nun das richtige Lokal? Folgen Sie möglichst einer Empfehlung, es kann ja auch die eines anderen Reiseführers sein (Sie werden übrigens merken, daß viele Reiseführer dieselben Lokale anpreisen, was in erster Linie nicht daran liegt, daß die Autoren voneinander abschreiben, sondern daß die Köche ihr Handwerk wirklich verstehen). Und wenn Sie noch rund 45,— DM übrig haben, entscheiden Sie sich für den dicken, roten ***Guide Michelin*** (sowohl in Deutschland wie auch in Frankreich überall zu haben). Wir sind bestimmt nicht restaurantunerfahren und haben schon so manches Lokal erst nach sorgfältiger Prüfung der Speisekarte und der Preise beehrt, wir fallen aber auch immer wieder herein. Gelegentlich wurden wir auch schon von einem Gasthaus begeistert, das nicht im *Michelin* erwähnt ist, wir sind aber umgekehrt noch nie total eingebrochen, wenn wir ein Haus in dem roten Wälzer gefunden haben. Schon wenn Sie einen einzigen Reinfall vermeiden, hat sich die Anschaffung gelohnt, wenngleich ich zugeben muß, daß *Michelin* nicht gerade die preiswerten Lokale favorisiert. Aber auch in Billig-Kneipen läppert sich auf der Rechnung einiges zusammen, und lieber bezahle ich zu zweit an einem netten Abend 300 Francs, als daß ich 200 Francs zum Fenster herauswerfe. Der rote *Michelin* lohnt sich übrigens auch wegen seiner einmalig präzisen Stadtpläne!

In den Restaurants sollte man sich so frühzeitig wie möglich anmelden, je bekannter das Haus ist, um so eher. Rufen Sie möglichst um die Mittagszeit an, wenn Sie abends einen Tisch benötigen - und scheuen Sie sich umgekehrt nicht, auch ohne Reservierung nach einem Platz zu fragen

Wie aber verständigt man sich? Französisch natürlich, gelegentlich auch englisch. Damit kann man aber eine anspruchsvolle Speisekarte noch lange nicht übersetzen. Ein Kellner als Dolmetscher führt oft nur zur Verwirrung. Seine Erklärungsversuche sind meistens so flott, daß man sie nicht richtig mitbekommt, irgend etwas bestellt und dann ein langes Gesicht macht, wenn das Essen aufgetragen wird. In einem normalen Wörterbuch sucht man die kulinarischen Fachausdrücke vergeblich, weshalb wir Ihnen unbedingt den *Eßdolmetscher Frankreich*, erschienen im Mosaik-Verlag, empfehlen. Mit diesem Taschenbuch bleibt fast kein Wort unübersetzt. Dort finden Sie auch entsprechende Redewendungen für die Tischbestellung und das durchgebratene Steak.

Für den kleinen Hunger sucht man kein Restaurant, sondern eine **Crêperie**, die man in der Provence häufig antrifft. Sie ist zwar nicht typisch südfranzösisch, aber das ist der Hunger ja auch nicht. Leider summiert sich auch dort die Rechnung.

Je nach touristischer Nachfrage gibt es dann noch weitere Abfütterungsbetriebe: Pizzerien, Rôtisserien, Hamburgerien... Die **Pizza-Lokale** sind oft, zumal preiswert, ganz ordentlich. Aber bezüglich der anderen Etablissements gilt: Kaufen Sie sich rechtzeitig ein frisches Baguette, damit der Hunger Sie nicht an solche Stätten treibt und tragen Sie das Gesparte lieber in ein Restaurant, in dem die Franzosen sitzen. Geht man solchermaßen bewußt mit dem Franc um, wird zwar im Südfrankreich-Urlaub einiges in die Kassen der Wirte fließen, teuer ist Frankreich insoweit indessen nicht.

Sehenswürdigkeiten

Gäbe es sie nicht, würden Sie den Urlaub im heimischen Schwimmbad verbringen, folglich wollen Sie Sehenswertes auch würdigen. Dabei gibt es aber vielfältige Hindernisse:

Nicht selten werden Ihre Pläne nämlich durch ungünstige **Öffnungszeiten** durchkreuzt. Am besten gehen Sie grundsätzlich davon aus, daß über Mittag, also zwischen 12 oder 12,3o und 15 Uhr, alles dicht ist, mitunter sogar die Kirchen. Museen und andere Sehenswürdigkeiten haben manchmal auch einen ganzen oder halben Ruhetag, häufig dienstags. Das Unangenehme daran ist aber, daß es insoweit keine Gesetzmäßigkeit oder Verläßlichkeit gibt. Die Öffnungszeiten ändern sich leider oft von Jahr zu Jahr, weshalb auch die von uns angegebenen Zeiten sicherlich nicht mehr überall zutreffen.

Ich bin immer wieder erstaunt, wie hoch die **Eintrittsgebühren** sind, Kinder zahlen immer weniger, nach dem Alter fragt niemand so genau. Die Franzosen neigen dazu, sehr viele Sehenswürdigkeiten nur im Rahmen von offiziellen Führungen den Touristen zu zeigen. Wobei mich häufig der Verdacht beschleicht, daß diese Rundgänge weniger der Kontrolle der Besucher dienen als vielmehr der Selbstdarstellung der Führer. Wer nicht über gute Französischkenntnisse verfügt, versteht wenig, weshalb derartige Visiten oft zu langweilige Urlaubsepisoden entarten. Der durchschnittliche *Guide* läßt sich nämlich selten einen Parforceritt quer durch die bewegte französische Geschichte nehmen. Verschieben Sie ruhig öfters Sehenswürdigkeiten aufs „nächste Jahr“ und verfallen Sie nicht dem Streß, die einzelnen Sterne eines Konkurrenzreiseführers abzuhaken.

Stellplätze

Die Erfahrungen mit meinen anderen Büchern in der *WOMO-Reihe*, insbesondere mit dem Toskana-Führer, haben mich gelehrt, daß ich unter dieser Überschrift erst einmal ein paar **deutliche Worte** schreiben muß: Unsere Stellplatztips sollen Ihnen helfen, ohne stundenlange Herumkurverei schöne oder geeignete Übernachtungsplätze zu finden. Das heißt aber nicht, daß Sie auf Biegen und Brechen diese Plätze anfahren müssen. Möglicherweise hat sich die örtliche Situation geändert (das passiert oft über Nacht und leider auch mal schon vor Erscheinen unserer Bücher), wahrscheinlich haben aber auch andere Urlauber unser Büchlein gelesen und vor Ihnen einen der Stellplätze angesteuert. Fahren Sie bitte weiter, wenn Sie das Gefühl haben, daß der Platz belegt ist, daß ein weiteres WOMO für die Umgebung nicht akzeptabel ist. Denn zu viele Wohnmobile auf einem Fleck führen auf Dauer dazu, daß die Plätze gesperrt werden.

Wie finden Sie selbst einen passenden Stellplatz? Hierüber wurde schon viel geschrieben, unter anderem auch im *Allgemeinen Wohnmobilhandbuch*, Band 5 der *WOMO-Reihe*. Wir wollen daher hier nur noch wenig hinzufügen:

Natürlich braucht man Gespür, viel Erfahrung und ein bißchen Glück, um einen guten Platz zu entdecken. Das ist in der Provence genauso wie anderswo. Sie können dem Glück jedoch ein wenig nachhelfen: Die meisten touristisch ambitionierten Gemeinden haben in Südfrankreich ordentliche Parkplätze eingerichtet, an denen es oftmals auch Toiletten gibt. Diese Parkmöglichkeiten liegen nicht immer landschaftlich reizvoll, sehr oft findet man aber einen brauchbaren Übernachtungsplatz, wenn man dem blauen ‘P’ hinterher fährt. Hier kann man zwar meist keinen Campingtisch vor die WOMO-Tür stellen, aber häufig sicher und einigermaßen ruhig schlafen. Oft wird man auch fündig, wenn man den Wegweisern zu außerhalb von Ortschaften stehenden Kirchen oder anderen Sehenswürdigkeiten folgt. Wenn nichts mehr hilft, suchen wir den Wegweiser zum Sportplatz (*centre sportif*) oder, da wir nicht abergläubisch sind, zum Friedhof (*cimetière*). Auch mit dem Kartenstudium kommt man manchmal weiter, die Michelin-Karte hat beispielsweise mit kleinen, blauen Strichen Aussichtspunkte gekennzeichnet, wo man bisweilen schöne Parkplätze findet. Auch auf den topographischen Wanderkarten haben wir schon manche Anregung entdeckt. Diesen Karten entnehmen wir, ob ein Park- oder Picknickplatz im Wald liegt, am Waldrand, auf einer Anhöhe oder in der Nähe von Häusern; selbstverständlich auch eine präzise Darstellung der Zufahrtswege.

Und machen Sie es sich zur Regel, lieber einen mittelschlechten Stellplatz zu nehmen (einen halbwegs ruhigen Parkplatz finden Sie immer) als genervt und schlecht gelaunt stundenlang in der Gegend herumzukurven.

Die Grundregeln für die Stellplatzsuche lauten aber stets: Möglichst nie im Dunkeln, möglichst nie müde und nach langer Fahrt und möglichst nicht hungrig; oder man reduziert die Erwartungen auf ein Minimum, also auf einen einigermaßen ruhigen und ebenen Platz. Und bevor Sie mit der Sucherei der ganzen Familie an den Nerven zerren, gehen Sie auf den Campingplatz. Es gibt nirgends so viele - auch preiswerte - Plätze wie in Südfrankreich.

Daß Sie an allen Orten, also auch auf dem Campingplatz, so stehen sollten, daß Sie jederzeit ohne Rangiermanöver abfahren können, versteht sich für den erfahrenen Wohnmobilisten fast von selbst. In diesem Zusammenhang liegt mir für Südfrankreich noch eine besondere Warnung am Herzen: Jedes Jahr lesen Sie in der Zeitung von Waldbränden. Aus diesem Grunde schreitet die Polizei in feuergefährdeten Bezirken gegen „wildes" Campieren ein. Aber auch wenn Sie nicht verjagt werden, stellen Sie sich niemals so, daß Sie im Schlaf von einem Feuer überrascht werden könnten. Meiden Sie Wälder und die Garique. Und schlafen Sie bei schlechtem Wetter in Gebirgsnähe nicht an (ausgetrockneten) Flußläufen, wo mit Überschwemmungen zu rechnen ist.

Ein Verzeichnis „offizieller" WOMO-Stellplätze können Sie sich von den Fremdenverkehrsbüros, beispielsweise dem in Frankfurt, gegen eine „Schutzgebühr" von 10,— DM, die freundlicherweise per Rechnung erhoben wird, schicken lassen. Die (etwas unübersichtliche) Faltkarte heißt *Card de France des Aires de Service* und ist ein Sonderdruck der Zeitschrift *Le Mond du Camping-Car*. Leider liegt eine große Anzahl der dortigen Stellplätze auf Campingplätzen und sind vielfach nur deswegen verzeichnet, weil sie Ver- und Entsorgungsmöglichkeiten vorzuweisen haben. Aus diesem Grunde ist auch eine Menge von Campinghändlern genannt. Insgesamt lohnt sich die Karte mit annähernd 2000 Service-Stationen dennoch.

Weitere Hinweise finden Sie oben unter dem Stichwort *Freies Camping*.

Strände/Bademöglichkeiten

Ich habe Sie schon mehrfach gewarnt, denn Südfrankreich am Meer ist in der Zeit zwischen Mitte Juli und dem 20. August ein Horror. Geeignet nur für den, der sich das wohnmobile Reisen schon länger abgewöhnen wollte. Gehen Sie im Zweifel davon aus, daß Sie in dieser Zeit auf schönen, küstennahen Campingplätzen keinen Einlaß finden, daß Sie am Strand kaum eine Parkmöglichkeit antreffen werden, daß das Übernachten für WOMOs fast überall verboten ist und oft genug sogar das Parken. An der Côte d' Azur ist alles so zugebaut, so daß es schon deswegen dort praktisch keine Stellplätze gibt.

Wenn Sie meinen Warnungen nicht glauben und vielleicht doch irgendwo wenigstens ein Badeplätzchen finden, nehmen Sie unbedingt Ihre Wertsachen mit zum Strand und lassen Sie diese dort nicht aus dem Auge. Auf Parkplätzen an der Küste wird besonders viel geklaut.

In der Vorsaison ist alles besser, wenn man einmal von den baulichen Verunstaltungen absieht. Für den Hochsommer können Sie sich natürlich schon Monate vorher auf einem Campingplatz anmelden, um dann dort an der täglichen Animation teilzunehmen, um in der Disco zu schwofen und um deutsches Bier zu trinken. Mit mobilem Reisen hat das aber nichts mehr zu tun.

Man muß in der Provence aber nicht auf das Schwimmen verzichten oder sich mit Freibädern begnügen. Es gibt einige Stauseen, in denen man baden kann; unsere Touren führen an einige schöne Badeplätze. Die Ufer dieser Seen sind jedoch großenteils steil, so daß sich der Badebetrieb auf wenige Strände konzentriert. Die Binnengewässer sind im großen und ganzen aber erstaunlicherweise weit weniger überlaufen als die Küste, obwohl das Wasser im Hochsommer gerade richtig temperiert ist.

Für alle Strände und Badeplätze gilt: Am Wochenende gibt es einen besonderen Run; das ist die beste Zeit für den Campingplatz, denn der bleibt vom einheimischen Ausflugstourismus verschont. Und freitags bekommt man dort um die Mittagszeit ohnehin die besten Plätze, wenn ein Teil der Urlauber abgereist ist, während der andere Teil noch zu Hause die letzten Sachen einpackt.

Sraßenverhältnisse/Tankstellen

Frankreich ist berühmt für sein **Straßennetz**. Leider - muß man fast schon sagen, denn auch durch die landschaftlich schönsten Gebiete führen befahrbare Wege, wenn auch gelegentlich ohne Asphalt. Wohnmobilisten kommt das natürlich entgegen. Die Straßen sind häufig schmal und kurvig, aber fast ausnahmslos auch für breite Wohnmobile passierbar. Wenn einmal ein Verkehrsschild das Befahren einer Straße für ein Fahrzeug Ihrer Größe verbietet, können Sie sicher sein, daß Sie hier niemand schikaniert. Denn mit dem Aufstellen von Verbotsschildern ist man in Frankreich zurückhaltender als bei uns. Auch wenn - gerade in Ortschaften - am Straßenrand ein Verkehrsschild steht, das Lkws die Weiterfahrt untersagt, nutzt es Ihnen meist wenig, daß Ihr WOMO rechtlich erst über 3,5 to ein Laster ist. Die Straße wird nämlich meist so schmal, daß Sie bald Blut und Wasser schwitzen.

Fahren Sie ansonsten ruhig kleinste Sträßchen. Wenn diese auf Ihrer Michelin-Karte ohne erkennbare Beschränkungen eingezeichnet sind, kommen Sie auch durch. Sie werden dabei viel mehr erleben als wenn Sie auf einer breite Nationalstraße durch die Landschaft brettern. Passen Sie aber auf, daß Ihr - möglicherweise chronisch überladenes - Wohnmobil bei Bergabfahrten mit dem Motor gebremst wird. Und lassen Sie vor der Urlaubsfahrt Ihre Bremsanlage in einer Werkstatt überprüfen (alle zwei Jahre Austausch der Bremsflüssigkeit; Stärke der Bremsbeläge; Handbremsfunktion). Sie werden nämlich Ihre Bremsen mehr in Anspruch nehmen als Sie dieses vorher erwarten.

Die **Autobahnmaut** schmälert ganz schön Ihre Urlaubskasse, denn dort gilt Ihr Wohnmobil als LKW, und Sie bezahlen mehr als der Fahrer eines Wohnwagengespanns.

Das **Tankstellennetz** ist dichter als in Deutschland. Dieselkraftstoff kostet ähnlich viel wie bei uns. Meiden Sie möglichst die Autobahntankstellen, denn dort ist der Sprit am teuersten. Am preiswertesten tankt man bei großen Supermärkten.

Telefonieren

Was waren das noch für Zeiten, als wir unsere Leser damit glücklich machen konnten, daß wir die Auslandsvorwahlen genannt haben! Heutzutage fordert der moderne Mensch von uns genaue Angaben darüber, ob sein Handy auch von der Provence aus funktioniert. Ich kann ihn glücklich machen, denn er braucht sein teures Spielzeug nicht nur als Attrappe an der Gürtelschnalle tragen, weil ich ihm verrate, daß sich auch vom Klappstuhl vor dem WOMO die Sekretärin zu Hause herumkommandieren läßt. Nicht immer und überall, vielleicht auch immer weniger. Aber letzteres hat mit der fast flächendeckenden Bestrahlung der Sendewellen meist nichts zu tun.

Sie können sich Ihr Mobiltelefon ruhig klauen lassen, denn Sie finden ein wesentlich dichteres Netz an öffentlichen Telefonzellen als in Deutschland. Hier und da ist man noch auf Münzfernsprecher angewiesen, vor allem auf Campingplätzen, aber die meisten Telefone funktionieren nur noch mit der Karte. Die *Télecard* bekommt man im Tabakladen oder auf der Post. Es gibt eine mit 50 Einheiten (*la petite*) oder eine mit 120 Einheiten (*la grande*). Neuerdings kann man sich auch schon in Deutschland Karten kaufen, wobei das Telefongeld dann zu Hause abgebucht wird (bei der *Telekom* nachfragen).

Für das Telefonat nach Hause lohnt sich die verbilligte Zeit: Mo.- Fr., 21,3o - 8 Uhr; Sa. ab 14 Uhr und So. ganztags.

Im Oktober 1996 ist in Frankreich ein neues Telefonnummernsystem in Kraft getreten. Die 8-stellige Nummer (bzw. die 9-stellige in Paris) wurde durch eine 10-stellige ersetzt, deren erste Ziffer eine Null ist. **Innerhalb** Frankreichs ist nun **immer** eine **Null** zu wählen (auch für Paris). Vom Ausland wird diese Null weggelassen, es folgen dann also nur noch 9 Ziffern. Bei den in diesem Buch genannten Nummern müssen Sie also die Null weglassen, wenn Sie aus dem Ausland nach Frankreich telefonieren. Falls Sie irgendwo noch auf eine 8-stellige Nummer stoßen (z.B. in anderen Büchern), gilt für unser Reisegebiet und ganz Südostfrankreich eine 0/4 als neue Vorwahl.

Wenn Sie von Frankreich ins Ausland telefonieren, müssen Sie nicht mehr die 19 wählen und den Summton abwarten, sondern ganz normal zwei Nullen. Daß bei der heimischen Ortsnetzvorwahl die 0 weggelassen wird, ist Ihnen bekannt. Die Auslandvorwahlen von Frankreich aus sind:

nach Deutschland 0049
nach Österreich 0043
in die Schweiz 0041

Die Vorwahl nach Frankreich, der die 9-stellige Nummer folgt (also ohne Null!), ist aus Deutschland, Österreich und der Schweiz dieselbe, es ist die 0033. In den Telefonzellen hängen Verzeichnisse mit den Vorwahlen, den Nummern für Auskunft (wählen Sie die 12) u.a., sowie den Tarifen.

Toiletten

Viele Leser werden dabei nur an die legalen Entleerungsmöglichkeiten für das Chemieklo denken. Eine saubere öffentliche Toilette entlastet aber auch das eigene Klo und spart Chemie; darauf kann man gar nicht oft genug hinweisen. Viele *WC public* sind so sauber, daß man sich den Umweg über die Verdünnung mit Chemie schenken kann.

Wir unterstellen einmal, daß jeder, der dieses Buch zur Hand nimmt, sich darüber im klaren ist, daß auch die „umweltfreundlichen“ Chemikalien Kläranlagen und Umwelt belasten. Die einen mehr und die anderen weniger. Fast alle Mittel arbeiten nach dem Prinzip, Bakterien zu zerstören. Leider tun sie dieses auch in der Kläranlage, wo aber gerade Bakterien die Abwässer reinigen. Wer auf diese Chemie nicht verzichten kann, oder gar nicht weiß, wie das Mittelchen wirkt (insoweit müßte von den Herstellern die Beschreibung auf den Flaschen verbessert werden), muß unbedingt richtig dosieren, damit die Chemie von den eigenen Fäkalien weitgehend aufgebraucht wird. Bei aller Chemie gilt der Grundsatz: So wenig wie möglich! Der gute Vorsatz nutzt aber dann nichts, wenn man von vornherein soviel Sanitärflüssigkeit in den Fäkalienbehälter kippt, wie es dessen gesamten Fassungsvermögen entspricht. Wenn man dann nämlich bei guter Gelegenheit ein erst halbvolles Klo ausleert, ist die Hälfte der Chemie noch gar nicht aufgebraucht. Der verantwortungsvolle Wohnmobilist dosiert (z.B. mittels eines kleinen Meßgefäßes, das es in Fotogeschäften zum Abmessen für das Heimlabor gibt) also zunächst höchsten für 1/3 des Fäkalbehälterinhalts und füllt dann nach Bedarf auf.

Noch besser ist es, zunächst gar keine keimtötende Flüssigkeit einzufüllen, denn einen Tag lang geht es auch ohne. Und wer sich umsieht, findet fast täglich eine Toilette zur Entsorgung. Wir haben Sie daher bei den Reisebeschreibungen immer wieder auf öffentliche WCs (*WC public*) hingewiesen, an die man einigermaßen nahe heranfahren kann. Südfrankreich ist fast flächendeckend mit solchen Örtchen ausgestattet, man muß sich nur die Mühe machen, sie auch zu finden. Und leeren Sie bei sich bietender Gelegenheit das Klo aus, bevor es zu spät ist und Sie mit dem Gesträuch seitlich der Straße liebäugeln müssen.

Wir haben in unseren Toilettentank zwischenzeitlich eine Toilettenentlüftung eingebaut. Es gibt insoweit zwei Systeme: Bei dem einen wird nur ein dünner Schlauch auf einen in den Entleerungsstutzen eingeklebten Nippel gesteckt, der den lästigen Unterdruck im Fäkalbehälter vermeidet (fahren Sie mal vom Meeresniveau auf 800 m Höhe und öffnen Sie dann unbedacht Ihren Schieber - Sommersprossen sind nicht selten die Folge). Wesentlich wirksamer - und eine der tollsten Erfindungen seit es Wohnmobile gibt - ist die '*SOG-Toilettenentlüftung*', bei der ein etwas dickerer Schlauch ins Freie geführt wird. In diesem sitzt ein kleines, kräftiges Elektromotörchen, das Ihnen beim Öffnen des Toilettenschiebers die schlechte Luft unter dem Hintern wegsaugt. Vorbei sind die Zeiten, in denen sich die restliche Urlaubsbesatzung außerhalb des Wohnmobils die Beine vertreten mußte, wenn ein Mitreisender sein Geschäft erledigte. Mit dieser elektrisch gesteuerten Toilettenentlüftung gehören schlechte Gerüche der Vergangenheit an, selbst wenn Sie gar keine oder nur wenig Toilettenflüssigkeit verwenden. Sie finden im Werbeteil der Wohnmobilzeitschriften Bezugsquellen, auch die Campinghändler helfen Ihnen weiter. Einziger Schönheitsfehler: Die Entlüftungsanlage kostet etwas über 200,— DM, und man muß sie sich beim Händler einbauen lassen, wenn man handwerklich weniger geschickt ist (mein Einbau gelang mir selbst auf Anhieb).

Denken Sie bitte immer daran, daß es gerade die großen Geschäfte im Gebüsch sind, welche mehr und mehr dazu führen, daß bestimmte Plätze für Wohnmobile gesperrt werden. Es ist gar nichts dagegen einzuwenden, verstohlen an einen Baum zu pinkeln (ganz im Gegenteil: dadurch wird die Natur sogar von Chemie verschont), wer aber am selben Baum ein Häuflein rosa Klopapier zurückläßt, braucht sich nicht zu wundern, wenn er im nächsten Urlaub sein Wohnmobil nicht mehr in die Nähe dieses Baumes stellen darf. Ich gebe zu, der Pkw-Tourist als solcher ist diesbezüglich vielleicht das größere Schwein. Aber Ihr Wohnmobilisten im Kleinbus und ohne Klo: Schlaft auf Campingplätzen, einsam im Wald oder in der Nähe öffentlicher Toiletten!

Bezüglich offizieller Entsorgungsstationen, deren Zahl ständig steigt, verweise ich auf das Stichwort *Stellplätze.*

Und etwas wundert mich besonders: Ich bin wahrlich mit dem Wohnmobil viel unterwegs, und mir begegnen unzählige andere WOMOs. Aber die Leute, die ich mit einem Fäkalbehälter in einer öffentlichen Toilette gesehen habe, kann ich über die Jahre an einer Hand abzählen. Liebe Leser, geht in Euch! Muß es denn immer der Straßengraben sein?

Unfall

Für unsere Leser testen wir fast alles. Nur was man selbst erlebt hat, kann man auch zutreffend beschreiben. Im Ernst: Es krachte zwar nicht in Südfrankreich, sondern im Elsaß, aber das gehört ja bekanntlich auch zu Frankreich (näheres in Band 6 der *WOMO-Reihe*. Ein Franzose nahm uns die Vorfahrt, sein Peugeot war nur noch Schrott und unser VW-Pritschenwagen ebenfalls. Die körperlichen Blessuren waren weniger schlimm. Und gar nichts gegen den Papierkrieg und die Wartereien aufs Geld. Aber ich berichte der Reihe nach: Mangels ernsthaft Verletzter nahm die Polizei den Unfall nicht auf. Sie half lediglich beim Ausfüllen eines gemeinsamen Unfallprotokollbogens, des sogenannten *Constat amiable*. Dieses Formular führt jeder Franzose mit sich, es wird aber auch von deutschen Versicherungsgesellschaften ausgehändigt. Immerhin waren dort die Daten unseres Kontrahenten vollständig eingetragen. Wenn es hieran schon hapert, können Sie die **Schadensregulierung** fast schon vergessen:

Schreiben Sie sich das Autokennzeichen des Unfallgegners auf, fotografieren Sie es, machen Sie Bilder von der Unfallstelle und den Verkehrszeichen. Notieren Sie sich die Versicherungsgesellschaft und die Versicherungs-Nummer. Sie finden bei jedem französischen Auto an der Windschutzscheibe einen Aufkleber, der die Versicherung ausweist (bei Motorrädern am vorderen Schutzblech). Versäumen Sie es, die Versicherungsgesellschaft an der Unfallstelle zu erfassen und schaltet Ihr Unfallgegner auf stur, sieht es düster aus, denn in Frankreich ist der Haftpflichtversicherer bei den Zulassungsstellen nicht registriert. Achten Sie darauf, daß in den Unfallbogen nur solche Daten aufgenommen werden, die unstreitig sind, unterschreiben Sie keinen Text, den Sie nicht verstehen. Und lassen Sie sich von Ihrer Rechtsschutzversicherungsgesellschaft sofort einen deutschsprechenden Anwalt nennen. Sie haben keine **Rechtsschutzversicherung**? Dann können Sie die Schadensregulierung abschreiben, oder Sie zahlen Ihren französischen Anwalt (relativ teuer) selbst. Denn in Frankreich gibt es keine Erstattung von

Rechtsanwaltsgebühren wie bei uns. Ein deutscher Advokat kann ohne die Hilfe eines französischen Kollegen so gut wie nichts ausrichten. Und prüfen Sie, ob Ihr Wohnmobil in Ihrer Rechtsschutzversicherung überhaupt mitversichert ist. Schließen Sie möglichst außerdem eine **Vollkaskoversicherung** ab, denken Sie an die Werte, die Sie durch die Gegend kutschieren (ich bin übrigens nicht von der Versicherungswirtschaft gesponsort).

Auch in unserem Fall mußte ein *Avocat* agieren; die Geldsumme, die uns einigermaßen entschädigte, war nach zehn (!) Monaten auf unserem Konto, obwohl es zur Schuldfrage keine Unstimmigkeiten gab.

Falls niemand verletzt ist, der Unfallgegner keine **Polizei** möchte und Sie eindeutig schuld sind, können Sie mit Ihrem Kontrahenten Formalitäten austauschen, ohne die Polizei zu rufen. Dann ersparen Sie sich nämlich mit hoher Wahrscheinlichkeit ein saftiges Bußgeld oder gar eine Kautionszahlung. Ihr deutscher Haftpflichtversicherer wird den Schaden auch regulieren, wenn Sie nur wahrheitsgemäß berichten. Und unverzüglich, das heißt so schnell Sie können, also spätestens am nächsten Tag, müssen Sie die deutsche Haftpflichtversicherung per Einschreiben und Eilboten oder per Fax informieren. Einzelheiten können Sie notfalls in der Heimat nach Rückkehr aus dem Urlaub noch nachreichen.

Sie haben ein Wohnmobil **gemietet**? Fragen Sie Ihren Vermieter vor Abschluß des Mietvertrages, ob das Fahrzeug auch vollkaskoversichert ist. Fragen Sie Ihren Vermieter nach der Rechtsschutzversicherung. Falls er keine unterhält, Sie sich aber selbst rechtsschutzversichert haben, beispielsweise für Ihr normales Auto, genießen Sie Versicherungsschutz auch als Fahrer eines fremden Autos, sofern Ihre eigenen Rechte betroffen sind. Dies gilt für den gesamten strafrechtlichen Bereich, also für Geldstrafen, Freiheitsstrafen (manch einem kann der Urlaub nicht alternativ genug sein) und auch für die Durchsetzung Ihrer eigenen Schadensersatzansprüche, wenn Sie einen Körperschaden erlitten haben. Achten Sie darauf, daß Ihre Familienmitglieder in dieser Rechtsschutzversicherung mitversichert sind. Hätte ich nicht eigene Erfahrungen gemacht, ich würde Sie nicht so eindringlich warnen. Weitere Tips gebe ich Ihnen oben unter dem Stichwort *Notfälle*.

Wanderungen

Die Provence hat ideale Wanderreviere. Auch für die erforderlichen Hilfsmittel ist gesorgt: Es gibt erstaunlich viele markierte Wege, Wanderkarten und ein flächendeckendes Netz von topographischen Karten.

Die *Cartes Topographiques* des *institut géographique national (ign)* haben einen Maßstab von 1: 25.000 und einen blauen Aufdruck. Die Reihe dieser Karten nennt sich deswegen auch *SERIE BLEUE.* Die Karten sind so genau, daß sogar jeder Trampelpfad eingezeichnet ist; die markierten Wanderwege sind dort aber häufig nur schwer erkennbar. Die Karten kosten 45 Francs und haben den Nachteil, daß man bei manchen Wanderungen gleich zwei von ihnen braucht. Besser sind unter diesem Gesichtspunkt die echten **Wanderkarten** der *Éditions Didier & Richard.* Auch diese Karten sind vom *ign* erstellt, allerdings im Maßstab 1:50.000. Es sind ausgesprochene Wanderkarten, auf denen alle markierten Wege verzeichnet sind, nicht selten auch solche, bei denen man in natura die Wanderzeichen vergeblich sucht. Allerdings gibt es diese Karten nicht für alle Gebiete. Es ist denkbar einfach, die Karten in Frankreich zu erwerben, es gibt sie überall im Buchhandel. Man braucht nicht unbedingt Karten im Maßstab 1:25.000, die Karten der *Édition Didier & Richard* sind wegen der besser eingezeichneten Wanderwege eher zu empfehlen, nicht zuletzt auch aus preislichen Gründen. Die Orientierung ist mit Hilfe der Karten auch auf nicht markierten Wegen einfach. Sie wird zum Kinderspiel, wenn man auf einer '*GR*' (*Grande Randonnée*) marschiert, die immer gründlich rot-weiß bepinselt ist (und an Gabelungen meist mit gekreuzten roten und weißen Strichen vor dem Weg in die falsche Richtung warnt). Auf den anderen, weniger bekannten Wegen ist die Markierung nicht so pedantisch, eher nachlässig, ohne Karte verfranzt man sich hier schnell.

Ohne Wanderschuhe bekommen Sie Probleme, denn der Untergrund ist sehr oft steinig und geröllartig. Auch noch im April empfehle ich Ihnen wegen des starken Windes eine Wollmütze, und, lachen Sie nicht, Handschuhe. Ich habe um Ostern schon bibbernd meine Hände in den Anorakärmeln vergraben, als ich auf den Gipfeln des Lubéron oder der Montagne Ste.-Victoire stand.

Falls Sie ernsthaft wandern wollen, empfehle ich Ihnen das Buch von Joële Kirch, *Wanderungen in der Provence, Verlag J. Berg*, München mit sehr schönen Fotos; etwas zum Verschenken. Hingegen rate ich von der Serie *Ringbuch-Wandern* ab, in der es auch einen Band *Provence* gibt. Die Beschreibung der Wanderwege ist schlechterdings unbrauchbar. Und die vom *ign* übernommenen Karten keinesfalls präziser als das Original - nur schlechter gedruckt. Empfehlenswert indessen ist das Buch von Riffler aus dem *Bruckmann-Verlag*, *Wanderungen in der Provence*, mit ebenfalls schönen Fotos und informativem, sorgfältigem Text.

Oder Sie versuchen es erst einmal mit unseren Wanderrouten, wobei wir bewußt nicht so großen Wert darauf gelegt haben, Ihnen jeden einzelnen Schritt voran zu gehen. Eine Karte brauchen Sie ohnehin, und ein bißchen Kreativität sollte auch beim Wandern mitspielen!

Wasserversorgung

Es gibt in Südfrankreich viele öffentliche Wasserzapfstellen, allein schon wegen der zahlreichen *WC publics*. Es stellt sich daher kaum die Frage, wo finde ich Wasser als vielmehr wie kommt das Wasser in den Tank? Denn die Wasserhähne kann man oft sehr schlecht anfahren, oder sie haben ein unförmiges Maul, auf das kein Gartenschlauchgewinde paßt, häufig kommt beides zusammen. Wir hantieren seit ein paar Jahren mit einer 10 l Gießkanne, es gibt nichts Praktischeres, wenn man das Gartengerät sauber hält und unterwegs Platz dafür hat. Für die Schlauch-Methode brauchen Sie einen Plastikschlauch, der wenigstens 8 m lang sein muß. Sie sollten einen Schraubanschluß für 1/2 Zoll und 3/4 Zoll dabeihaben, falls Sie doch mal auf einen entsprechenden Wasserhahn stoßen (z.B. an der Tankstelle). Wir verfügen außerdem über verschiedene, etwa 40 cm lange durchsichtige PVC-Schläu-

che, bei denen der jeweils kleinere genau in den nächst größeren hineingesteckt werden kann. Mit ihrer Hilfe kann man seinen Schlauch jeder Dicke eines Wasserhahns, der vorne kein Gewinde hat, anpassen. Notfalls kann man den Schlauch auch in den Wasserhahn hineinstecken. Außerdem gibt es im WOMO-Handel (zumeist mit einem Duschkopf) einen kurzen Schlauch mit einem dehnbaren Gummianschluß, den man über die meisten Wasserhähne schieben kann. Befestigen Sie dieses Gummiteil an Ihrem Füllschlauch!

Damit Sie sorglos durch die Lande fahren können, haben wir auf den Karten zu den einzelnen Touren einige Wasserentnahmemöglichkeiten eingezeichnet. Gehen Sie aber bitte nicht davon aus, daß Sie dort immer mit Hilfe eines Schlauches Wasser tanken können.

Wir analysieren natürlich nicht die Trinkwasserqualität, dafür entkeimen wir ziemlich regelmäßig mit *Micropur*, einem geruchs- und geschmacklosen Mittelchen, frei von Chlor und Jod, das auch der Veralgung Ihrer WOMO-Wasserleitungen vorbeugen soll.

Vom Wasser nun zum Wein.

Wein

Das Wichtigste vorab: In Frankreich gilt **die 0,5-Promille-Grenze**, und Alkoholkontrollen nehmen zu.

Eine kleine **Weinkunde** ist unerläßlich: Französischer Wein wird nach bestimmten Kriterien in Qualitätsklassen gruppiert, die auf dem Etikett genannt sein müssen. Auf der untersten Stufe stehen der Tafelwein (*vin de table*), gefolgt vom Landwein (vin de pays). Es folgt auf dem Weg nach oben eine dritte Klasse, die keine nennenswerte Rolle mehr spielt, ehe mit der *Appellation (d'origine) contrôlée (AOC* oder *AC)* weinmäßig die höchste Stufe erklommen ist. Nur diese Qualitätsstufe ist interessant, wobei es jedoch auch hier jede Menge schlechter Weine gibt.

Wer meine WOMO-Reiseführer über das Elsaß oder die Toskana kennt, wird sich vielleicht wundern, daß im Provencebuch das Weinkapitel vergleichsweise kurz ausgefallen ist, daß ich insbesondere keine Weingüter empfehle. Der Grund ist einfach: In Südfrankreich wird zwar viel Wein angebaut, jedoch wenig guter. So wenig, daß man ganze Urlaube damit zubringen müßte, die wirklich beachtlichen Gewächse ausfindig zu machen. Dafür ist mir die Zeit zu schade, Ihnen vermutlich auch.

Dabei hat sich die Qualität in den letzten Jahren stark verbessert. Das war aber auch dringend nötig, denn in Südfrankreich achtete man Jahrzehnte hauptsächlich auf Quantität, nicht auf Qualität. Ausschlaggebend dafür war eine Reblausplage, die Ende des letzten Jahrhunderts die Weinkulturen in Südfrankreich zerstörte. Viele Bauern mußten ihre Anbauflächen, auf denen sie noch auf Qualität geachtet hatten, an Großproduzenten verkaufen. Es war die Zeit des Entstehens der schier grenzenlosen Weinfelder, wie wir sie heute vor allem noch im Languedoc antreffen. Es wurde nur noch Masse produziert, Kontrollen gab es in der viel gepriesenen Gründerzeit nicht. Und an die Stelle von Rebensaft traten oftmals Zucker und Chemie. Die ehrgeizigeren Kleinbauern mußten sich dem anpassen; kurz, die Weinkultur verfiel. Es blieb nicht aus, daß man viel zu viel produzierte, daß die Verarmung der Weinbauern weiter zunahm. Bei der berühmten Weinrevolte im Jahre 1907 gab es etliche Tote, sogar Soldaten wurden eingesetzt.

Ein wenig von alledem ist bis in unsere Zeit erhalten geblieben. Die Weinmasse ist nicht mehr gefragt, Qualität wird verlangt, zumal der Franzose im Alltag auch mehr und mehr zur Bierflasche greift. Immerhin wird in Südfrankreich (incl. Languedoc und Roussillon) noch ein Zehntel des gesamten Weins auf der Welt produziert, etwa die Hälfte der französischen Menge. Kein Wunder, daß die Regierung und die EU Flächenstillegungen prämiieren und Wein zur Destillation aufkaufen. Außerdem ist man, jedenfalls in der Provence, mit der Vergabe einer *Appellation Contrôllée* großzügiger geworden.

Wenn die nämlich auf der Flasche steht, greift der Kunde lieber zu. Mit Glück findet man heutzutage auch mal einen richtig guten Tropfen, im Supermarkt nie, am ehesten im Restaurant, wenn der Sommelier sein Handwerk versteht. Wer es nicht lassen kann und in der Provence für den heimischen Weinkeller einkaufen möchte, teste am besten im Restaurant die besseren Flaschen und fahre anschließend zum Winzer. Dessen Name und Adresse stehen auf dem Etikett.

Den höchsten Ruf genießt der *Châteauneuf-du-Pape*, ein kräftiger Rotwein, der meist überteuert gehandelt wird. Preiswerter und mit Glück sogar besser ist der Gigondas; beide sind letztendlich Weine, die unter den Oberbegriff *Côtes du Rhône* fallen. Mein Geheimtip sind die weißen *Châteauneuf-du-Papes*, die Sie auch über das Restaurant kennenlernen können.

Der mit Abstand am meisten hergestellte Wein ist in Südfrankreich ein Rosé-Wein, der gut gekühlt an heißen Tagen das Urlaubserleben steigert. Daß er ein rechter Durstlöscher wäre, wie man häufig liest, scheint mir aber eher ein sehr zweifelhaftes Werbeargument der Weinindustrie. Aber man fährt oft gut (nicht mit dem WOMO), wenn man gerade im Lokal einen Krug kühlen Rosé bestellt.

Aber ich will Ihnen den Weinkauf gar nicht ausreden. Wenn es Ihnen Spaß macht, fahren Sie zum Erzeuger, verkosten Sie ein paar Qualitäten und packen Sie auch was ein. Gelegenheit haben Sie dafür genug, unzählige Erzeuger werben für ihre *Caves* (*Keller*). Aber eines dürfen Sie nicht, sich weinmäßig im südfranzösischen Supermarkt eindecken. Dann doch lieber zu Hause, denn dort wäre manches, was in französischen Einkaufswagen steht, unverkäuflich. Oder Sie machen es wie die Franzosen, Sie greifen zunehmend zum Bier, das schmeckt nicht nur fast wie zu Hause, sondern kommt oftmals auch von da her. Warum also überhaupt noch verreisen?

Wenn Sie diese Frage jetzt, am Ende des Buches, noch nicht beantworten können, haben Sie sich verkauft: Entweder bei der Anschaffung Ihres Wohnmobils - oder mit meinem Buch.

Stichwortverzeichnis

Absender: ☐ Familie ☐ Ehepaar ☐ Frau ☐ Herr

____

____

Datum ______ Unterschrift ______________

WOMO®-VERLAG

Urlaubs-Partner-Service

Wiesenweg 4-6

98634 Mittelsdorf/Rhön

☐ **Wir möchten dieses Jahr nicht allein mit dem Wohnmobil verreisen!**
Nehmen Sie folgende Daten in Ihren WUPS-Computer auf. Wir müssen nicht alle Felder ausfüllen; ohne Angabe von Tel.-Nummer **oder** Adresse ist jedoch die Kontaktaufnahme nicht möglich! Einmalige Teilnahmegebühr 25,- DM, bitte Rechnung abwarten!

Urlaubsland: ______ Mögliche Reisezeit: ______

Telefonnummer: ______ Adresse angeben: ☐ ja ☐ nein

Eigene Altersgruppe: 20 25 30 35 / 40 45 50 55 / 60 65 70 75

Alter mitreisender Kinder: Mädchen: ______ Jungen: ______

Lieblingsaktivitäten: ______

Senden Sie uns die Teilnehmerliste sofort: ☐ Erst am (je später, desto mehr Teilnehmer): ______

☐ **Wir suchen Urlaubspartner für gemeinsame Wochenendtouren!**

☐ **Wir suchen Partner für den Wohnmobil-Langzeiturlaub!**

Nehmen Sie oben stehende Daten in Ihre Dauer-Computer-Liste auf und senden Sie uns die aktuelle Liste jährlich zum o. a. Datum. Jährliche Teilnahmegebühr 25,- DM, bitte Rechnung abwarten!

Wir bestellen:

- ❑ Allgemeines Wohnmobil Handbuch .... DM 24,80
- ❑ Allgemeines Wohnmobil Kochbuch .... DM 24,80
- ❑ Mit dem Wohnmobil nach Nord-Norwegen .... DM 24,80
- ❑ Mit dem Wohnmobil nach Süd-Norwegen .... DM 24,80
- ❑ Mit dem Wohnmobil nach Schweden .... DM 24,80
- ❑ Michelin-Karte Skandinavien 1 : 1,5 Mio. .... DM 14,80
- ❑ Mit dem Wohnmobil nach Portugal .... DM 24,80
- ❑ Michelin-Karte Portugal 1 : 400.000 .... DM 14,80
- ❑ Mit dem Wohnmobil nach Nord-Spanien .... DM 24,80
- ❑ Michelin-Karte Spanien 1 : 1 Mio. .... DM 14,80
- ❑ Michelin-Karte Nordwest-Spanien 1 : 400.000 ...... DM 14,80
- ❑ Michelin-Karte Nordost-Spanien 1 : 400.000 .... DM 14,80
- ❑ Mit dem Wohnmobil durch die Pyrenäen .... DM 24,80
- ❑ Mit dem Wohnmobil in die Bretagne .... DM 24,80
- ❑ Michelin-Karte Bretagne 1 : 200.000 .... DM 14,80
- ❑ Mit dem Wohnmobil a.d. franz Atlantikküste (Nordhälfte) .. DM 24,80
- ❑ Michelin-Karte franz. Atlantikküste (Nordhälfte) 1:200 T. DM 14,80
- ❑ Mit dem Wohnmobil in die Provence .... DM 24,80
- ❑ Michelin-Karte Provence 1 : 200.000 .... DM 14,80
- ❑ Mit dem Wohnmobil ins Languedoc/Roussillon .... DM 24,80
- ❑ Michelin-Karte Languedoc-Roussillon 1 : 200.000 DM 14,80
- ❑ Mit dem Wohnmobil ins Elsaß .... DM 24,80
- ❑ Michelin-Karte Elsaß-Schwarzwald 1 : 200.000 .... DM 14,80
- ❑ Mit dem Wohnmobil nach Korsika .... DM 22,80
- ❑ Michelin-Karte Korsika 1 : 200.000 .... DM 9,80
- ❑ Mit dem Wohnmobil nach Sardinien .... DM 24,80
- ❑ Michelin-Karte Sardinien 1 : 400.000 .... DM 14,80
- ❑ Mit dem Wohnmobil in die Toskana .... DM 24,80
- ❑ Michelin-Karte Toskana 1 : 400.000 .... DM 14,80
- ❑ Mit dem Wohnmobil nach Griechenland (Nord+Mitte) DM 24,80
- ❑ Mit dem Wohnmobil auf die Peloponnes .... DM 24,80
- ❑ Michelin-Karte Griechenland 1 : 700.000 .... DM 14,80
- ❑ Mit dem Wohnmobil nach Thüringen .... DM 24,80
- ❑ Mit dem Wohnmobil in die Pfalz .... DM 24,80
- ❑ Mit dem Wohnmobil in den Schwarzwald .... DM 24,80
- ❑ Michelin-Karte Elsaß-Schwarzwald 1 : 200.000 .... DM 14,80

- ❑ Mit Wohnwagen oder Wohnmobil in die Auvergne ..... DM 19,80
- ❑ Michelin-Karte Auvergne 1 : 200.000 .... DM 14,80
- ❑ Mit Wohnwagen oder Wohnmobil durch Burgund .... DM 22,80
- ❑ Michelin-Karte Burgund 1 : 200.000 .... DM 14,80
- ❑ Mit Wohnwagen/Mobil durch die Normandie .... DM 24,80
- ❑ Michelin-Karte Normandie 1 : 200.000 .... DM 14,80
- ❑ Mit Wohnwagen oder Wohnmobil durch Süd-Tirol ...... DM 24,80
- ❑ Michelin-Karte Österreich 1 : 400.000 .... DM 14,80
- ❑ Michelin-Karte Schweiz 1 : 400.000 .... DM 14,80
- ❑ WOMO-Pfannenknecht mit Qualitäts-Eisenpfanne ..... DM 78,00
  (zzgl. Porto)

- ❑ Gesamtverzeichnis Michelin (Karten und Reiseführer) .... kostenlos

WOMO *WOMO* *WOMO* *WOMO*

Absender:

____

____

____

Datum Unterschrift

WOMO®-VERLAG

Versandabteilung

Wiesenweg 4-6

98634 Mittelsdorf/Rhön

DAS HANDBUCH

* Beratung bei Kauf und Miete
* Gas-, Wasser-, Elektroinstallation
* Einrichten des Wohnmobils.
* Tips & Tricks fürs Wochenende.
* 2000 freie deutsche Stellplätze.
* 500 deutsche Entsorgungsstationen.
* Urlaubsvorbereitung, Profipackliste.
* Freies Camping in ganz Europa.
* Wohnmobil und Wintersport.
* Der WOMO-Urlaubspartner-Service.
* Gastankstellen in ganz Europa.

DAS KOCHBUCH

* Einrichtung der WOMO-Küche.
* Lebensmittel-Grundausstattung.
* Konserven selbst gemacht.
* Backen in der Bratpfanne – Kuchen, Pizza, Brote.
* Viele, viele WOMO-Rezepte für zwei Gasflammen – einfach, schnell und lecker!
* Einkochen im Urlaub.
* Spezialrezepte für den Dampftopf.
* Der WOMO-Pfannenknecht.

DIE REISE- UND ERLEBNISFÜHRER

* Bequeme Touren durchs ganze Urlaubsland.
* Viele Plätzchen für freies Camping.
* Genaue Hinweise auf viele Trinkwasserstellen.
* Die schönsten Badeplätze, die nicht jeder kennt.
* Bergtouren und Spaziergänge für groß und klein.
* Die besten Anreiserouten, Fähren, usw.
* 300 Tips und Tricks – für Ausrüstung, Reisevorbereitung und Urlaub.
* Ausgefeilte Profipackliste.
* Spezialkarten mit supergenauen Einträgen der freien Stellplätze und Trinkwasserbrunnen.

Unsere Bücher erhalten Sie in jeder Buchhandlung oder auf Rechnung direkt vom Verlag. Hier gibt's auch die aktuellen Infos über unsere ständigen Neuerscheinungen. (Versandkostenanteil 2,00 DM / Ausland 3,00 DM, Preisänderungen vorbehalten).

24 Std.-Bestell-Telefon: 036946-20691*Fax: 036946-20692
Internet: http://www.womo.de * eMail: verlag@womo.de

WOMO *WOMO* *WOMO* *WOMO* *WOMO*